Bienvenue dans le monde de TOUT SUR !

In vino veritas

Des informations pour les connaisseurs

Pratiques et faciles à lire, les livres TOUT SUR répondent à toutes vos questions. Que vous souhaitiez réaliser un projet difficile, commencer un nouveau passe-temps, préparer un examen, réviser une matière un peu oubliée, ou simplement en apprendre davantage sur un sujet qui vous passionne, la collection TOUT SUR est là pour vous.

Message dans **la bouteille**

L'avis du sommelier

Vous pouvez lire un livre TOUT SUR d'un bout à l'autre, ou aller simplement chercher les informations qui vous manquent. Nous vous donnons littéralement tout ce qu'il faut connaître. Avec en prime des détails amusants.

Savoir déguster

Des trucs astucieux pour savourer les vins

La collection TOUT SUR touche à des domaines variés. Lorsque vous aurez lu un livre de la collection, vous pourrez finalement vous vanter de connaître TOUT SUR...!

Fruits mûrs

Des révélations pour les amoureux du vin

TOUT
SUR LE
VIN

Chers lecteurs,

Il fut une époque où l'on ne pouvait faire la différence entre la Sangria et le Sangiovese (sinon que l'un contenait du jus de fruits). Mais notre émission radio nous a permis d'interviewer beaucoup de vignerons, et deux choses importantes sont devenues évidentes :

Il n'y a pas de question stupide. (Et Dieu sait que nous en avons posé.) Les vignerons, pas du tout snobs, sont parmi les gens les plus généreux qui soient.

Nous avons eu la chance de découvrir le vin grâce à ceux-là mêmes qui le fabriquent. Non seulement les vignerons nous ont permis de goûter leurs créations (souvent en ondes)… mais ils nous ont ouvert leurs chais et nous ont laissé mordre dans les raisins de leur vignoble (pas nécessairement recommandé). Depuis ces premiers pas, le monde du vin n'a pas cessé de nous émerveiller et de nous réserver de bonnes surprises.

Puisse ce livre vous donner envie d'essayer de nouveaux vins. Vous ne le regretterez pas.

Santé !

Barbara Nowak

Beverly Wichman

TOUT
SUR LE
VIN

Barbara Nowak et Beverly Wichman

Traduit de l'anglais
par Charles Baulu

À maman et papa

Copyright © 1997, 2005 F+W Publications, Inc.
Titre original anglais : The everything wine book
Copyright © 2007 Éditions AdA Inc. pour la traduction française
Cette publication est publiée en accord avec Adams Media, Avon, Massachusetts
Tous droits réservés. Aucune partie de ce livre ne peut être reproduite sous quelque forme que ce
soit sans la permission écrite de l'éditeur, sauf dans le cas d'une critique littéraire.

Éditeur : François Doucet
Traduction : Charles Baulu
Révision linguistique : L. Lespinay
Révision : Nancy Coulombe, Suzanne Turcotte
Montage de la couverture: Matthieu Fortin
Design et illustration : Barry Littmann
Mise en page : Sylvie Valois
ISBN : 978-2-89565-491-9
Première impression : 2007
Dépôt légal : 2007
Bibliothèque et Archives nationales du Québec
Bibliothèque Nationale du Canada

Éditions AdA Inc.
1385, boul. Lionel-Boulet
Varennes, Québec, Canada, J3X 1P7
Téléphone : 450-929-0296
Télécopieur : 450-929-0220
www.ada-inc.com
info@ada-inc.com

Diffusion
Canada :   Éditions AdA Inc.
France :   D.G. Diffusion
             Z.I. des Bogues
             31750 Escalquens   France
             Téléphone : 05.61.00.09.99
Suisse :   Transat - 23.42.77.40
Belgique :   D.G. Diffusion - 05.61.00.09.99

Imprimé au Canada   ꙄODЕC

Participation de la SODEC.
Nous reconnaissons l'aide financière du gouvernement du Canada par l'entremise du Programme
d'aide au développement de l'industrie de l'édition (PADIÉ) pour nos activités d'édition.
Gouvernement du Québec - Programme de crédit d'impôt pour l'édition de livres - Gestion SODEC.

Catalogage avant publication de Bibliothèque et Archives Canada

Nowak, Barbara
Tout sur le vin
Traduction de: The everything wine book. 2nd ed., completely updated!
ISBN 978-2-89565-491-9
1. Vin. I. Wichman, Beverly. II. Titre.
TP548.N4514 2007   641.2'2   C2006-942015-7

Table des matières

Avant-propos

Il y a quelques années, j'ai eu la chance de rencontrer les Saucy Sisters[*] *qui visitaient les vignobles californiens. J'ai tout de suite été captivée par leur enthousiasme et leur désir de tout connaître sur le vin et la cuisine. C'est cet enthousiasme qu'on retrouve aujourd'hui dans ce livre.*

Tout sur le vin est le fruit de la passion et du savoir des *Saucy Sisters* transmis de façon intelligible et qui intéressera tout le monde. J'ai moi-même grandi dans une famille de commerçants de vin, et j'ai lu d'innombrables livres sur le sujet. J'ai trouvé que *Tout sur le vin* offrait une vision historique et globale du vin. L'achat d'une bouteille, l'art de la dégustation, un sommaire de l'histoire de sa fabrication, n'est qu'un bref aperçu de ce livre présenté de manière concise, experte et juste. Les *Saucy Sisters* se plaisent aussi à détruire certains préjugés concernant le vin. Je vais recommander ce livre instructif et amusant à tous ceux que je connais. Il est absolument sûr de plaire à tout le monde !

---

* Saucy Sisters : jeu de mots que l'on pourrait traduire par « sœurs impertinentes ».

Les dix mythes les plus courants sur le vin

1. **Les vins âgés sont meilleurs que les jeunes.** (Ce ne sont pas tous les vins qui ont besoin de vieillir. Généralement, les vins rouges – surtout quand ils sont très tanniques – doivent vieillir plus longtemps que les vins blancs.)

2. **Il ne faut jamais refroidir les vins rouges avant de les boire.** (Au contraire, certains vins rouges sont meilleurs frais, comme le Beaujolais.)

3. **La mention « réserve » indique les vins supérieurs.** (Aux États-Unis, le terme n'a aucune définition légale. Les producteurs peuvent s'en servir comme bon leur semble.)

4. **Les vins contenant des sulfites donnent mal à la tête.** (Seulement 1 % de la population est sensible aux sulfites, en particulier les asthmatiques.)

5. **Tous les vins allemands sont sucrés.** (L'Allemagne produit tous les types de vins, y compris des vins secs. Le label allemand, « trocken » signifie sec.)

6. **Seuls les vins bon marché ont des bouchons dévissables.** (Au contraire*! De plus en plus de producteurs les utilisent pour leurs meilleures bouteilles, afin d'éviter la contamination du liège dans le vin.)

7. **Il faut toujours aérer le vin avant de le boire.** (En général, seuls les vins qui n'ont pas assez vieilli en profiteront.)

8. **Tous les vins ont le même pourcentage d'alcool.** (Le pourcentage dépend de la quantité de sucre converti en alcool durant la fermentation.)

9. **Plus un vin est cher, meilleur il est.** (Le prix dépend de plusieurs facteurs : le prix du vignoble, le type de raisin utilisé et de son vieillissement en cuve ou en fût de chêne, – mais avant tout – il dépend de la réputation du producteur ou de l'entreprise vinicole.)

10. **Le Zinfandel est un vin rosé.** (Le Zinfandel est un cépage rouge, on peut en faire un rosé ou un vin rouge.)

---

* NdT. En français dans le texte.

Introduction

« *Aimeriez-vous une bouteille de vin avec votre repas ?* » Cette question banale a embarrassé des tas de gens, aussi bien des généraux que des sportifs célèbres. Et si vous choisissez… la MAUVAISE bouteille ! Qui sait pourquoi le vin intimide tant de gens ? Dans la plupart des pays grands consommateurs de vin, le vin fait partie du quotidien. On l'apprécie, on le savoure – et certainement qu'il ne stresse personne.

La question du vin ne vous empêche peut-être pas de dormir, mais vous avez sûrement été frappé par le choix énorme qui existe. On entre dans un magasin, et puis on ne sait plus par où commencer. Si on a déjà choisi entre un blanc et un rouge, ça ne fait encore que la moitié d'éliminée. Supposons qu'on veut un vin rouge de Californie. Oui, mais de quel cépage ? Cabernet Sauvignon, Merlot, Pinot Noir, Zinfandel ? Ensuite, il vous faut choisir la région (Napa ? Sonoma ? Santa Barbara ?) et le producteur. À lui seul, le comté de Napa en compte 300 – c'est beaucoup ! On a envie de laisser tomber et d'inviter le vendeur à choisir pour nous.

Le choix d'un vin ne devrait pas être angoissant, mais au contraire excitant. Ce qu'il y a d'intéressant avec les vins, c'est que plus on en apprend et on en goûte, plus on *veut* en apprendre et en goûter. Même les professionnels du vin qui peuvent reconnaître un Shiraz ou un Zinfandel les yeux fermés ont commencé comme tout le monde : un vin à la fois. Et encore ils ne savent pas tout. Les grands amateurs de vin sont les premiers à admettre qu'il est impossible de tout savoir, car par nature le monde du vin est en constante évolution – nouveaux millésimes, nouveaux producteurs, révélations génétiques sur de vieux cépages. Cette évolution fait partie du plaisir et du défi.

Le vin est essentiellement une boisson sociale. C'est ce qu'on boit en famille, entre amis, entre amoureux, les jours de fêtes, lors d'une visite imprévue. Quand on offre un vin, on souhaite évidemment qu'il soit apprécié, et bien sûr il y a de quoi être anxieux. Mais à mesure qu'on en sait davantage, on prend de l'assurance et l'appréhension disparaît. Bientôt, on est tout simplement heureux de faire découvrir un vin qui nous plaît.

Ce livre vous montrera comment goûter les vins – vraiment – avec tous vos sens… et comment en parler, car connaître le vocabulaire du vin est essentiel pour obtenir ce que l'on cherche.

Rien n'est plus agréable que de dénicher une bonne affaire, mais encore faut-il s'y connaître pour savoir que c'est effectivement une bonne affaire ! *Tout sur le vin* vous donnera de précieux conseils pour l'achat d'un vin. Ainsi, que ce soit pour ajouter à votre collection ou simplement vous procurer une bouteille à l'occasion d'un dîner avec un ami, vous aurez toutes les informations qu'il vous faut pour faire le bon choix.

Nunc est bibendum

Remerciements

Un énorme merci à Cheryl Charming, qui est toujours là pour nous faire goûter de nouvelles boissons de son invention – dont certaines recettes à base de vins effervescents que vous trouverez dans ce livre ; à David Gay, qui ne cessera jamais de nous surprendre par sa connaissance du vin et par certaines de ces recommandations – nous en mentionnons quelques-unes ; à Vicki Turner, une amie et la meilleure courtière en vins du sud des États-Unis, qui nous a fait connaître les plus grands producteurs au monde – dont certains sont cités dans ce livre ; et finalement à notre famille et à nos amis, qui nous ont toujours soutenues.

CHAPITRE 1

Une brève histoire du vin

La découverte du vin est probablement due au hasard. Il n'a pas été «inventé», puisqu'il peut se faire tout à fait naturellement. Sans doute, il y a très longtemps, les gens mettaient en réserve leurs fruits pour l'hiver. Il est très probable que des gens ont mis leurs raisins dans le creux d'un rocher, la nature s'est chargée de les faire fermenter… et ils ont trouvé du vin !

Embouteillé par Éditions AdA Inc.

Le vin dans l'Ancien Monde

On ignore peut-être comment les hommes ont découvert le vin, mais on sait qu'il est connu depuis au moins 6,000 ans, peut-être 8,000 ans, ou davantage. Le vin semble être apparu en Mésopotamie (la Perse, près de l'Iran actuel), et en Égypte, c'est-à-dire aux extrémités d'une région qu'on appelle le Croissant fertile. De récentes découvertes suggèrent qu'on en fabriquait aussi en Chine à la même époque.

Selon une légende perse, un ancien roi qui aimait beaucoup le raisin en conservait dans un vase en terre cuite, sur lequel il avait écrit « poison ». Une de ses concubines qui voulait se suicider but du liquide qui s'était accumulé au fond du vase. Mais, au lieu de mourir, évidemment, elle se sentit plutôt euphorique. Elle fit part de sa découverte au roi, qui lui accorda sa faveur, et décréta que dorénavant on laisserait le raisin fermenter. Les hommes n'ont jamais cessé, depuis, d'offrir des verres aux femmes.

Les Perses aimaient le vin. Non seulement ils offraient du vin à leurs dieux, mais les salaires étaient souvent versés en vin. Les hommes en recevaient dix à vingt litres par mois, et les femmes dix. Les cépages qu'ils utilisaient sont peut-être les ancêtres de ceux utilisés aujourd'hui.

La technique des Égyptiens pour cultiver la vigne et faire du vin était étonnamment moderne. Ils ont été les premiers à tailler la vigne et à utiliser des tuteurs. Le raisin était foulé et fermenté dans de grandes cuves en bois. Ils produisaient surtout du vin blanc doux, sans doute à base de muscat d'Alexandrie. En signe de respect envers leurs dieux, ils en frottaient le corps et les possessions des morts d'un certain rang.

Message dans **la bouteille**

Le muscat d'Alexandrie sert surtout comme raisin de table. Mais il sert encore à faire certains vins, comme le Moscatel de Malaga, un vin espagnol assez lourd, doux et d'un brun doré, ou le Moscatel de Setubal, un vin portugais doux fortifié.

Ce sont les Phéniciens, qui parcouraient la Méditerranée sur leurs navires, et qui vivaient au centre du Croissant fertile, entre l'Égypte et la Mésopotamie, dans l'actuel Liban, qui apportèrent plus tard la vigne – et donc le vin – en Grèce, en Sicile et au centre-nord de l'Italie.

Le plus ancien témoignage écrit sur le vin provient de l'Ancien Testament. Après le Déluge, en effet, Noé planta des vignes et fabriqua du vin. Avec le premier vin, apparut la première ivresse, et la première leçon sur les mérites de la modération…

À cette époque, tout le monde buvait du vin ou de la bière, y compris les enfants. Ce n'est pas si étonnant que cela peut sembler. L'eau n'était pas toujours très sûre, et le vin ou la bière constituaient de bons remplacements. D'ailleurs, le taux d'alcool des vins était plus bas qu'aujourd'hui. Le vin goûtait plutôt le vinaigre, avec une touche de cidre. Bien que de consommation courante, ce sont les riches surtout qui buvaient du vin ; le menu peuple buvait surtout de la bière.

Les Grecs démocratisent le vin

Les Grecs étaient encore plus friands de vin que leurs prédécesseurs. Tout le monde en buvait, et non plus seulement l'élite. Un vaisseau grec sur deux, dit-on, faisait le commerce du vin. Le vin était considéré comme un cadeau de Dionysos, dieu du vin, et servait aux rituels. Différents commerces l'utilisaient, et les médecins – comme Hippocrate – en prescrivaient à leurs patients.

Les Grecs considéraient barbare de boire le vin directement, ils le coupaient toujours avec de l'eau. Ils y ajoutaient des herbes et des épices, ce qui masquait le goût des vins qui avaient tourné. Les vins goûtaient aussi la résine de pin, car ils étaient conservés dans des jarres en argile poreuse, scellées avec de la résine qui communiquait sa saveur aux vins.

Le Retsina est un vin grec traditionnel avec une longue histoire et un goût très particulier de résine. Conservés dans des récipients scellés avec de la résine, les anciens vins grecs en prenaient la saveur naturellement. Les Grecs s'y habituèrent si bien que, une fois les bouchons de résine abandonnés, ils ajoutèrent de la résine pendant la fermentation pour ne pas perdre ce goût caractéristique. La plupart des gens qui en ont bu – y compris les Grecs – admettent que ce n'est pas un vin qu'on aime du premier coup…

Savoir déguster

Le vin avait une grande importance économique pour les villes grecques. On en faisait le commerce à l'intérieur du pays et partout dans le bassin méditerranéen. Et quand des colonies partirent s'installer à l'ouest, ils emportèrent tout naturellement leurs vignes et leurs manières de produire le vin.

Les Romains font progresser l'art de la vinification

À son apogée, l'Empire romain couvrait une bonne part de l'Europe et la plupart des territoires encerclant la Méditerranée. La plupart des pays conquis avaient déjà des vignobles, les Grecs et les Phéniciens ayant propagé la fabrication du vin avant l'invasion romaine. Mais les Romains adoraient aussi le vin, et ils intensifièrent son développement. Mille ans avant Jésus-Christ, les Romains avaient amélioré les récoltes grâce à l'irrigation et à la fertilisation, ils utilisaient différents cépages, et ils avaient reconnu les maladies de la vigne et les caractéristiques du mûrissement. Ils mirent au point des barils en bois pour remplacer les peaux et les jarres. Et le verre soufflé devenant plus courant, ils sont peut-être les premiers à avoir utilisé des récipients en verre pour le servir.

In vino veritas

Les Romains savaient très bien que le vin n'aime pas le contact de l'air. Afin d'éviter l'évaporation et l'oxydation, ils ajoutaient de l'huile d'olive dans les cruches de vin. L'huile flottant à la surface empêchait l'air d'y pénétrer et préservait ainsi le vin

Cent ans après Jésus-Christ, Rome se noyait dans une mer de vin. À Rome, les habitants buvaient un demi-litre par jour en moyenne. Les techniques romaines s'étaient répandues partout, en Espagne, en Allemagne, en Angleterre, en France, où chacun par la suite développa ses propres vignobles. La production explosa. Des bars à vins apparurent partout dans l'Empire, comme on en voit à Pompéi. La surproduction fit tant baisser les prix que Domitien, afin de mettre fin à la concurrence du vin français en Italie, ordonna qu'on arrache les vignes en France. Mais l'ordre, Dieu merci, ne fut pas entièrement suivi, et on l'annula deux siècles plus tard. Quand l'Empire tomba pour de bon en 476, les grandes régions viticoles d'Europe étaient fondées.

Les archéologues ont découvert des restes de vignobles dans les ruines de Pompéi, disparu en 79 après Jésus-Christ, quand le Vésuve recouvrit la cité de ses cendres. En étudiant les fresques, la trace des racines, les auteurs romains et aussi grâce aux analyses génétiques, les chercheurs ont pu retrouver les cépages utilisés à l'époque. Un producteur de Campanie, Mastroberardino, les a même replantés et en a tiré un vin : le Villa dei Misteri (la villa du mystère).

In vino veritas

Le vin en Europe

Le vin, avec ses extraordinaires propriétés, a toujours été associé à la religion et à la spiritualité. Bien que la plupart des religions de l'Antiquité utilisaient le vin dans leurs rituels, c'est l'expansion du christianisme au 4e siècle qui, en grande partie, assura la survie de la viticulture et du vin après la chute de l'empire romain. Le vin faisant partie intégrante de la messe, les monastères et les églises qui apparurent en Europe produisirent du vin et devinrent des propriétaires de vignobles importants. Grâce à leur éducation et aux ressources de l'Église, ayant aussi le temps nécessaire pour cultiver la vigne et essayer de nouvelles techniques, les moines devinrent de grands producteurs au Moyen-Âge.

Les moines possédaient des vignobles partout en Europe, mais tout particulièrement en Bourgogne, dans le Bordelais, en Champagne, dans la vallée de la Loire et dans la vallée du Rhône. À cette époque, la France apparut comme la première région viticole au monde.

Le vin et la guerre ne font pas bon ménage

En 1152, le roi d'Angleterre Henri II maria Éléonore d'Aquitaine, dont la dote comprenait les vignobles du Bordelais et de la Gascogne toute proche. Le vin rouge léger qu'on y produisait devint si populaire en Angleterre – où il était appelé « clairet » – que vers 1350 Bordeaux en exportait un million de caisses par année. Mais la guerre de Cent ans (1337 – 1453) entre la France et l'Angleterre, mit fin au commerce ; les vaisseaux étaient harcelés par des pirates, et les protéger devint trop dispendieux. L'Angleterre fut obligée de chercher du vin ailleurs.

Elle en trouva au Portugal, où le nouveau commerce donna naissance au porto. En effet, le voyage en bateau du Portugal à l'Angleterre était assez long, et pour aider les vins à le supporter, les marchands de Porto (ville portuaire du Portugal) commencèrent à y ajouter du brandy. Peu à peu, ils en vinrent à ajouter le brandy au moment de la fermentation : ainsi naquit le porto.

Une invention en appelle une autre

Bien que les Romains aient sans doute servi leurs vins dans des récipients en verre, ce n'est qu'au 17e siècle qu'on commença à fabriquer le verre en grande quantité et à conserver le vin, non plus dans des jarres et des pichets en terre cuite, mais dans des bouteilles en verre. Les premières avaient une forme arrondie, mais éventuellement on créa la bouteille cylindrique, moulée, de forme standard, c'est-à-dire la bouteille moderne, qui peut être empilée à l'horizontal. De cette époque date l'utilisation des bouchons de liège, rendus nécessaires maintenant que l'on conservait couchées les bouteilles de vin.

Les premiers bouchons de liège avaient une forme fuselée – ils pouvaient entrer dans n'importe quelle bouteille, et être retirés avec la main. Certes, ils étaient pratiques et efficaces, mais ils n'étaient pas très solides. On inventa donc le bouchon moderne, qui s'enfonce profondément dans le goulot. Ce qui amena encore une autre invention : le tire-bouchon. Encore aujourd'hui, on en invente de nouveaux modèles.

Vers le Nouveau Monde

Les colons apportèrent leurs vignes et leur goût du vin dans les Amériques et en Afrique du Sud dès le 16e et le 17e siècle ; puis en Australie au siècle suivant. Ainsi l'histoire du vin européen et celui du Nouveau Monde sont intimement liées – pour le meilleur et pour le pire.

Le vin dans les Amériques

Le vin fut introduit au 16e siècle en Amérique Centrale et en Amérique du Sud par les Conquistadors espagnols, grands buveurs devant l'Éternel. C'est en 1521 qu'Hernando Cortés, un des champions de la conquête, futur gouverneur du Mexique, écrasa les Aztèques. Lui et ses hommes se trouvant toujours à court de vin, il ordonna aux colons de planter des vignes sur leurs terres. Rapidement, elles prospérèrent, mais elles prospérèrent si bien que les colons importaient de moins en moins de vin d'Espagne. Comme vous pouvez l'imaginer, cela ne plaisait pas au roi, qui souhaitait un marché captif pour les biens espagnols. Il ordonna donc un nouvel impôt et l'arrachage des vignes dans les colonies espagnoles. Cependant, l'ordre ne fut pas scrupuleusement suivi, sauf au Mexique où la production de vin diminua brutalement.

....

Le plus ancien producteur de vin en Amérique se trouve au Mexique, dans la vallée de Parras. Casa Madero, autrefois Santa Maria del Parras (Sainte Marie des Vignes), y produit des vins depuis 1596.

....

In vino veritas

Seul l'Église ne fut pas touchée par l'ordre du roi. Comme en Europe au Moyen-Âge, c'est elle qui permit au vin de subsister. Des missions, et particulièrement jésuites, furent fondées au Chili, en Argentine, au Pérou et au Mexique. Plus tard, des missions furent fondées en Californie, le long de la côte, et y apportèrent la viticulture.

Le vin en Amérique du Nord

Les premiers colons aimaient énormément le vin. Imaginez leur bonheur quand ils aperçurent des vignes partout. Malheureusement, elles n'appartenaient pas à la même espèce que celles en Europe. Et quand ils firent du vin avec le raisin, il n'avait pas tout à fait le même goût non plus.

C'était à Jamestown, en 1609, et les colons décidèrent rapidement d'importer des variétés de *Vitis Vinifera* : Cabernet Sauvignon, Merlot, Chardonnay…

Tout le long de la Côte Atlantique, des vignobles apparurent. Pendant des dizaines d'années, on essaya d'acclimater les vignes européennes, mais toujours sans succès. Après deux ou trois ans, les plants mourraient. Thomas Jefferson lui-même, passionné de viticulture, essaya de faire pousser quelques plants à son domaine de Monticello, en Virginie. On supposa que la vigne ne supportait pas le froid, ou que des maladies indigènes tuaient les plants. C'est seulement au 19e siècle qu'on aura l'explication.

Bien que l'acclimatation de l'espèce européenne fut un échec, elle permit l'apparition de nouvelles variétés américaines, des hybrides nés, suppose-t-on, de la pollinisation naturelle entre les anciennes variétés américaines et les variétés européennes. Ce sont ces hybrides qui permirent l'émergence d'une première viticulture réussie dans l'est des États-Unis, en particulier dans l'Ohio, dans le Missouri, sur les rives du lac Érié et dans la région de Finger Lakes, au nord de New York.

Le rêve californien

Vers 1770, Junipero Serra, un moine franciscain, planta les premières vignes à la mission de San Diego. Ainsi commença l'encépagement de la côte, future côte californienne, par les moines franciscains. Le moine fonda huit autres missions au nord de San Diego, en y créant toujours des vignobles, ce qui lui valut d'être surnommé le père du vin californien.

En 1849, la ruée vers l'or fit exploser la population, mais aussi le nombre de vignobles : Sonoma se couvrit de 9 000 hectares de vignes, et Napa de 7 000 hectares. Les vallées de Santa Clara et de Livermore furent recouvertes de vignobles et de nombreuses maisons commencèrent à produire du vin. Des producteurs s'installèrent au sud et à l'est de la baie de San Francisco, où se trouvaient la majorité des usines d'embouteillage. Finalement, avec l'arrivée du chemin de fer, les vins californiens purent se vendre à l'est du pays et partout au monde. À la fin du siècle, toutes les régions viticoles actuelles produisaient du vin et la Californie était devenue le premier producteur des États-Unis.

Une crise du vin à l'échelle mondiale

En 1863, une nouvelle maladie de la vigne fit son apparition dans la vallée du Rhône : le phylloxera. Provoquée par de minuscules pucerons importés accidentellement des États-Unis qui piquent les racines pour en sucer les éléments nutritifs, ce qui tue lentement la plante, la maladie se propagea extrêmement rapidement. En 1895, toute la Provence était infectée ; quatre ans plus tard, toute la France. Vingt ans après, les vignobles de pratiquement toute l'Europe avaient été décimés.

Contrairement aux plants américains, dont les racines sont couvertes d'une épaisse écorce les protégeant de l'insecte, les plants de *Vitis Vinifera* étaient absolument sans défense.

Comment le phylloxera s'est-il retrouvé en Europe ?

Il était courant d'importer des plants au 19e siècle, et des milliers de plants américains furent envoyés, entre 1858 et 1862, en Angleterre, en Irlande, en Allemagne, au Portugal et en France (en particulier à Bordeaux et en Alsace). C'est ainsi que le phylloxera traversa tranquillement les océans sur des plants de vignes.

Fruits mûrs

Après l'Europe, la maladie se répandit en Australie, en Nouvelle-Zélande, en Afrique du Sud, et aussi en Californie. Combattre le parasite était presque impossible et la situation parut sans espoir, jusqu'au jour où l'on trouva une solution : greffer des plants de *Vitis Vinifera* sur des racines de plants américains. Ce fut un procédé extrêmement long et laborieux – il fallut replanter tous les vignobles – mais le problème fut résolu.

L'industrie ruinée par la prohibition

La production du vin aux États-Unis a toujours fluctué, influencée parfois par des insectes, parfois par l'économie. Mais en 1920, elle fut mise k.o. par la politique. Depuis un certain temps, un mouvement contre les boissons alcooliques s'intensifiait au pays. C'est ainsi qu'en 1816, l'Indiana interdit la vente d'alcool le dimanche. En 1840, dans sept États, certaines villes et certains comtés interdirent l'alcool complètement. En 1851, ce fut le tour du Maine d'interdire la production et la vente d'alcool dans tout l'État. En 1855, le New Hampshire, le Vermont, le Delaware, le Michigan, l'Indiana, l'Iowa, le Minnesota, le Nebraska, le Connecticut, Rhode Island, le Massachusetts et New York firent de même. Tant et si bien qu'en 1914, l'alcool était déjà interdit dans 33 États américains.

Le 18e amendement de la Constitution américaine, rendant presque toute boisson alcoolique illégale aux États-Unis, fut introduit en 1919, mais il ne fut appliqué qu'un an plus tard. Chaque État dut d'abord le ratifier, ainsi que le Congrès. Il prit définitivement force de loi quand le Congrès passa le Volstead Act, du nom du député qui le proposa.

Plusieurs partisans de l'amendement croyaient que seuls les alcools contenant environ 40 % d'alcool, c'est-à-dire les alcools forts, seraient bannis, et non la bière ou le vin. Mais le Volstead Act définit les « boissons intoxicantes » comme toute boisson contenant plus de 0.5 % d'alcool.

Savoir déguster

Selon certains, la qualité du vin a diminué après le passage du phylloxera. Il est impossible de le savoir. Mais si vous voulez essayer un vin dont le raisin provient de Vitis Vinifera poussant sur leur propre pied, essayez un vin chilien. Le Chili est le seul pays viticole au monde à avoir échappé au phylloxera.

Les effets de la prohibition

Le résultat presque immédiat de la prohibition fut la disparition de l'industrie du vin. Les vignes furent arrachées et l'équipement abandonné. Les vignerons et producteurs qui ne firent pas faillite durent trouver des moyens ingénieux pour vendre leurs produits. Cela dit, il y avait quelques exceptions à la prohibition. Le vin pouvait être produit s'il était destiné à la cuisson, mais on y ajoutait alors du sel pour le rendre imbuvable. Les églises et les synagogues conservèrent le droit d'utiliser du vin et certaines bouteilles pour la messe se retrouvaient parfois sur des tables ordinaires. L'alcool médicinal aussi était permis, et les médecins en prescrivirent beaucoup.

De fait, les maisons américaines avaient encore le droit de produire du vin, mais en quantité très limitée : pas plus de 750 litres par année.

La phohibition eut comme effet global d'annihiler une industrie autrefois florissante. L'art de la fabrication du vin, pratiqué depuis des siècles, devint illégal. Des gens qui avaient investi leur vie et leurs économies dans la recherche et l'achat d'équipement perdirent tout. Des milliers d'autres, les ouvriers chargés de fabriquer, embouteiller, distribuer, servir et vendre le vin, perdirent leur emploi. En 1919, les États-Unis avaient produit 200 millions de litres de vin ; en 1925, ce ne fut que 13 millions. Absolument aucune compensation ne fut accordée aux producteurs. La plupart d'entre eux firent simplement faillite.

Lorsqu'en 1933, le 21e amendement mit fin à la prohibition, le mal était fait. Le pays avait perdu ses producteurs, et toute une génération ne buvait pas de vin. Les répercussions de la prohibition (la «noble expérience», comme elle fut appelée) se font encore sentir aujourd'hui. Certaines lois sur le transport et la distribution du vin, encore en vigueur, furent passées à cette époque. Quinze États, dès 1936, monopolisèrent la vente du vin, empêchant donc le jeu du libre marché. D'autres États, tout en permettant aux hôtels et aux restaurants d'en servir, interdirent les bars et toute vente d'alcool « au verre ». D'autres États donnèrent aux villes le droit de légiférer sur la vente d'alcool. Le résultat, c'est que, encore aujourd'hui, les lois sur l'alcool varient aux États-Unis d'une région à l'autre.

Pendant la prohibition, certains viticulteurs californiens plus malins que les autres vendirent un produit appelé «Vine-Glo». Il leur était interdit de faire du vin, mais pas du jus de raisin. Aussi vendaient-ils leur jus avec des instructions sur ce qu'il fallait surtout *ne pas* faire, au risque de voir son jus se transformer en vin au bout de soixante jours.

In vino veritas

Le nouvel essor du vin aux États-Unis

Une fois la prohibition terminée, le commerce du vin reprit, mais les choses n'étaient plus les mêmes. Le vin fut d'abord très mauvais, en partie parce que les producteurs de raisin cultivaient du raisin qui se transporte bien, plutôt que du raisin fait pour le vin. La majorité des vignerons vendaient leur vin à des négociants qui l'embouteillaient et le vendaient sous leur propre nom, avec des appellations génériques comme Chablis, Bourgogne, etc. En 1940, les Américains buvaient en moyenne 4 litres de vin par année, alors que les Français en buvaient 160… Mais, petit à petit, l'industrie se releva.

Savoir déguster

Manischewitz produit un vin kasher très intéressant avec du Concord, un authentique cépage américain utilisé aussi pour faire du jus de raisin ou de la confiture. C'est un vin doux au goût « rustique ».

L'industrie fut grandement favorisée par l'arrivée de nouveaux cépages français hybrides, résultats de croisements entre des variétés américaines et françaises. Résistants au phylloxera, ils pouvaient supporter les hivers du nord-est américain tout en produisant du raisin dépourvu de ce goût « rustique » propre à la majorité des cépages américains.

Kennedy et Julia Child joignent leurs forces

Le vin américain ne prit vraiment son essor qu'à la fin des années 50. Les banlieusards qui avaient une certaine éducation aimaient le vin, en particulier ceux qui voyageaient à l'étranger. Le vin, boisson ordinaire presque partout ailleurs, devint un produit chic aux États-Unis.

Certaines célébrités se mirent de la partie. Kennedy, le nouveau président, mit un certain cosmopolitisme à la mode, et sa femme, Jackie, aimait tout ce qui était français. Les restaurants et les vins français étaient en vogue. De son côté, Julia Child captivait l'Amérique avec son émission de cuisine ; des studios de Boston, elle apprenait à toute une génération d'Américains à manger français et à boire le vin français – et comment on peut boire quelques gorgées de vin tout en cuisinant.

Les marchands de vin durent offrir plus de choix pour satisfaire la demande. On vit apparaître des rosés portugais, comme du Mateus ou du Lancer. Que ces vins effervescents, doux et fruités, étaient importés d'Europe ne faisait qu'ajouter à leur attrait. On se prit aussi d'affection pour les vins allemands comme le Liebfraumilch, un vin fruité aux arômes floraux, légèrement sucré, issu du Riesling et de cépages plus communs.

In vino veritas

En 1880, Charles Wetmore, le premier commissaire à l'agriculture de la Californie, rapporta des boutures de France, et en 1889, il envoya son tout nouveau vin au Grand Prix de Paris, où il fut récompensé. Les vins américains gagnèrent donc des prix à l'étranger dès le 19e siècle. En 1939, le vin des frères Wenter gagna le premier prix au même concours.

Simultanément, la Californie était de plus en plus reconnue comme capable de produire de grands vins. Dans les années 70, des producteurs – dont plusieurs diplômés de l'université de Californie, à Davis – commencèrent à faire des vins fruités et riches en alcool, profitant pleinement de la longue saison de croissance dont bénéficie la Californie. En 1976, au cours d'une dégustation à l'aveugle de grands vins français et californiens, ce sont deux vins californiens (le Cabernet Sauvignon de Stag's Leap et le Chardonnay de Château Montelena) qui l'emportèrent. Les juges étaient Français et leur verdict surprit le monde entier.

L'apparition des vins de cépage (ou varietals)

Peu à peu, les producteurs se mirent à étiqueter leurs vins d'après le cépage dominant, contrairement à la majorité des vins européens qui prennent le nom d'une région. Les américains cessèrent de commander simplement « un verre de vin blanc », mais commandèrent « un verre de Chardonnay ». Ils s'attachèrent à leurs nouveaux cépages : Cabernet Sauvignon, Merlot, Sauvignon.

Un cépage qui n'avait cependant aucune faveur dans les années 70, c'était le Zinfandel. Les viticulteurs en avaient pourtant des milliers d'hectares mûrissant tranquillement au soleil, et ils auraient fini par l'abandonner sans la détermination d'un producteur, Bob Trinchero, propriétaire de Sutter Home Winery. Il fut le premier à élaborer ce rosé léger et fruité si populaire aujourd'hui, et qui fut un succès aux États-Unis dès son apparition. En partie grâce au Zinfandel, la consommation moyenne par personne grimpa à 7,5 litres par année.

De nouveaux vignobles

L'augmentation de la production ne se limita pas à la Californie. Des régions avec une longue histoire dans la culture du vin, mais qui avaient connu un certain marasme, comme New York ou l'Ohio, se réveillèrent soudainement. Ils plantèrent les hybrides français, mais aussi des cépages de *Vitis Vinifera*, qui prospérèrent grâce à une meilleure compréhension de leur pathologie.

Des régions aux vignobles modestes se développèrent. On trouve maintenant aisément des vins du Texas, du Nouveau Mexique, de Virginie ou de Pennsylvanie. On planta énormément dans les États du nord ; l'Oregon et Washington se mirent à produire des vins superbes.

Aujourd'hui, tous les États américains produisent du vin.

Ces vingt dernières années

Les Américains apprécient maintenant le vin beaucoup mieux. Les milliers de cours, de dégustations, de livres ont joué leur rôle. Bien que le Zinfandel soit encore la référence pour des millions d'amateurs, de plus en plus de gens essaient d'autres vins. Le Chardonnay et le Merlot ont eu leur heure de gloire, et maintenant la mode est au Pinot gris et au Syrah. Il y aura toujours des vins à la mode. Il fut un temps où les Américains commandaient les vins qu'ils pouvaient prononcer ; aujourd'hui, ils se risquent même à prendre du Gewürztraminer.

Message dans **la bouteille**

Si vous aimez le rosé issu de Zinfandel, vous aimerez sans doute le Gewürztraminer, en particulier s'il vient d'Allemagne. C'est un vin blanc aromatique très légèrement sucré. On en fabrique de plus sec en Alsace, en Californie et dans l'Oregon.

On cultive aujourd'hui de plus en plus de cépages européens en Californie. Des cépages comme le Barbera ou le Sangiovese sont très populaires. Tout comme le Syrah et le Grenache, cépages traditionnels de la vallée du Rhône.

On voit aussi de plus en plus de collaboration internationale, et de concurrence. De grandes maisons comme Mondavi, Lafite Rothschild ou Lapostolle ont investi de grosses sommes un peu partout, entre autres en Amérique du Sud, autant en terres qu'en équipement, afin de produire des vins de haute qualité. D'un autre côté, les maisons australiennes ont permis aux producteurs américains d'offrir des vins de bonne qualité à bas prix. Les vins australiens sont devenus si populaires, que certaines maisons américaines donnent à leur Syrah le nom australien : Shiraz !

L'avancée des technologies est un autre phénomène. Qui aurait cru, il y a quelques années, qu'on mentionnerait un jour sans sourciller *bouchons dévissables* et *bons vins* dans une même phrase. Mais la vérité, c'est que trop de bouteilles sont aujourd'hui gâtées par du mauvais liège, et de plus en plus de vignerons utilisent des bouchons dévissables. Les bouchons de liège, utilisés depuis le 17ᵉ siècle, seront donc peut-être remplacés un jour par les mêmes bouchons que ceux utilisés pour la bière !

Les grands producteurs achètent aussi de plus en plus de petites maisons, ce qui leur permet de faire de l'argent avec plusieurs marques, et d'occuper plus d'espace dans les supermarchés. Pour le consommateur, cela se traduit souvent par des prix plus bas, mais aussi par une diminution des vins offerts, les magasins choisissant de vendre seulement les marques les plus connues. Seul l'avenir nous dira les résultats définitifs de cette tendance, mais tant qu'il y aura des amateurs sérieux, on continuera à produire de bons vins.

CHAPITRE 2

Les différents vins

Chaque étape de la fabrication d'un vin a un effet direct sur le produit final. Le vigneron choisit ainsi la couleur du vin, son degré d'alcool, s'il sera sucré, mousseux, tannique, s'il aura des arômes de chêne, et ainsi de suite. De la grappe au verre, c'est un parcours passionnant que vous allez découvrir...

Embouteillé par Éditions AdA Inc.

La fabrication du vin

Au départ, le principe est assez simple. C'est comme si le raisin lui-même souhaitait se transformer en vin. Les vignes poussent presque partout où le climat est chaud et tempéré. Du raisin mûr contient beaucoup de sucre, et la peau du raisin est un terrain idéal pour les levures : tout ce qu'il faut pour produire du vin.

En écrasant le raisin, on met les levures en contact avec l'intérieur du raisin, elles consomment alors le sucre et le transforment en alcool et en gaz carbonique – c'est la fermentation.

Normalement, tout se passe bien. Mais la nature étant la nature, c'est-à-dire imprévisible, il y a parfois des problèmes dans la quête pour produire une bouteille de vin exceptionnelle. Si faire du vin est un art, la technologie moderne a, en tout cas, rendu tout le processus beaucoup plus sûr et beaucoup plus prévisible.

Le vigneron moderne dispose d'un vaste éventail de procédés, mais que le but soit de produire du vin rouge, blanc ou rose, un vin cher ou un vin bon marché, il y a de nombreux points communs dans la fabrication de tous les vins.

Cueillir et écraser le raisin

La qualité d'un vin dépend avant tout du raisin. À mesure qu'il mûrit, sa concentration en sucre augmente, et son acidité diminue. Le vigneron doit donc le cueillir exactement au bon moment, lorsque l'équilibre entre le taux de sucre et l'acidité est exactement celui recherché. C'est une décision subjective, qu'il fera en tenant compte du type de vin qu'il souhaite obtenir.

Le raisin doit ensuite être transporté aux cuves sans que sa peau soit déchirée. Il est toujours souhaitable de le cueillir manuellement, mais il existe des machines qui peuvent le faire avec soin. Le raisin est ensuite pressé délicatement de manière à ne pas écraser les pépins, qui sont très amers. Cela donne le « moût », combinaison de jus, de peaux et de pépins. Selon le type de vin souhaité, les peaux et les pépins sont retirés ou laissés un certain temps pendant la fermentation.

La fermentation du jus de raisin

La fermentation n'est pas laissée au hasard, c'est un processus bien maîtrisé par les vignerons. Elle a lieu généralement dans de grandes cuves en acier inoxydable, mais parfois dans des fûts en chêne, afin de conférer au vin des arômes supplémentaires et lui donner plus de complexité. À l'aide d'un système de réfrigération et de circulation, la température est très précisément déterminée : la chaleur tue en effet les levures, ce qui mettrait fin à la fermentation. Bien que de la levure soit présente naturellement, le vigneron peut en ajouter d'un type plus approprié pour le vin souhaité. Dans le cas des rouges et des rosés, le vigneron décide aussi quand retirer les peaux.

Message dans la **bouteille**

Si on laisse le jus fermenter jusqu'au bout, le résultat est un vin sec ; environ 40 % du sucre a été transformé en gaz carbonique et 60 % en alcool. Si le sucre n'a pas été entièrement transformé, on obtient un vin doux avec un degré d'alcool plus bas. Évidemment, plus la teneur en sucre non transformé, appelé sucre résiduel, est élevée, plus le vin sera doux.

Si le raisin n'est pas assez mûr et que le moût manque de sucre pour obtenir le degré d'alcool voulu, le vigneron peut en ajouter (c'est la chaptalisation). La pratique est interdite en Californie et en Italie, entre autres, mais elle est tout à fait légale dans les autres États américains, ainsi qu'en France, à certaines conditions.

Après la fermentation, on trouve une matière épaisse au fond de la cuve, composée des levures mortes et de fragments de raisin, c'est la « lie ». Généralement, la lie est retirée, mais parfois on la laisse dans le vin un certain temps (en particulier pour les blancs), afin de lui donner plus de caractère.

Par nature, le vin est opaque. Même une fois la lie retirée, il reste de minuscules particules de raisin et des levures mortes dans le vin. C'est pourquoi, après la fermentation, les vins sont généralement clarifiés par collage. L'opération consiste à ajouter une matière organique – charbon, bentonite (type d'argile), caséine (protéine du lait), blancs d'œufs – sur laquelle les matières en suspension iront se coller, avant d'être emportées au fond de la cuve. Après quelques jours, il suffit de soutirer le vin, c'est-à-dire de retirer le jus clair. Certains producteurs filtrent aussi le vin (à l'aide de filtres en papier ou en fibres synthétiques) pour obtenir un vin encore plus clair.

Savoir déguster

Selon certains producteurs, les vins clarifiés ont moins de corps et moins de saveur, aussi vendent-ils leurs vins non clarifiés. Évidemment, les vins qui n'ont subi aucune filtration ni collage sont un peu troubles, mais les producteurs sont convaincus qu'un goût plus riche compense amplement les inconvénients que pourraient subir les consommateurs. Ces vins portent souvent sur l'étiquette des mentions comme « non-filtré » ou « non-collé ».

Parfois, après la fermentation, on ajoute des bactéries spéciales qui provoquent ce qu'on appelle une fermentation *malolactique*. Cette fermentation transforme l'acide malique, au goût assez prononcé, en acide lactique, au goût de beurre ou de crème. Le résultat est un vin plus souple et moins acide. C'est un peu comme transformer une pomme en verre de lait. La plupart des rouges et certains blancs subissent cette fermentation.

Le vieillissement

Certains vins sont prêts à être embouteillés dès que la fermentation est terminée. C'est le cas des rosés, de certains blancs et des rouges légers, qui doivent être bus jeunes. D'autres vins, au contraire, ont besoin de vieillir dans leur cuve ou leur barrique plusieurs mois ou plusieurs années. Les grands vins rouges, tout particulièrement, doivent vieillir pour atteindre leur potentiel, ce qui est fait dans des fûts en chêne qui permettent au vin de s'adoucir tout en lui communiquant le goût et les tanins du bois.

Plusieurs vins sont des assemblages. L'assemblage sera fait juste avant l'embouteillage, soit à partir de différents cépages – par exemple on ajoutera du Merlot à du Cabernet Sauvignon —, soit à partir d'un même cépage provenant de différents fûts. Le but étant toujours d'obtenir le meilleur goût possible.

Pendant la fermentation, les peaux montent à la surface, où elles forment un chapeau. Ce chapeau doit être brisé et les peaux remisent en contact avec le jus si on souhaite qu'elles donnent leurs caractéristiques au vin. Le jus est donc régulièrement pompé par-dessus le chapeau. Ou bien le chapeau est enfoncé manuellement à l'aide d'un bâton. Alors, plus le vigneron est fort, dit-on, plus il poussera loin les peaux, et plus le vin sera tannique.

In vino veritas

L'embouteillage

Le vin est généralement embouteillé quand il est prêt à être vendu. Des bouteilles ultra propres sont remplies, bouchées, coiffées, étiquetées, à l'aide de machines qui utilisent très peu de main-d'œuvre, et qui protègent le vin des bactéries, des impuretés et du contact de l'air. Les bouteilles de grands vins sont souvent conservées pour deux ans ou plus – non seulement le goût s'en trouve amélioré, mais elles prennent ainsi une valeur accrue sur le marché des vins.

Le vin rouge

Presque tous les raisins, peu importe la couleur de la peau, ont une pulpe verdâtre qui donne un jus sans couleur. Si les vins rouges sont rouges, c'est parce qu'on laisse la peau fermenter un certain temps avec le jus (et les pépins, et parfois aussi les rafles). La peau communique au vin sa couleur et une partie de ses tanins.

Après la fermentation, qui dure une à trois semaines, le vin est soutiré. Le premier vin, qui coule de lui-même, est appelé « vin de goutte ». On presse ensuite le reste pour un obtenir un « vin de presse » ; celui-ci est plus foncé et plus tannique. Les deux sont parfois mélangés, dans une certaine proportion, pour ajuster le goût et la concentration en tanins. Après clarification, le vin est vieilli en fûts de chêne ou, si on souhaite le préserver de l'air, conservé dans des cuves hermétiques en acier inoxydable.

Les fûts en chêne, assez dispendieux, sont généralement réservés aux vins de première qualité. Certains producteurs se contentent d'ajouter des copeaux de chêne dans les cuves de leurs vins meilleur marché. Le résultat, on s'en doute, est généralement moins bon. Si l'on vante les mérites du chêne sur une étiquette de vin bon marché, sans parler de fût, on peut supposer qu'aucun fût de chêne n'a été utilisé.

Le vieillissement en bouteille ou en fût

La plupart des vins rouges tirent bénéfice d'un certain temps passé en fût, il permet aux différentes saveurs de s'équilibrer. Le bois en ajoute aussi lui-même, soit de vanille soit évidemment de bois, soit une simple impression d'épice. Le fût laisse aussi pénétrer une très petite quantité d'air, laquelle est contrôlée par les vignerons. Normalement les vignerons essaient de préserver leur vin du contact de l'air, mais cette petite quantité d'air dans les fûts provoque une légère oxydation qui améliore la structure et le caractère du vin.

Certains vins se bonifieront encore davantage s'ils vieillissent ensuite en bouteilles. C'est le cas des vins fins rouges très tanniques au départ, comme le Zinfandel et le Cabernet Sauvignon de Californie, le Bordeaux, et le Barolo d'Italie. Après quelques années, voire quelques décennies de vieillissement, les tanins sont adoucis, le nez plus complexe et la texture soyeuse.

Le vin blanc

Puisque tous les cépages, ou presque, produisent un jus sans couleur, le vin blanc peut être produit avec n'importe quel raisin. Dans les faits, toutefois, la plupart des vins blancs sont produits avec des raisins blancs, en vérité verdâtres, jaunâtres, jaune doré ou jaune rosé.

Contrairement à ce qui se passe avec les vins rouges, on ne conserve pas les peaux et les pépins pendant la fermentation, d'où l'absence de tanins et une faible couleur de paille, d'or profond, ou simplement une couleur verdâtre, selon le cépage et le vieillissement.

Sous l'effet du froid, les vins blancs ont tendance à produire des cristaux, tout à fait inoffensifs mais désagréables, résultats d'une combinaison entre l'acide tartrique et le potassium naturellement présents dans le vin. Plusieurs producteurs refroidissent brutalement leurs vins en cours de fermentation, afin de forcer la formation des cristaux et les retirer. C'est ce qu'on appelle la stabilisation par le froid.

In vino veritas

Presque tous les vins rouges subissent la fermentation malolactique, mais ce n'est pas le cas avec les vins blancs. C'est le vigneron qui choisit. Ainsi, on trouve en magasin des vins blancs âpres et frais, qui n'ont pas subi cette fermentation, des vins blancs corsés et onctueux qui ont subi une pleine fermentation malolactique, et des vins entre les deux.

En ce qui concerne le vieillissement en fût de chêne, le vigneron a encore le choix. Certains vins peuvent en profiter, comme le Chardonnay, mais plusieurs en profitent peu, comme le Riesling et le Sauvignon.

La plupart des vins blancs doivent être bus assez jeunes, mais il y a des exceptions : certains Bourgognes, certains Bordeaux, les Rieslings d'Allemagne et ceux d'Alsace, par exemple, gagnent à vieillir.

Les rosés

Les rosés sont généralement produits avec les mêmes cépages que les rouges, mais les peaux sont séparées du jus beaucoup plus rapidement, après seulement quelques heures ou quelques jours. Juste assez pour donner un peu de couleur au vin. Lorsque la couleur désirée est atteinte, le vigneron retire les peaux. Le reste du processus est exactement le même que celui du vin blanc. Une autre méthode pour obtenir du rosé consiste à ajouter simplement du vin rouge à un vin blanc ; mais il n'a pas alors le même goût que du vrai rosé, et goûte plutôt quelque chose comme du vin blanc retouché.

Bien que les rosés aient une certaine dose d'acidité et de tanin provenant de la peau, leur saveur fruitée disparaît rapidement – voilà pourquoi il vaut toujours mieux acheter un millésime récent. Comme les vins blancs, il faut aussi les boire frais.

Message dans la bouteille

Les rosés ont toujours été populaires dans le sud de la France. À l'origine, ils étaient fabriqués avec le surplus de raisin qui n'avait pas servi à la fabrication du vin rouge. Mais la philosophie des producteurs a changé, et les rosés sont maintenant fabriqués à dessin. Ils sont devenus une catégorie à part entière, aussi respectés que les autres. La plupart sont secs.

Les vins français de Tavel (qui ne fait que du rosé), dans la vallée du Rhône, et ceux d'Anjou, dans la vallée de la Loire, sont particulièrement réussis et comptent parmi les meilleurs au monde. Dans les années 60, les rosés étaient populaires aussi aux États-Unis, mais ils furent ensuite oubliés. Oubliés jusqu'aux années 80, quand le Zinfandel les remis à la mode. C'était toujours des vins rosés, mais qu'on appelait maintenant « blush wines » (vins rougis). Dans la foulée du Zinfandel, qui fut le premier « blush wine », on se mit à produire d'autres rosés avec des cépages rouges : Grenache, Merlot, Cabernet Sauvignon. La plupart sont sucrés avec un faible taux d'alcool, ce qui a donné la fausse impression que les rosés sont toujours doux, alors qu'en fait ils sont souvent secs ou demi-secs.

On trouve du rosé sous bien des noms différents. Celui d'Espagne s'appelle Rosado, celui d'Italie, Rosato. Et la France produit, à partir d'un raisin noir doucement pressé, un vin très légèrement rosé appelé vin gris.

Les vins effervescents

Quelle différence quand il y a des bulles ! Un vin effervescent est un vin plat auquel on a fait subir une seconde fermentation, mais cette fois sans permettre au gaz carbonique de s'échapper. Le gaz se mêle au vin, et voila ! la fête peut commencer.

Il y a plusieurs sortes de vins effervescents : Prosecco et Asti d'Italie, Cava d'Espagne, Sekt d'Allemagne, Blanc de noir (à partir de Pinot noir), Blanc de blanc (à partir de Chardonnay), et bien sûr champagne, le plus célèbre. Les vins effervescents ne sont pas tous du champagne. Pour être un vrai champagne, le vin doit :

♦ avoir été produit en Champagne ;
♦ avoir utilisé du Chardonay, du Pinot Noir ou du Pinot Meunier ;
♦ obtenir ses bulles grâce à la méthode champenoise.

La méthode champenoise permet d'obtenir les bulles naturellement. Il faut d'abord utiliser le raisin local, ce qui ne facilite pas les choses, car les vignobles sont situés tellement au nord que la plupart des années le raisin a de la difficulté à mûrir. Après clarification et un certain vieillissement, le vin est embouteillé dans les épaisses bouteilles de champagne, avec assez de levure et de sucre pour provoquer une seconde fermentation. C'est cette seconde fermentation qui produit les bulles. Le gaz carbonique ne pouvant pas s'échapper, il se dissout dans le vin.

Le vin est ensuite vieilli dans les bouteilles, parfois pendant des années. Toute la difficulté réside à se débarrasser des sédiments (les levures mortes) qui s'accumulent dans la bouteille sans perdre les bulles. Pour ce faire, les bouteilles sont peu à peu renversées, au fil des jours, jusqu'à ce que les sédiments se soient accumulés dans le goulot. On retire ensuite rapidement les sédiments, on ajuste le taux de sucre et on referme rapidement les bouteilles, pour ne pas laisser le gaz s'échapper. Parce que la méthode champenoise prend du temps et beaucoup de main-d'œuvre, le vrai champagne est cher. Les vins gazéifiés autrement peuvent être vendus beaucoup moins cher.

Les vins fortifiés (ou vins de liqueur)

Un vin fortifié est un vin auquel on a ajouté de l'alcool. On commença à fortifier les vins pour leur permettre de supporter le transport, mais peu à peu ils furent appréciés pour eux-mêmes et sont devenus une spécialité.

Si on écrase du raisin et qu'on laisse la fermentation avoir lieu naturellement, on obtient un vin sec avec un taux d'alcool d'environ 12 %. Maintenant, si on souhaite avoir un vin fortifié, il suffit d'ajouter un brandy (généralement tiré du même cépage que celui utilisé pour le vin) ou un alcool neutre. Les vins fortifiés après la fermentation sont secs, car il n'y a pas de sucre résiduel. Les vins fortifiés en cours de fermentation sont doux, car l'alcool a stoppé la fermentation en tuant les levures, et il reste encore du sucre.

Aux États-Unis, le vin ordinaire doit avoir légalement entre 7 % et 14 % d'alcool. Les vins fortifiés en ont généralement entre 17 % et 21 %. Ils sont plus stables et se conservent généralement plus longtemps une fois la bouteille ouverte.

In vino veritas

Il y a quatre types populaires de vins fortifiés : le porto, le xérès, le madère et le marsala. Les deux premiers sont particulièrement connus. On se sert surtout des deux autres en cuisine, mais certaines marques sont excellentes à boire.

Le Porto est très doux et généralement servi après un repas ; il est produit dans la vallée du Douro, au Portugal.

Le Xérès, du sud de l'Espagne, existe en plusieurs versions, de sec à doux. S'il est sec et pâle, il est servi frais comme apéritif ; s'il est doux et foncé, il est servi comme digestif.

Le Madère porte le nom de l'île portugaise, au large de l'Afrique, où il est fabriqué. Contrairement aux autres vins fortifiés, il est chauffé pendant sa fabrication. Il est sec ou doux.

Le Marsala, du nom d'une ville à l'ouest de la Sicile, peut aussi être sec ou doux. C'est le moins bon, et il sert surtout en cuisine.

Les vins de dessert

On les appelle ainsi tout simplement parce qu'ils sont doux, c'est-à-dire sucrés, et vont donc bien avec un dessert. Ils peuvent aussi constituer eux-mêmes le dessert ! Dans leur fabrication, ce qui compte, c'est les vendanges, qui sont faites très tardivement, alors que le raisin est extrêmement mûr, et donc extrêmement sucré. En même temps, la grande quantité de sucre permet d'obtenir un taux d'alcool assez élevé. Et le sucre résiduel permet au vin d'être conservé longtemps et de s'améliorer avec les années.

Le moment précis des vendanges dépend des vins. Quand le raisin est cueilli très tard dans la saison, on parle de vins de vendanges tardives. Par exemple, les vins allemands Auslese, Beerenauslese et Trockenbeernauslese sont fabriqués à partir de raisin cueilli si tardivement qu'il a légèrement séché sur la vigne, ce qui en concentre les saveurs.

D'autres vins, comme les vins de Sauternes, Barsac, Tokay et certains vins californiens, sont produits avec du raisin recouvert par la moisissure *botrytis cinerea*. Cette « pourriture noble », tout à fait voulue, concentre les saveurs et en ajoute aussi quelques-unes.

Dans les vignobles nordiques, on laisse parfois le raisin geler sur la vigne. On le récolte et on le presse avant qu'il dégèle, et on obtient un jus extrêmement concentré, puisque l'eau, gelée, n'est pas conservée. On appelle ces vins des « vins de glace ».

Les vins kasher

Les Juifs boivent du vin et s'en servent dans leurs cérémonies depuis des milliers d'années. La plupart des cérémonies juives importantes commencent avec le *kiddush*, une prière faite avec du vin. À Pâque, les fidèles boivent aussi quatre coupes de vin symbolisant les quatre dimensions de la liberté. Dans l'Antiquité, avant d'être forcés à l'exil par la conquête romaine, les Juifs fabriquaient du vin en Israël, où les vignobles étaient très répandus. Et le vin étant une nécessité religieuse, les Juifs conservèrent toujours leur habilité à en produire. Il y a cent ans, quand ils s'installèrent dans le nord-est des États-Unis, le seul cépage à leur disposition était le Concord américain, qui produit un vin acide et astringent. Pour rendre le vin buvable, les Juifs y ajoutèrent beaucoup de sucre, si bien que le vin kasher est synonyme aujourd'hui, pour certaines personnes, de vin horriblement sucré. Mais la religion juive n'impose pas du tout au vin d'être sucré. N'importe quel cépage peut être utilisé. Aussi depuis les années 80, de plus en plus de vins kasher aux États-Unis sont issus de Chardonnay, Merlot ou Cabernet Sauvignon.

Que veut dire kasher ?

Le mot kasher signifie « bon, juste, approprié ». Selon la religion juive, un aliment peut être naturellement kasher (comme les fruits ou les légumes), non kasher au départ mais pouvant le devenir, ou non kasher, sans aucune possibilité de le devenir (comme le porc ou les crustacés).

Fruits mûrs

La fabrication des vins kasher

Ils sont fabriqués sous la stricte supervision d'un rabbin, et certaines conditions doivent être respectées. Les vins fabriqués en Israël, terre sacrée, sont soumis en outre à un règlement plus strict. Les conditions pour qu'un vin puisse se dire kasher sont les suivantes :

- Les vignes utilisées doivent avoir au moins quatre ans. (En Israël, cela inclue ses propres vignes, comme celles du raisin acheté ailleurs.)
- En Israël, les vignobles doivent être laissés en jachère tous les sept ans, et il est interdit de faire pousser d'autres fruits ou des légumes dans les vignobles.
- Les ouvriers du vignoble doivent observer le sabbat. Et une fois le vin en cuve, scellé par un rabbin, il doit être surveillé par un gardien appelé shomer. Aucun travail ne peut se faire les jours de fête religieuse.
- L'équipement et les entrepôts ne peuvent servir qu'à la fabrication de produits kasher.
- Aucun produit animal ne peut être utilisé. Par exemple, au lieu d'utiliser de la gélatine ou des blancs d'œufs pour clarifier le vin, on utilise de la bentonite (ou de la gélatine de poisson kasher).
- Les levures doivent être « certifiées kasher ».
- En Israël, en souvenir de la dîme qui était obligatoire avant la conquête romaine, un pourcent de la production doit être rejeté.

In vino veritas

La qualité kasher d'un vin est indiquée sur l'étiquette à l'aide d'un symbole : un U dans un O, et un P tout près. C'est le symbole de la plus grande organisation de certification kasher. S'il est écrit sur l'étiquette : «fait à partir de raisin qui n'est pas orlah», cela signifie que les vignes avaient au moins quatre ans, comme la règle le demande.

Les deux types de vins kasher

Pour les Juifs pratiquants, un vin kasher est sacré par nature, et il doit être servi par des Juifs pratiquants, sinon il cesse d'être kasher. Afin de contourner le problème que pose cette condition dans la vie pratique, en particulier dans les restaurants, on a créé le vin *mevushal*. Le *mevushal* est un vin pasteurisé.

Mevushal signifie en effet « bouilli », mais le vin n'est pas tout à fait bouilli ; on le chauffe à 85 °C pendant une minute, ou 95 °C pendant quelques secondes, puis on le refroidit rapidement. Ainsi traité, le vin est considéré comme étant pur, peu importe qui le sert. C'est en quelque sorte un vin super kasher.

La pasteurisation modifie un vin. Dans le cas des vins non kasher, on l'utilise pour tuer les bactéries (y compris celles qui bonifient le vin avec le temps). Même si certains producteurs affirment que le vin est ensuite meilleur, c'est une pratique réservée aux vins bon marché devant être consommés rapidement.

Savoir déguster

Les producteurs de vins kasher

Aux États-Unis, la famille Herzog est le plus gros producteur et importateur de vins kasher. Parmi ses marques, on retrouve Baron Herzog, Herzog Wine Cellars et Weinstock Cellars. En Europe, certains producteurs très connus réservent une partie de leur production pour la fabrication de vin kasher. Et en Israël, de nouvelles générations de vignerons produisent des vins remarquables.

Voici quelques producteurs, parmi les meilleurs :

- ♦ **Hagafen Cellars,** *Californie*
- ♦ **Gan Eden Winery,** *Californie*
- ♦ **Château Sarget de Gruaud Larose,** *France*
- ♦ **Barkan,** *Israël*
- ♦ **Gamla,** *Israël*
- ♦ **Bartenura,** *Italie*
- ♦ **Ramon Cardova,** *Espagne*
- ♦ **Hafner Kosher Wein,** *Autriche*
- ♦ **Backsberg,** *Afrique du Sud*
- ♦ **Teal Lake,** *Australie*
- ♦ **Alfasi,** *Chili*

Les vins biologiques

La plupart des producteurs de vin sont au départ des agriculteurs. Ils savent que meilleur est le raisin, meilleur est le vin, et qu'ils ont tout intérêt à maintenir leurs terres en santé pour avoir un bon raisin. Ce n'était donc qu'une question de temps avant que certains d'entre eux embrassent le mouvement « bio ».

Agriculture moderne versus agriculture biologique

Tous les viticulteurs font face aux mêmes obstacles naturels : climat capricieux, parasites, maladies, mauvaises herbes. Depuis 50 ans, l'agriculture moderne utilise des inventions humaines pour remédier aux problèmes : insecticides, herbicides, engrais chimiques.

Les viticulteurs biologiques, quant à eux, utilisent des moyens naturels plutôt que des produits chimiques. En pratique, cela veut dire qu'ils vont :

◆ Fertiliser avec du fumier ou des algues.
◆ Combattre les mauvaises herbes en les coupant régulièrement et en laissant l'herbe fauchée fertiliser le sol.
◆ Combattre les insectes nuisibles en attirant les insectes prédateurs (en cultivant certaines plantes, par exemple).

La culture biologique est aussi une philosophie. Le but est d'arriver à un équilibre naturel qui conservera la santé au sol, aux plantes, et au bout du compte au buveur de vin. Le raisin biologique peut être certifié par le gouvernement, et l'étiquette du vin mentionnera alors : « vin issu de raisin certifié biologique ».

Ce qui est ironique, c'est que beaucoup de producteurs utilisent des techniques biologiques, parce qu'elles sont bonnes, mais ne cherchent pas à ce que le raisin soit certifié biologique, afin d'éviter les contrôles du gouvernement.

Vin conventionnel versus vin biologique

Pour obtenir un vin biologique, ou plutôt la certification du gouvernement américain que le vin est « biologique », il ne suffit pas que le raisin soit biologique. Il faut aussi respecter certaines conditions de fabrication. Par exemple, il est interdit d'ajouter de l'anhydride sulfureux ou toute autre espèce de sulfite. Appelé aussi dioxyde de soufre, l'anhydride sulfureux est l'ingrédient principal utilisé habituellement pour assurer la conservation du vin.

En fait, les effets des sulfites sur la santé sont négligeables, sauf chez les gens qui y sont particulièrement sensibles, et il est difficile de produire un vin qui pourra vieillir sans en ajouter à ceux déjà produits par les levures pendant la fermentation. Mais c'est une condition importante pour avoir le droit de porter la mention biologique.

Comment reconnaître un vin biologique

L'appellation biologique est tellement utilisée aujourd'hui qu'il est normal d'être un peu perdu. Mais il suffit de lire l'étiquette, et de savoir ce que chaque catégorie signifie.

♦ **100% biologique.** Tous les ingrédients utilisés sont biologiques. Il est interdit d'ajouter des additifs, y compris des sulfites, mais le sulfite produit naturellement en cours de fermentation est permis, jusqu'à concurrence de 100 ppm (parties par million).
♦ **Biologique.** Au moins 95 % des ingrédients sont biologiques, et les ingrédients qui ne sont pas biologiques doivent être indisponibles sur le marché biologique, ou encore il s'agit des levures. Même règlement pour les additifs. Le sulfite produit naturellement en cours de fermentation est permis, jusqu'à concurrence de 100 ppm.
♦ **Élaboré avec du raisin certifié biologique/des ingrédients biologiques.** Au moins 70 % des ingrédients sont biologiques. Il est permis d'ajouter des additifs, mais le total des sulfites ne doit pas dépasser 100 ppm.

♦ **Contient des ingrédients biologiques.** Le vin contient moins de 70 % d'ingrédients biologiques. Il est interdit de mentionner une organisation de certification biologique ou de faire d'autres références à des ingrédients biologiques.

En un mot, un vin « biologique » est fait à partir de raisin certifié biologique et ne contient aucun additif, comme des sulfites. Les producteurs qui utilisent du raisin certifié biologique mais ajoutent des sulfites ou d'autres additifs peuvent seulement écrire « Élaboré avec du raisin certifié biologique ».

Voici quelques producteurs de vins certifiés biologiques :

♦ **Frey Vineyards,** *Californie*
♦ **Badger Mountain Vineyard,** *Washington*
♦ **Bonterra Vineyards,** *Californie*
♦ **Cooper Mountain Vineyards,** *Oregon*
♦ **Organic Wine Works,** *Californie*

Les vins végétariens et végétaliens

Les végétariens, comme on sait, ne mangent pas de viande, mais ils se permettent souvent le fromage et le lait. Les végétaliens, eux, ne touchent à aucun ingrédient animal.

Or, plusieurs producteurs – y compris biologiques – se servent de produits provenant des animaux pour clarifier leur vin. Les clarifiants attirent les sédiments au fond des cuves et ne sont techniquement pas conservés lorsque le vin est soutiré, mais d'infimes traces peuvent quand même subsister.

Pour qu'un vin convienne à un végétalien, il faut donc que le producteur utilise des clarifiants qui ne proviennent pas d'un animal, comme de la bentonite, du charbon, du kaolin (semblable à la bentonite) ou de la diatomite. Mais les clarifiants utilisés ne figurent pas sur l'étiquette, et il faut faire quelques recherches. Non que les vins végétaliens soient rares, mais ils ne sont pas vendus comme tels.

Les vins kasher constituent parfois la solution pour les végétaliens. Les viticulteurs utilisent souvent des gélatines à base de peau de cochons ou d'arêtes. Mais parce qu'il ne s'agit pas de la chair des animaux, on ne considère pas que c'est de la viande, et par ailleurs le traitement subit pour devenir kasher transforme énormément la matière de base.

Savoir déguster

Soit dit en passant, un vin peut être végétalien une année, et pas la suivante, car un producteur peut très bien changer de clarifiant d'une année à l'autre. Pour être sûr, il vaut mieux téléphoner au producteur ou à l'exportateur, ou alors tout simplement choisir un vin qui n'a pas été clarifié par collage, ce qui sera indiqué sur l'étiquette.

Un vin peut aussi être clarifié par filtration seulement, sans aucun collage. Comme il peut ne pas être clarifié du tout.

CHAPITRE 3

Le raisin

La première chose à connaître, c'est le caractère des différents cépages. Bien que la technique du vigneron ait une grande importance, c'est le raisin, en effet, qui détermine en majeure partie le goût final. Il faut aussi, bien entendu, que le raisin soit de bonne qualité, car aucun vigneron, même le plus grand, ne pourra faire un bon vin avec un mauvais raisin.

Le raisin

Les premiers vins furent élaborés en Europe et dans le centre et l'est de l'Asie il y a des milliers d'années, avec des variétés de l'espèce locale : *vitis vinifera*. Aujourd'hui, l'immense majorité des vins proviennent encore de *vitis vinifera*.

Il en existe plus de 10 000 variétés (les cépages), mais seulement 230 environ sont utilisées en viticulture. Un amateur ordinaire en boira peut-être une cinquantaine dans sa vie.

In vino veritas

Des chercheurs de l'université de Pennsylvanie ont découvert récemment des traces d'acide tartrique – un acide organique présent dans le vin – sur des fragments de poterie chinoise vieux de 9 000 ans.

Les caractéristiques des différents cépages

La couleur extérieure du raisin est la première caractéristique d'un cépage. Il y a des cépages rouges (au raisin violacé) et des cépages blancs (au raisin verdâtre). Sauf pour une poignée de cépages à pulpe violette, tous les cépages donnent un raisin à pulpe translucide et sans couleur, au jus clair.

Le raisin peut être gros ou petit, à peau mince ou épaisse, tout dépend du cépage. Certains cépages sont plus acides que d'autres, et certains ont un arôme caractéristique qu'on retrouve facilement dans le vin. Le Viognier, par exemple, exhale un arôme de fleur ; et le Sauvignon blanc un arôme herbacé.

Le raisin se présente parfois en grappes serrées, ce qui peut aussi avoir une influence sur le vin, car si le climat est très humide, de la moisissure risque d'apparaître entre les grains de raisin, donnant ainsi au vin un goût de moisi.

Les cépages nobles

Avoir bon goût et un bon lignage peut mener loin. Dans le cas de six cépages, ils y ont gagné d'être dit « nobles ». On considérait naguère qu'ils définissaient ce qu'est un grand vin. Il s'agit des Cabernet Sauvignon, Merlot, Pinot Noir, Chardonnay, Sauvignon et Riesling. Ils forment la base des grands vins français (et allemands, dans le cas du Riesling).

Mais, bon, il va sans dire que ces cépages ne sont pas les seuls à produire de grands vins. Ce serait sans compter le Tempranillo espagnol, le Sangiovese et le Nebbiolo italiens, le Zinfandel de Californie. Particulièrement aujourd'hui, alors que la culture de la vigne s'est étendue un peu partout sur le globe, on produit des milliers de bons vins avec d'autres cépages que les cépages « nobles », et le terme a perdu un peu de son utilité.

Pourquoi on ne fait pas pousser la vigne à partir de graines ?

Fruits mûrs

Au printemps, les fleurs de chaque vigne sont fertilisées avec le pollen d'une autre vigne, qui peut très bien être d'un autre cépage, puisque les choses se font naturellement. Le raisin qui en naît a dans ses graines les gênes des deux parents (résultat d'une reproduction sexuée). Si l'un des parents est bel et bien d'un autre cépage, les graines donneront des vignes différentes, avec un raisin différent. Et même si les parents sont de même cépage, les nouvelles vignes ne seront peut-être pas tout à fait semblables. C'est pourquoi on procède plutôt par greffage, bouturage ou marcottage, afin d'avoir une nouvelle vigne donnant un raisin identique à celui de la plante mère.

Des cépages un peu moins nobles

Les premiers colons aux États-Unis firent du vin avec les vignes qu'ils trouvèrent sur place, et ce n'était pas des vignes de l'espèce *vitis vinifera*. Bien que le vin produit était un peu bizarre et souvent mauvais, on peut encore trouver des vins élaborés avec du raisin provenant des espèces américaines. Il y trois espèces, en particulier, qui servent encore à faire du vin.

- *Vitis labrusca* – que l'on trouve surtout au Canada et dans le nord-est des États-Unis. Le Concord et le Catawba sont les cépages les plus courants.
- *Vitis aestivalis* – que l'on trouve surtout au Missouri, en Arkansas et au Tennessee. Le Cynthiana (appelé aussi Norton) est le cépage le plus courant.
- *Vitis rotundifolia* – espèce indigène des régions bordant le golfe du Mexique. Le Skuppernong est le cépage le plus connu ; on en fait des vins doux qui sont populaires dans le Sud.

La culture de la vigne

La vigne est une plante assez adaptable. Néanmoins, elle préfère les régions où l'hiver est doux, et l'été sec et chaud (comme tout le monde). Un vigneron qui souhaite planter de nouvelles vignes doit prendre en considération plusieurs facteurs : le climat, le type de sol, le drainage, l'exposition au soleil, les insectes, et – très important – le temps de maturité du cépage.

Si le vigneron choisit mal l'endroit, ce sera un échec, et un échec qui lui coûtera cher. Le temps nécessaire pour mûrir diffère d'un cépage à l'autre. Si un cépage qui mûrit lentement est planté dans une région où l'été est trop court, le raisin n'aura pas le temps de mûrir complètement, et le vin sera amer. Si au contraire un cépage qui mûrit rapidement est planté dans une région où l'été est long (ou permanent), il faudra faire attention de le récolter avant qu'il ne soit trop mûr, sinon le vin prendra simplement ce goût de fruits trop mûrs.

Planter les vignes

La plupart des vignes modernes sont le résultat d'un greffage : le haut d'une vigne, qui porte les feuilles et le raisin, est fixé au pied d'un cépage différent, dont les racines sont plus résistantes.

Les cépages ne poussent pas tous dans le même type de sol. Le Chardonnay et le Pinot Noir ont besoin d'un sol calcaire ; le Cabernet

Sauvignon d'un sol graveleux ; le Riesling d'un sol argileux. Mais tous ont besoin d'un sol bien drainé.

Laissée à elle-même, comme dans l'Antiquité, une vigne devient énorme, des racines sortent des tiges qui touchent le sol, et elle finit par s'étendre sur la moitié d'un hectare. Mais elle ne produit pas alors les meilleurs fruits possibles, toute son énergie va dans la production des racines et dans son étalement. Pour obtenir de meilleurs fruits, il faut au contraire l'élaguer, et la soutenir sur des treillages.

La peau, les pépins et la rafle contiennent tous des tanins, responsables de l'astringence des vins rouges. Avant la fermentation, on retire en général la rafle, trop amère, mais on laisse la peau et les pépins. Les cépages dont le raisin est petit et la peau épaisse – ce qui fait par conséquent plus de peau dans le jus – donnent des vins plus tanniques.

In vino veritas

Plus le traitement est rigoureux, meilleures sont les vignes

Comme les gens qui mangent trop, les vignes qui reçoivent trop d'eau et de produits nutritifs s'amollissent. Elles ne produisent pas un bon raisin. Au contraire, si elles sont plantées très près l'une de l'autre, et que l'eau et les produits nutritifs sont difficiles à trouver, les racines sont plus profondes, la plante plus vigoureuse et le raisin meilleur. Pour une raison quelconque, les vignes stressées soignent leur raisin ; il y en a moins, mais il est meilleur.

Les plants d'un même cépage ne sont pas tous identiques. Deux plants de Cabernet, par exemple, peuvent varier quant à leur résistance aux maladies et à leur temps de maturation, et produire un raisin au goût et à l'arôme différents. C'est pourquoi un vigneron choisira avec attention la plante dont il achètera une bouture, lequel lui donnera un plant identique à la plante mère (autrement dit un clone).

Message dans **la bouteille**

Les vendanges

Aux États-Unis, les vendanges se font entre la mi-août (dans les régions chaudes) et fin septembre (dans les régions froides). Le vigneron détermine si le raisin est mûr principalement en regardant sa couleur et en mesurant son taux de sucre. On mesure le taux de sucre en degré Brix (du nom de son inventeur, un Allemand qui vivait au 19e siècle), à l'aide d'un hydromètre. Pour la plupart des vins, il sera entre 19° et 25°. En connaissant le taux de sucre du raisin, un vigneron connaît exactement quel taux d'alcool son vin pourra atteindre.

Message dans la bouteille

Chaque degré Brix équivaut à 1% de sucre (un gramme de sucre pour cent grammes de jus de raisin). Sachant que 55% du sucre sera transformé en alcool, il suffit de multiplier par 0,55 le nombre de degrés Brix pour connaître le futur taux d'alcool. Par exemple, 20° Brix donnera un vin avec 11% d'alcool.

Le raisin est récolté soit à la main, soit mécaniquement. Vendanger à la main est plus cher, mais endommage moins le raisin, qui est alors cueilli, jeté dans des hottes puis transféré délicatement dans de grosses bennes. Au contraire, les machines détachent le raisin en secouant la vigne ; la main-d'œuvre est réduite, mais le raisin est parfois endommagé. Cueillir à la main permet aussi aux vendangeurs de rejeter sur place les grains de raisin pourris ou encore verts.

Les quelques chiffres suivants permettront aux buveurs de vins de mettre la viticulture à leur portée. Grosso modo, 0,4 hectare de vignes donne 5 tonnes de raisin, qui à leur tour donne 13,5 tonneaux de vins, c'est-à-dire 3 985 bouteilles, ou 15 940 verres de vin. Évidemment, le rendement exact dépend de plusieurs facteurs, comme le nombre de vignes, le rendement de chaque vigne, la grosseur des grappes ou la quantité de jus donné par le raisin.

Les hybrides

Les hybrides sont le résultat d'un croisement entre deux espèces de vigne (comme *vinifera* et *labrusca*) ou deux cépages de la même espèce. Certains hybrides sont apparus naturellement, comme le Cabernet Sauvignon, né du mariage entre un plant de Cabernet franc et un plant de Sauvignon. D'autres ont été créés par l'homme, souvent dans un but précis. C'est par exemple le cas du Müller-Thurgau, créé par le professeur Müller, qui vivait à Thurgau, en Suisse. Dans le but d'avoir un cépage au goût de Riesling, mais produisant beaucoup et mûrissant rapidement, il croisa du Riesling avec du Sylvaner. Aujourd'hui, c'est le cépage le plus courant d'Allemagne.

Le phylloxera fait progresser la viticulture

L'essor des hybrides est vraiment dû, à la fin du 19e siècle, à l'apparition du phylloxera, ce minuscule puceron jaune qui détruisit rapidement 75 % du vignoble français. On savait que les racines des vignes américaines étaient insensibles à l'insecte, qui s'attaque justement aux racines. On créa donc des dizaines d'hybrides en croisant des cépages américains, ou des cépages français et américains, afin d'avoir un plant qui donnerait un raisin parfait pour le vin tout en étant résistant au phylloxera. Mais la qualité du raisin n'était jamais tout à fait à la hauteur des cépages traditionnels. On découvrit finalement que la meilleure solution consistait plutôt à greffer les cépages de vitis vinifera, ceux dont on estimait le raisin, aux pieds de vignes américaines. Les plants se portaient à merveille et le vin avait toutes les caractéristiques des cépages de *vinifera*.

Les hybrides français et américains

Certains hybrides sont apparus naturellement dans l'est des États-Unis, comme le Catawba, le Delaware, l'Isabella et l'Alexander. D'autres sont le produit de l'homme, comme le Niagara et le Diamond.

Les Américains n'étaient pas les seuls à créer des hybrides. En France, afin d'éviter le goût rustique, foxé, du *labrusca*, on croisa d'autres espèces américaines ou des hybrides américains. Tirant leur nom de leur créateur, voici certains hybrides « made in France » :

♦ Baco noir et Baco blanc
♦ Seyval blanc

- ◆ Maréchal Foch
- ◆ Vidal blanc
- ◆ Ravat blanc

Ironiquement, les lois françaises très sévères qui réglementent la viti-culture ont empêché ces hybrides de devenir populaires dans le pays qui les a vus naître, mais ils sont présents dans l'est des États-Unis, au Canada, en Australie et au Brésil.

Le nom des vins : une région ou un cépage

La majorité des vins en France, en Italie, en Espagne et dans le reste de l'Europe tirent leur nom du lieu où ils ont été produits. Ce peut être le nom d'un pays (France), d'une région (Bourgogne), d'un village ou même d'un versant de vignoble. Chianti, Pouilly-Fuissé ou Rioja sont tous des endroits précis.

Savoir déguster

L'appellation d'un vin ne dit peut-être rien au non-initié, mais le connaisseur, lui, saura parfaitement à quoi s'attendre, il saura même quels cépages ont été utilisés. Il saura, par exemple, que les vins de Chianti sont fabriqués principalement avec du Sangiovese, les vins de Pouilly-Fuissé avec du Chardonnay, et ceux de Rioja, avec du Tempranillo.

Comment les appellations se sont développées

On fait du vin en Europe depuis longtemps, ce qui a permis de comprendre parfaitement les besoins de chaque cépage, et de connaître quelle était la meilleure région pour chacun d'eux. Peu à peu, les régions ont été associées à des cépages particuliers. En outre, la plupart des vins en Europe sont issus de mélanges. On utilise un, deux, trois cépages ou plus. Un Châteauneuf-du-Pape peut contenir jusqu'à treize différents cépages.

Lorsque les gouvernements européens commencèrent à réglementer la fabrication du vin, afin d'éviter les escroqueries et d'en assurer la qualité, ils divisèrent chacun leur pays en région de production (les appellations). Bien que chaque pays soit différent, le système français, mis sur pied en 1935, est le système qui a été le plus copié. Un vin ne peut porter la mention d'une appellation que s'il respecte plusieurs règles assez strictes, lesquelles définissent entre autres :

♦ quels cépages peuvent être plantés et utilisés
♦ les méthodes de culture, comme l'élagage et la fertilisation
♦ la production maximale par hectare
♦ le degré d'alcool minimum
♦ les pratiques de vinification

Peu à peu, les Européens associèrent chaque région ou appellation avec un certain type de vin. Il était inutile de mentionner les cépages sur l'étiquette. Mais si un Européen sait d'emblée à quel genre de vin il a affaire, ce n'est pas toujours le cas d'un Américain, pour qui toutes ses différences régionales peut être un véritable casse-tête.

Classer les vins selon leur lieu de naissance est aussi une philosophie. On croit depuis longtemps en Europe que le goût d'un vin ne dépend pas uniquement du cépage, mais des conditions naturelles du lieu de culture : le sol, l'altitude, le drainage, la quantité de soleil, de pluie, etc. Certains vignerons respectent tant le terroir, qu'ils préfèrent intervenir le moins possible. Que les autres, dans le Nouveau Monde, manipulent et retouchent leurs vins ! Les vignerons européens veulent laisser le raisin et le terroir déterminer toutes les caractéristiques d'un vin.

Les cépages

Hors d'Europe, on nomme généralement les vins d'après leur cépage, ce qui est rendu possible par l'habitude de produire les vins avec un seul cépage, alors qu'en Europe on préfère les assemblages. D'où les Chardonnay, Chenin, Merlot, Pinot noir, Cabernet Sauvignon, etc. En anglais, on appelle ces vins des *varietals*. Techniquement ce sont des vins de cépage (des vins faits avec un seul cépage), mais ce sont parfois des assemblages, dont le cépage indiqué est en fait le cépage dominant. Aux États-Unis, une bouteille étiquetée « Merlot », par exemple, a légalement le droit de ne contenir que 75 % de Merlot.

En dehors de l'Europe, on utilise aussi des appellations d'origine, mais les règles sont moins strictes, et on s'en sert pour nommer les vins beaucoup moins souvent.

In vino veritas

Aux États-Unis, les AVA (American Viticultural Areas) déterminent les régions viticoles. Mais ce ne sont pas toutes les régions qui bénéficient pour l'instant d'une AVA, et de nouvelles AVA apparaissent constamment. La mention d'une AVA sur l'étiquette garantit seulement qu'au moins 85 % du raisin provient de la région mentionnée.

Rencontre du Nouveau et de l'Ancien Monde

Les besoins du marché ont rapproché l'Ancien et le Nouveau Monde. Le marché américain est un marché important. Aussi pour plaire aux consommateurs américains, qui n'achèteront pas une bouteille s'ils ignorent ce qu'elle contient, de plus en plus de producteurs européens mentionnent maintenant sur leurs bouteilles destinées aux États-Unis les cépages utilisés. Le consommateur qui apprend qu'un Bourgogne rouge est fait avec du Pinot noir et qu'un Bourgogne blanc est fait avec du Chardonnay est satisfait, et il achète.

De leurs côtés, de plus en plus de producteurs américains incluent la région de production sur leurs étiquettes, à mesure que les consommateurs s'informent et reconnaissent les mérites de telle ou telle région. Des noms comme Napa Valley, Russian River Valley ou Stag's Leap sont aujourd'hui synonymes de qualité et de prestige.

Des noms créés de toutes pièces

On ne s'est pas contenté de copier des étiquettes, plusieurs producteurs se sont mis à copier le style de vin fabriqué de l'autre côté de l'Atlantique.

Des producteurs européens s'éloignent aujourd'hui des vins complexes pour lesquels ils sont reconnus afin de produire des vins plus directs, plus fruités comme on les aime aux États-Unis. Et aux États-Unis, de plus en plus de vins sont des assemblages, à la manière des vins européens.

Les noms de marque

Désigner un vin par son cépage, tel que le permet la loi, est la solution la plus simple. Mais que faire si c'est un assemblage ? Un vin contenant 50 % de Merlot et 50 % de Cabernet Sauvignon peut toujours être désigné comme étant un « Cabernet – Merlot », mais s'il y a 6 ou 7 cépages ? La solution consiste à inventer un nom de marque. Ford l'a fait : Mustang ; Mattel l'a fait : Barbie. Alors pourquoi pas avec le vin ?

Utiliser un nom de marque est aussi une bonne astuce de marketing. Des producteurs européens l'ont déjà fait (Blue Nun, Lancers, Mateus…), et aujourd'hui de plus en plus de producteurs dans le monde le font, autant pour les vins bon marché que pour les vins fins. Certains noms sont philosophiques, d'autres simplement bizarres, grossiers, ou formés sur des jeux de mots : Marylin Merlot, Goats do Roam [les chèvres flânent], Cat's Pee on a Goosberry Bush [pipi de chat sur un groseillier], Fat Bastard [gros salaud]…

Les vins « Meritage »

Dans les années 80, un groupe de viticulteurs francophiles décidèrent de produire des assemblages dans le style de ceux de Bordeaux, avec les cépages traditionnels aux vins de Bordeaux. Ils formèrent l'association *Meritage*.

....

« Meritage » est la combinaison de *merit* et *heritage*, et le résultat d'un concours organisé par l'association qui se cherchait un nom. Le prix du gagnant : deux bouteilles de vin par année, de chaque membre, pendant dix ans.

....

Message dans la bouteille

Meritage est une marque déposée, mais tout viticulteur qui produit des vins à la manière de Bordeaux peut utiliser la marque, à condition de respecter certains critères, entre autres :

- ♦ Le vin doit être un assemblage d'au moins deux cépages bordelais ;
- ♦ Aucun cépage ne peut constituer plus de 90 % de l'assemblage ;
- ♦ Le vin doit être le plus cher du producteur.

Contrairement à la plupart des marques, Meritage est utilisé par plusieurs producteurs. On retrouve une situation semblable en Alsace, avec le nom Gentil. N'importe quel producteur alsacien peut s'en servir, à condition qu'au moins 50 % du vin soit élaboré avec les cépages de la région, soit Riesling, Gewurztraminer, Muscat et Pinot gris.

Savoir déguster

Aux États-Unis, on retrouve des cartons de vin vendus sous des appellations comme Bourgogne, Chablis ou Porto. Mais faites attention, le vin à l'intérieur ne provient pas du tout de ces célèbres et lointaines régions, et ne goûte pas non plus comme le vin de ces régions. Il s'agit au contraire d'assemblages de Dieu sait quels cépages, produits et vendus à grande échelle. Par bonheur, à mesure que les consommateurs se raffinent, on trouve de moins en moins de ce genre de vins.

Comment lire une étiquette

Les étiquettes de vin doivent se conformer aux règles du pays où le vin est vendu, et non aux règles du pays où il est produit. Un vin vendu dans son pays de production et dans un pays étranger aura donc peut-être deux étiquettes, chacune ayant été approuvée par le pays concerné.

Aux États-Unis, la plupart des bouteilles de vin ont une étiquette devant, pour attirer l'attention, et une autre derrière, pour convaincre d'acheter. En vérité, très peu de ce qui est écrit sur les étiquettes vous renseigne sur le goût du vin. Les jolies phrases au dos de la bouteille, par exemple, proviennent de l'imagination d'une agence de publicité, et non d'un jury de dégustation. Mais si l'étiquette au dos de la bouteille n'est pas réglementée, celle du devant est régie par « Alcool and Tobacco Tax and Trade Bureau » (TTB), lequel fait partie du Département du Trésor. Afin de contourner le règlement, certains producteurs inversent les deux étiquettes, et c'est l'étiquette du dos qui est approuvée comme étiquette de devant – la véritable étiquette de devant, au dos de la bouteille, peut alors être plus fantaisiste.

Les informations obligatoires

Premièrement, il y a le nom du vin. Aux États-Unis, c'est généralement le nom d'un producteur ou un nom de marque. Si aucun cépage n'est mentionné, c'est probablement un assemblage. Si un cépage fait partie du nom, alors au moins 75 % du vin doit être issu de ce cépage.

Le type de vin doit être mentionné sur l'étiquette. Des termes comme vin de table, vin effervescent, vin à base de fruits *(fruit wine)* ou apéritif ont une définition légale. Par exemple, un vin de table doit avoir entre 7 % et 14 % d'alcool.

En Europe, la région fait toujours partie du nom. Quand elle apparaît sur une bouteille aux États-Unis, c'est normalement parce qu'elle est prestigieuse. Si une AVA [appellation d'origine américaine] est mentionnée (Napa Valley, par exemple), au moins 85 % du raisin en provient. Si un vignoble particulier est mentionné, c'est au moins 95 % du raisin qui en provient.

Les vins qui ont plus de 14 % d'alcool doivent mentionner le pourcentage d'alcool sur l'étiquette. Ils sont considérés comme fortifiés – et taxés quatre fois plus que les vins ordinaires. Même si le pourcentage élevé d'alcool a été obtenu naturellement, sans addition d'alcool, le vin est considéré comme fortifié. Les vins qui ont moins de 14 % d'alcool ne sont pas obligés d'inscrire le pourcentage d'alcool sur l'étiquette, la mention du type de vin suffit. Une variation de 1 % dans la quantité d'alcool est permise dans les vins fortifiés, et de 1,5 % dans les vins de table.

Le producteur et l'embouteilleur doivent être mentionnés sur la bouteille, et c'est là que les choses se compliquent.

- *Bottled by* [mis en bouteille par] : embouteillé par la compagnie, mais quelqu'un d'autre a produit le vin.
- *Produced and bottled by* [produit et mis en bouteille par] : l'embouteilleur a produit au moins 75 % du vin.
- *Made and bottled by* [fait et mis en bouteille par] : l'embouteilleur a produit au moins 10 % du vin, ou encore il a changé le type de vin (par exemple il a transformé un vin tranquille en vin mousseux).
- *Cellared, vinted* ou *prepared* [conservé, vinifié ou préparé] : le producteur a gardé le vin en cave.
- *Blended and bottled by* [mélangé et mis en bouteille par] : le vin est un assemblage.
- *Estate bottled* ou *Grown, produced and bottled by* [mis en bouteille par la propriété ou cultivé, produit et embouteillé par] : le producteur a tout fait ; il a cultivé le raisin sur sa propriété avant de fabriquer et d'embouteiller le vin. Les vignobles et la maison de production doivent être situés tous les deux dans la région viticole indiquée sur l'étiquette.

La façon d'appeler les maisons de production varie d'un pays à l'autre. Aux États-Unis, ce sont des *wineries*. Dans la région de Bordeaux, ce sont des châteaux, et en Bourgogne, des domaines. En Allemagne, en Italie et en Espagne, ce sont des propriétés. S'il est important de reconnaître un producteur, c'est essentiellement parce que vous pouvez ainsi reconnaître un vin, et être certain d'acheter ce que vous voulez. La réputation d'un producteur vous en apprendra davantage, bien souvent, que tout ce qui est écrit sur l'étiquette.

Dans certains pays, les vins sont classés d'après leur qualité, et le classement est parfois indiqué sur l'étiquette. Le volume est toujours indiqué, soit sur l'étiquette, soit moulé dans le verre, le volume standard étant de 750 ml.

Aux États-Unis, un avertissement met en garde contre les dangers de l'alcool (malformations à la naissance, problèmes de santé, ne pas conduire ou opérer de la machinerie), et la mention « contient des sulfites » doit apparaître si le taux est supérieur à 10 ppm.

Aux États-Unis, si un millésime est indiqué, 95 % du vin doit être de ce millésime. Un vin assemblé avec plusieurs années n'aura évidemment aucun millésime, et portera parfois la mention *nonvintage* (ou NV).

Le millésime est-il important?

Pour beaucoup de gens, un vin millésimé est nécessairement un bon vin. En vérité, le millésime indique simplement l'année des vendanges. Tout le monde sait que les récoltes sont influencées par la météo, et que celle-ci change chaque année. La qualité du raisin – c'est-à-dire un raisin sain et bien mûr, doté d'un bon équilibre entre le taux d'acidité et le taux de sucre – peut être compromise au cours de deux étapes cruciales de sa croissance.

Par exemple, s'il fait trop froid en début de saison, et que les fleurs gèlent, la récolte sera réduite. Les semaines précédant les vendanges – et le moment des vendanges lui-même – sont cruciales. S'il y a trop de pluie, par exemple, le raisin sera gonflé d'eau et produira un jus dilué – la pluie, en outre, favorise les moisissures. Au dernier moment, que doit faire un vigneron si on annonce des jours de pluie, récolter rapidement, ou prendre un risque, en espérant qu'en attendant un peu le raisin sera plus mûr?

D'une année à l'autre, le raisin est donc assez différent, en particulier dans les régions où la météo est imprévisible et très variable, comme en France, en Allemagne ou dans l'Oregon. Dans le sud de l'Italie, par contre, comme en Californie, en Afrique du Sud ou en Australie, les variations d'une année à l'autre sont beaucoup moins marquées.

Le millésime n'indique pas l'année de mise en bouteille. Dans l'hémisphère nord, même les vins blancs frais sont rarement embouteillés l'année des vendanges. Et les rouges sont généralement embouteillés au moins deux ou trois ans après la récolte.

Message dans **la bouteille**

Les différences à l'intérieur d'une région

Même à l'intérieur d'une région, la météo peut être différente d'un endroit à l'autre. Un vignoble au fond d'une vallée et un vignoble sur un versant connaîtront des conditions météorologiques bien différentes. Un vignoble peut être détruit par de la moisissure, alors qu'un autre tout proche, mais au climat un peu moins humide, ne sera pas touché.

Le cépage joue aussi un grand rôle. Le Cabernet Sauvignon, dont la peau est épaisse, est beaucoup moins sensible aux moisissures que le Pinot Noir, et peut soutenir de longues pluies sans problème. Une bonne année pour un cépage peut donc être une mauvaise année pour un autre. Deux producteurs utilisant les mêmes cépages, du même millésime, ne produiront pas non plus les mêmes vins.

En d'autres mots, il ne faut pas trop généraliser. Peu d'années sont totalement bonnes ou totalement mauvaises. Le millésime a surtout son importance si vous êtes passionné par les vins d'une région bien précise, ou si vous êtes sur le point de dépenser une fortune pour une bouteille. Dans ces cas-là, c'est tout à fait normal de consulter le tableau des millésimes.

CHAPITRE 4

Les cépages rouges

Le goût, la texture, le corps, la couleur, les tanins, les caractéristiques d'un vin dépendent pour beaucoup des cépages utilisés. Même si le cépage n'est pas indiqué sur l'étiquette, soyez certain qu'il a contribué à sa façon au produit final.

Cabernet Sauvignon

Depuis longtemps, le Cabernet Sauvignon est apprécié partout dans le monde. Mais c'est un cépage relativement jeune, pas plus de 600 ans. Des recherches sur la génétique, effectuées à l'Université Davis, ont permis de conclure récemment qu'il était le résultat d'un croisement entre le Cabernet franc et le Sauvignon, et non une ancienne variété.

Un plant solide

Le raisin du Cabernet Sauvignon est petit, violet et sa peau est particulièrement épaisse. La peau épaisse rend le raisin très résistant aux maladies et capable de supporter les fortes pluies d'automne, ce qui est essentiel, car il mûrit tardivement en saison. Une peau épaisse signifie aussi plus de tanins, et donc des vins très tanniques. Le Cabernet Sauvignon pousse dans tous les climats, à condition que l'hiver ne soit pas trop froid. La plupart des pays viticoles l'ont adopté ; même l'Espagne et l'Italie, habitués à utiliser seulement les cépages locaux, ont planté du Cabernet Sauvignon, et l'utilisent dans les assemblages.

Message dans **la bouteille**

Certains Cabernet Sauvignon de la vallée de Napa sont devenus des vins cultes. Ils sont fabriqués en très petite quantité et vendus presque uniquement par listes de diffusion. Les bouteilles qui se retrouvent sur le marché libre se vendent souvent des milliers de dollars. C'est le cas des vins fabriqués par Harlan Estate, Screaming Eagle, Grace Family Vineyard, Dala Valle Vineyards, Bryant Family Vineyard, Araujo Estate Wines et Colgin Cellars.

Le Cabernet Sauvignon a été massivement planté en Europe pendant la seconde moitié du 19e siècle pour remplacer les vignes exterminées par le phylloxera. À Bordeaux, il est devenu le cépage prépondérant dans les vins du Médoc et des Graves. Il est populaire partout dans le monde, et en particulier en Californie, où les meilleurs vins, souvent fort chers, en sont issus.

Les vins

Forts en tanins, les Cabernet Sauvignon sont un peu rudes quand ils sont jeunes. Ils ont besoin d'un vieillissement en fût de chêne, puis en bouteille, pour s'adoucir. Les meilleurs Cabernet Sauvignon se gardent plus de quinze ans. Pensez à Rod Stewart. Dans sa jeunesse, c'était un rocker sauvage ; maintenant qu'il a vieilli, c'est un chanteur de balades douces et suaves. C'est la même voix, le même chanteur, mais le temps l'a rendu plus subtil.

Savoir déguster

Le *rubired* est un des cépages les plus courants en Californie, mais vous n'en avez probablement jamais entendu parler – tout simplement parce qu'il n'est pas très bien coté. C'est l'un des rares cépages dont le jus est rouge, et non blanc, et on s'en sert beaucoup pour renforcer la couleur des vins rouges à base d'autres cépages. On l'ajoute aussi aux « Cabernet Sauvignon » très bon marché, vendus en cartons.

Les jeunes Cabernet Sauvignon ont des arômes de cassis, de poivre, de chocolat et d'épices. Les vins plus âgés peuvent avoir un arôme de tabac.

Bien qu'on fait des vins 100 % Cabernet Sauvignon (en Californie, notamment), le cépage est de plus en plus utilisé en assemblage aux États-Unis. En France, les producteurs de Bordeaux l'ont toujours marié à du Merlot, du Cabernet franc, du Petit Verdot ou du Malbec. En ajoutant du Merlot ou du Cabernet franc au Cabernet Sauvignon, par exemple, on obtient un vin à la finale douce et fruitée.

En Australie, on lui ajoute du Syrah, ce qui donne au vin un arôme poivré. En Italie, on produit des vins appelés « super toscans », qui sont des assemblages de Cabernet Sauvignon et de Sangiovese. En Espagne, on le marie avec du Tempranillo.

In vino veritas

La première mention écrite du Cabernet Sauvignon date du 18e siècle, et provient de Château Mouton. Mais à cette époque, il était appelé vidure, contraction de « vigne dure ». On l'appelle encore ainsi dans certains vignobles bordelais.

Quelques vins contenant du Cabernet Sauvignon [*] :

- Nicolas Catena Zapata (Mendoza, Argentine) ; Cabernet Sauvignon / Malbec – 100 $
- Parador (Napa Valley) ; Cabernet Sauvignon / Sangiovese / Tempranillo – 36 $
- Van Ruiten Vineyards (Lodi, Californie) ; Cabernet Sauvignon / Syrah – 12 $

Merlot

La popularité du Merlot aux États-Unis date des années 90, quand on commença à en faire des vins appréciés des gens qui trouvaient les Cabernet Sauvignon trop tanniques. Jusqu'alors, le cépage était réservé aux assemblages, et certains connaisseurs ne l'aimaient pas beaucoup. Mais aujourd'hui, il est cultivé partout au monde. Rien qu'en Californie, sa superficie est passée de 810 hectares, en 1985, à plus de 20 000, en 2003.

Le Merlot s'impose

Le raisin du Merlot est petit et sa peau est relativement mince ; il mûrit plus rapidement que le Cabernet Sauvignon, et il est moins tannique. Il est utilisé en France depuis au moins 2 000 ans, mais il n'a été classé comme cépage distinct qu'au 19e siècle.

Si le Cabernet Sauvignon est le cépage du Médoc, le Merlot est celui de Pomerol et de Saint-Émilion. En superficie plantée, c'est le troisième cépage rouge de France. Outre la France, il est aussi très important en Californie, dans l'État de Washington, dans le district de Long Island (NY), au nord de l'Italie et au Chili.

Savoir déguster

Quand un vin à base de Merlot est bon, il est vraiment bon. La cuvée 1990 du Château Pétrus (célèbre vin de Pomerol : 95 % Merlot, 5 % Cabernet franc) a reçu la note parfaite de 100 % par le magazine *Wine Spectator*. À au moins 2 500 $ la bouteille, quand on en trouve, c'est sans doute un des vins les plus chers du monde.

---

[*] NdT. Tous les prix de ce guide sont en dollars américains et en vigueur au moment de la publication anglaise en 2005.

Le Merlot a la réputation de produire des vins qui sont moelleux et peu acides. Il fait de bons vins de cépage, et il est bon dans les assemblages. Malheureusement, sa popularité a amené une surproduction dans certaines régions et la fabrication de vins sans finesse, produits dans un but strictement mercantile.

C'est un cépage dont les vins sont assez simples, et que le vieillissement n'améliore pas beaucoup ; ils doivent être bus jeunes. Les vins ont des arômes de prune, de cerise, de cassis, de violette et de rose.

Voici quelques suggestions pour vous faire découvrir le Merlot :

- Pahlmeyer (Napa Valley) Merlot – 80 $
- Andrew Will Kilpsun Vineyard (Colombia Valley) Merlot – 53 $
- Bell Wine Cellars Aleta's Vineyard (Napa Valley) Merlot – 28 $

Pinot Noir

Depuis le temps des Romains, le Pinot Noir donne du fil à retordre aux vignerons. De la propagation des plants au vieillissement des vins, tout est compliqué. Mais le travail en vaut la peine car les vins sont magnifiques.

Sa réputation de grand cépage est née en Bourgogne, et plus particulièrement en Côte d'Or, petite région qui s'étire sur trois kilomètres. C'est aussi un des trois cépages pouvant entrer dans les vins effervescents de Champagne.

Un cépage capricieux

Le Pinot Noir pose plus d'un problème. Premièrement, il a besoin d'un été long et pas trop chaud. Ensuite, il est instable génétiquement, et les fruits d'un nouveau plant peuvent être différents de ceux de la plante mère. Il est aussi très sensible aux insectes, aux maladies et aux gelées du printemps. Il a très peu de feuilles, ce qui rend les fruits particulièrement vulnérables aux oiseaux ; et la peau des fruits est si mince que souvent ils sèchent.

Il y a plus de mille variétés de Pinot, car les plants mutent facilement, autant chez les rouges que chez les blancs. Parmi les plus connus, citons le Pinot Blanc, le Pinot Gris et le Pinot Meunier.

Le Pinot Noir aime les sols calcaires et les climats frais. Hors de France, on le retrouve en Allemagne, en Autriche, en Italie, en Europe de l'Est, en Amérique du Sud, en Afrique du Sud, en Australie, au Canada et aux États-Unis. Il est cultivé en Californie depuis les années trente, et on en trouve aujourd'hui aussi dans l'Oregon.

Vous vous demandez sans doute pourquoi on se donne la peine de produire du Pinot Noir malgré toutes ses difficultés? La réponse : c'est qu'il est comme une diva. Elle peut être très exaspérante avant sa prestation, mais dès qu'elle se met à chanter, on s'aperçoit qu'elle en vaut la peine.

Les vins qu'il produit ont déjà été décrits comme de la soie liquide, tant leur texture est veloutée. Ils sont corsés sans être lourds, capiteux sans être acides ou trop tanniques, d'un rouge très léger. Arômes typiques : framboise, cerise, fumée.

Quelques suggestions :

- Saintsbury Brown Ranch (Carneros, Californie) Pinot Noir – 70 $
- Patz & Hall Hyde Vineyard (Carneros, Californie) Pinot Noir – 45 $
- Ponzi (Willamette Valley, Oregon) Pinot Noir – 30 $
- Louis Jadot (Beaune, France) Chorey-les-Beaune – 19 $

Syrah ou Shiraz

Le Syrah pousse dans la vallée du Rhône depuis l'Antiquité. En Australie, où il est arrivé au 19e siècle, il est appelé Shiraz, et c'est un des cépages les plus courants. Il est arrivé aux États-Unis peu après l'Australie, mais il y est populaire seulement depuis une dizaine d'années.

Plusieurs légendes tournent autour du cépage. L'une d'elle affirme que les Croisés français l'ont rapporté de la ville de Shiraz, en Perse ; une autre qu'il tire son origine de Syracuse, en Sicile, d'où il aurait été importé en France par les Romains. En vérité, selon les études génétiques, il est originaire de la vallée du Rhône, tout simplement.

Depuis les années 80, de plus en plus de syrah, ainsi que d'autres cépages de la vallée du Rhône, sont plantés en Californie. La tendance a été amorcée par un groupe de viticulteurs californiens qui adorent les vins de la vallée du Rhône et qui ont pris le surnom de « Rhône Rangers ».

In vino veritas

Un cépage endurant

Le Syrah produit un raisin violet à peau épaisse. Cépage résistant, on le retrouve en France, en Australie, en Californie, en Oregon et dans l'État de Washington. Il aime autant les climats frais que très chauds.

Dans le nord de la vallée du Rhône, où il est rarement mélangé à d'autres cépages, il produit les vins de Cornas, Côte Rôtie, Hermitage et Crozes-Hermitage. Jeunes, les vins sont d'un rouge profond, très tanniques et à l'arôme épicé. Avec le temps, ils acquièrent des arômes de myrtille, de prune et de fumée. Dans le sud de la vallée du Rhône, il entre dans la composition de vins célèbres comme le Châteauneuf-du-Pape. En Australie, on en fait deux vins de type très différent, l'un riche et tannique, l'autre léger et fruité, à boire très jeune.

Quelques suggestions de Syrah:

- Two Hands Barossa Valley (Australie) ARES Shiraz – 100 $
- D'Arenberg McLaren Vale (Australie) « The Dead Arm » Shiraz – 60 $
- Clos Mimi Bunny Slope Vineyard (Paso Robles, Californie) Syrah – 50 $
- Marquis Phillips McLaren Vale (Australie) Shiraz 9 – 37 $

Sangiovese

Les premiers habitants de la péninsule italienne, les Étrusques, cultivaient déjà le Sangiovese. Mais son nom ne date que d'environ 1,600 et vient du latin *sanguis Jovis*, « sang de Jupiter ». On le retrouve partout en Italie, mais plus particulièrement en Toscane. Il n'est populaire aux États-Unis que depuis très peu de temps.

Une grande famille

Le Sangiovese est le cépage principal du Chianti. C'est un cépage qui a plusieurs variétés, et qui entrent dans la composition de vins célèbres comme le Vino Nobile de Montepulciano ou le Brunello di Montalcino, un vin puissant et d'une grande longévité. La plupart des vins à base de Sangiovese sont acides et tanniques, mais pas très colorés. Depuis les années 70, les viticulteurs de Toscane produisent ce qu'on appelle des « super Toscan », des vins 100 % Sangiovese, ou encore des assemblages de Sangiovese et de cépages non italiens, comme le Cabernet Sauvignon.

Quelques exemples pour vous faire une idée :

- Altesino (Italie) « Montosoli » Brunello di Montalcino – 90 $
- Ruffino (Italie) Riserva Ducale Oro Chianti Classico Riserva DOCG – 42 $
- Allegrini (Italie) Palazzo della Torre IGT – 22 $
- Masciarelli (Italie) Montepulciano d'Abruzzo – 20 $

Tempranillo

Selon certains, le Tempranillo est la réponse espagnole au Cabernet Sauvignon. C'est le premier cépage rouge du pays et la base des vins du Rioja. On l'utilisait peu hors d'Espagne auparavant, sauf dans certains assemblages, mais aujourd'hui il est populaire en Californie, en Australie et en Amérique du Sud.

Son nom est tiré de *temprano*, « tôt », tout simplement parce qu'il mûrit tôt en saison. En Espagne, on l'appelle aussi Cencibel, Ojo de Liebre (« œil de lièvre »), Tinta de Pais, Tinto Fino, Tinta de Toro ou Tinto de Madred. Au Portugal, c'est le tinta Roriz. En Californie, où l'on en tire du jus de raisin et des vins bon marché, c'est le Valdepenas.

Un Tempranillo jeune est plus moelleux, plus facile à boire qu'un Cabernet Sauvignon. Mais, tout comme lui, il a les tanins et l'alcool nécessaires pour bien vieillir. En Espagne, dans la région du Rioja, on le mélange au Grenache et au Carignan, ce qui donne des vins clairs et un peu plus acides.

Voici quelques suggestions :

- Bodegas (Espagne) Muga Rioja Torre Muga – 65 $
- Marques de Riscal (Espagne) Rioja Gran Reserva – 26 $
- Truchard (Napa Valley) Tempranillo – 26 $
- Marques de Caceres (Espagne) Rioja Reserva – 25 $

Zinfandel

Le Zinfandel est-il un cépage américain ? Non. Il a été importé en Californie au 19e siècle, mais le BATF (Bureau of Alcohol, Tobacco and Firearms) l'a classé comme étant un cépage indigène ! Dès son arrivée au pays, il a eu du succès. Il est facile à cultiver, produit beaucoup de fruits et peut être transformé en de nombreux types de vins.

Malheureusement, il a été presque totalement anéanti par la prohibition, la grande dépression et la seconde Guerre Mondiale, et ne serait peut-être qu'un souvenir sans le succès inattendu du rosé à base de Zinfandel, qui est apparu dans les années 70. Depuis, on s'intéresse beaucoup au Zinfandel, autant rosé que rouge.

Vous verrez souvent sur les bouteilles américaines de Zinfandel la mention old vines («vieilles vignes»). Les vieux plants produisent moins de fruits, mais leur saveur est plus concentrée (du moins en théorie), ce qui donne évidemment de meilleurs vins. Mais le terme n'a aucune définition légale, et peut vouloir dire des choses bien différentes d'un producteur à l'autre.

La véritable identité du Zinfandel

Depuis longtemps, on se doutait que le Primitivo, un cépage rouge du sud de l'Italie, était de la même famille que le Zinfandel. Un cousin? Un frère? Non, en fait c'est exactement la même chose! Les études génétiques ont permis aussi de trouver son ancêtre : une vigne sauvage qui pousse en Croatie.

Le Zinfandel est un caméléon. On peut en faire tout aussi bien un vin rouge léger qu'un monstre fort en alcool. Les plus solides ont des arômes de poivre, de baies et d'épices.

Voici quelques suggestions de Zinfandel et de Primitivo :

- Storybook Mountain Vineyards (Napa Valley) Estate Reserve Zinfandel – 45 $
- Montevina Terra d'Oro Deaver Vineyard (Napa Valley) Zinfandel – 30 $
- Coturri Vineyards Chauvet Vineyard Estate (Sonoma Valley) Old Vine East Block Zinfandel – 28 $
- Hendry (Napa Valley) « Block 24 » Primitivo – 28 $

Quelques cépages rouges supplémentaires

Les vins sont généralement des assemblages dont le résultat est supérieur à ce qu'un seul cépage aurait pu produire. Chaque cépage apporte en effet ses caractéristiques au vin, tantôt la texture, tantôt le taux d'acidité, tantôt les tanins, etc. Les cépages qui suivent se retrouvent dans plusieurs vins.

Barbera

C'est un cépage italien qui a du corps, une teinte grenat et peu de tanins. Dans les climats chauds, son taux de sucre élevé permet d'obtenir un fort pourcentage d'alcool. On en tire les Barbera d'Asti, d'Alba et de Monferrato.

Les Barbera d'Asti et d'Alba sont produits dans le Piémont, tout comme les vins de Barolo et de Barbaresco, mais leur goût n'ont rien à voir. Les barberas sont en quelque sorte des vins pour le peuple, ils sont faciles à boire et vont particulièrement bien avec la cuisine campagnarde. Ce ne sont pas des vins tanniques et on les boit jeunes. Inversement, les vins de Barolo et de Barbaresco sont des vins particulièrement musclés.

Message dans **la bouteille**

Carignan

Originaire du nord de l'Espagne, ce cépage à haut rendement est cultivé intensément en France et autour de la Méditerranée. Il est populaire dans les assemblages, car il apporte une couleur pourpre intense, un taux élevé d'alcool et une structure tannique forte et équilibrée. Il est aussi appelé Carignane, Carignano, Carinena, Mazuelo et Monestal.

Carmenère

Jadis un des six cépages autorisés dans les vins de Bordeaux. Aujourd'hui presque disparu de la région, à cause de son mauvais rendement et d'un mûrissement capricieux. Il est encore présent au Chili. Importé en 1850, on le prenait pour du Merlot, jusqu'à ce qu'on découvre en 1991 qu'il s'agissait en fait de Carmenère. Le cépage produit des vins corsés et d'un rouge intense.

Gamay

C'est le cépage des Beaujolais, vins légèrement à moyennement corsés, acides, peu tanniques et qu'on boit jeunes. Le Beaujolais nouveau est une classe particulière de vins jeunes (entre sept et neuf mois), qui sort chaque année le troisième jeudi de novembre.

Le Beaujolais nouveau est le premier vin fabriqué avec les vendanges de l'année. À l'origine, il était destiné aux ouvriers du vignoble, mais peu à peu, il est devenu populaire dans les bistrots de la région, puis un peu partout. Aujourd'hui, on fête la sortie du vin chaque troisième jeudi de novembre, partout dans le monde.

Grenache

Le Grenache produit un raisin très sucré pouvant donner facilement des vins à 15% ou 16% d'alcool. Il entre dans la composition des vins de Châteauneuf-du-Pape. En Espagne, sa terre d'origine, on l'appelle Garnacha ; dans la Rioja, il est assemblé avec du Tempranillo.

Malbec

Cépage français qui entre dans la composition des grands vins de Bordeaux. Il donne un vin moelleux et à la fois robuste, intense et corsé. Il est populaire aussi en Argentine où il donne un vin de cépage riche et honnête.

Nebbiolo

Le Nebbiolo est un cépage à peau épaisse cultivé surtout dans le Piémont. On en fait des vins de cépages ou des assemblages. Il entre dans la composition des vins de Barolo et de Barbaresco, parmi les meilleurs d'Italie. Il a généralement besoin de vieillir en fût de chêne pour s'adoucir.

Pinotage

Créé en Afrique du Sud dans les années vingt en croisant du Pinot noir et du Cinsault, le Pinotage a des arômes bien particuliers de poivre et d'épices. Des viticulteurs un peu partout s'y intéressent, mais il n'est pas encore vraiment sorti de sa terre d'origine.

CHAPITRE 5

Les cépages blancs

Le facteur le plus important dans l'élaboration d'un vin demeure le raisin. Chaque cépage a son arôme, sa couleur, son goût; et à l'intérieur de chaque cépage, il y a différents clones, chacun avec ses propres caractéristiques. Le degré de maturation du raisin a aussi son importance, tout comme les techniques du vigneron. Évidemment, les caractéristiques d'un cépage sont tout de même imprécises. Voici donc quelques cépages blancs, parmi les plus populaires.

Chardonnay

Selon les tests d'ADN, le Chardonnay est un croisement entre une variété de Pinot et une variété très ancienne, presque éteinte, de Gouais blanc. Le Gouais blanc vient de Croatie et c'est probablement les Romains qui l'ont apporté en France. La première mention du Chardonnay date de 1330. Certaines personnes croient que le cépage vient du Liban, mais les premiers documents qui y font référence date de bien après 1330.

Un caméléon

Le Chardonnay a une personnalité plutôt faible, c'est-à-dire que le raisin a un goût et des arômes assez neutres, moins facilement identifiables que ceux d'un autre cépage. C'est au vigneron de le modeler selon son intention. Une fermentation et un vieillissement en fût de chêne, par exemple, lui apporteront de la richesse et ces arômes typiques de vanille et de pain grillé. S'il vieillit au contact de la lie, il aura plus de complexité. Une fermentation malolactique donnera un vin moins acide et plus crémeux. Tout cela est le fait du vigneron, et non du cépage.

Message dans **la bouteille**

Une légende raconte que le vignoble de Corton-Charlemagne, en Bourgogne, qui produit un très grand Chardonnay, était jadis planté en cépages rouges, mais que la femme de Charlemagne a demandé à son mari d'arracher les vignes de raisins rouges et de planter à la place des vignes de raisins blancs – car elle était fatiguée de voir la barbe de son mari toute tachée de vin rouge.

De l'importance de l'endroit

Le Chardonnay est un cépage résistant qui pousse dans presque toutes les régions viticoles. Partout où il est raisonnablement confortable, il produit du bon vin, bien qu'assez différent d'une région à l'autre. Dans les climats tempérés, il donne un vin sec aux arômes fruités ; dans les climats chauds, il donne un vin riche aux arômes de miel et de caramel.

En Bourgogne, où on le considère comme *le* cépage noble par excellence pour les vins blancs, il entre dans la composition de tous les grands vins de Montrachet, Meursault, Pouilly-Fuissé et Chablis. Avec le Pinot noir et le Pinot meunier, c'est l'un des trois cépages du champagne, et le seul dans le Blanc de blanc.

Un cépage populaire

« N'importe quoi, mais pas du Chardonnay ». Vous avez probablement déjà entendu quelqu'un le dire. Le Chardonnay est devenu si courant – c'est le vin blanc le plus populaire au monde – que maintenant beaucoup de gens le trouvent banal, voir ennuyeux. En vérité, il présente une énorme variété. S'il est toujours sec, il peut être plus ou moins acide, plus ou moins corsé, avoir très peu d'arômes de fruits ou avoir des arômes de fruits tropicaux.

À l'exception des vins de Chablis, du Mâconnais ou du nord de l'Italie, les vins ont généralement un arôme de chêne (vieillissement en fût ou traitement quelconque) car c'est un cépage qui se marie particulièrement bien avec le chêne. L'arôme de chêne ne plait cependant pas à tout le monde, et récemment de nouveaux vins, qui en sont dépourvus, sont apparus sur le marché et font parler d'eux.

Quelques exemples de Chardonnay riches, crémeux, et avec un arôme de chêne :

- Lewis Cellars (Napa Valley) Reserve Chardonnay – 52 $
- Martinelli Vineyards Martinelli Road Vineyard (Russian River Valley, Californie) Chardonnay – 40 $
- Château Potelle Winery (Napa Valley) « VGS » Chardonnay – 35 $

Chardonnay sans arôme de chêne :

- Kalin Cellars (Sonoma Coast) « Cuvée Le Charles » Chardonnay – 45 $
- Jermann (Frioul, Italie) Chardonnay – 29 $
- Scarpantoni Estate Wines (McLaren Vale, Australie) Unwooded Chardonnay – 16 $

Chenin

Depuis le Moyen-âge, ce cépage robuste est cultivé dans la vallée de la Loire, au milieu des châteaux magnifiques. Très acide naturellement, il produit plusieurs sortes de vins. Les vins de Saumur et de Savennières sont secs et coulants, ceux de Vouvray et d'Anjou un peu moins secs. Les Coteaux du Layon font d'excellents vins de dessert, et on produit des vins mousseux appelés « créments de Loire ».

Message dans **la bouteille**

Si vous êtes un habitué des vins de Vouvray, vous savez qu'ils peuvent être doux ou secs, ce qui n'est pas indiqué sur l'étiquette. Toutefois, en règle générale, plus ils sont chers, plus ils sont doux.

Hors de France, le Chenin est populaire surtout dans les assemblages, et on en tire peu de vins de cépage, hormis en Afrique du Sud, où sous le nom de *steen*, il sert à tous les types de vins, et même les vins fortifiés et les spiritueux.

Un cépage facile

Le Chenin est facile à cultiver. Il est mûr au milieu de la saison, ce qui le rend facile à récolter, d'autant plus que ses grappes sont compactes. La peau du raisin est épaisse, ce qui le protège durant le transport ; et son taux d'acidité élevé permet aux vins de bien vieillir. En Californie, plusieurs producteurs élaborent des vins secs à la manière des vins de la Loire. Quelques exemples :

- Chalone Vineyard (Monterey County) Chenin Blanc – 23 $
- Chappellet (Napa Valley) Dry Chenin Blanc – 13 $
- Ventana Vineyards (Montery County) Dry Chenin Blanc – 12 $
- Weinstock Cellars Clarksburg (Santa Maria) « Contour » Chenin Blanc – 12 $

Gewurztraminer

La plupart des gens adorent ou détestent le Gewurztraminer. Ses arômes sont intenses, son goût est fort, et il vaut mieux le boire seul qu'en mangeant. Les sommeliers suggèrent souvent de le marier à des plats asiatiques ou mexicains, des plats très épicés, mais c'est vraiment seul qu'il donne le meilleur de lui-même.

En 1996, l'université Cornell a présenté un nouveau cépage, le traminette, croisement du Gewurztraminer et d'un cépage plus résistant. Fruit de trente ans de recherche, le nouveau cépage a les mêmes arômes floraux et épicés que le cépage allemand, mais peut résister aux rudes hivers et aux changements de température fréquents et imprévisibles des climats froids, comme en connaît l'État de New York. On en tire actuellement des vins secs et des vins doux dans la région de Finger Lakes.

In vino veritas

Descendant probablement du Traminer, ce sont les Alsaciens qui au 19e siècle lui ont donné son nom, en ajoutant *gewurz* (épicé). Nom qui n'a cependant été officialisé qu'en 1973.

Doux et épicé

La première chose que l'on remarque avec le Gewurztraminer, ce sont les arômes de fleurs. On s'aperçoit ensuite qu'il est à la fois sucré et épicé. Cela dit, le Gewurztraminer ne produit pas que des vins doux, tout dépend du vigneron.

C'est en Alsace qu'on fait les meilleurs Gewurztraminers. Les vins sont très secs, à moins qu'ils s'agissent de vins de dessert, qui sont alors très doux.

En Allemagne, les Gewurztraminers sont généralement demi-secs ou moyennement doux. Ils sont plus acides et plus doux qu'en Alsace, avec un taux d'alcool plus bas. Leur acidité élevée permet d'équilibrer leur fort pourcentage en sucre.

Voici quelques exemples de Gewurztraminer :

- Trimbach (Alsace) Gewurztraminer – 17 $
- Tiedl (Autriche) Gewurztraminer Spätlese – 14 $
- Mon Ami Winery (Ohio) Gewurztraminer – 9 $

Le Gewurztraminer poussant mieux dans les climats assez froids, il s'est particulièrement bien acclimaté en Autriche, en Europe de l'Est, en Nouvelle-Zélande, au Canada et aux États-Unis, en particulier l'Oregon, Washington et New York. Certains producteurs américains fabriquent des Gewurztraminer secs, mais la plupart produisent des vins plus ou moins doux.

Muscat

C'est le cépage le plus ancien que l'on connaisse. Il pousse sur les bords de la Méditerranée depuis des siècles. À l'époque de Charlemagne, il était exporté du port de Frontignan, dans le sud de la France. Il existe en fait plus de 200 variétés de Muscat, dont la couleur du raisin va de blanc à presque noir. Les vins varient de légers et fins, parfois mousseux, à riches, profonds et doux. C'est le seul cépage qui produit un vin dont les arômes sont identiques à ceux du raisin. Parmi les variétés les plus courantes, on trouve :

- **Muscat blanc à petits grains.** C'est le meilleur cépage. Il donne le Muscat de Beaume-de-Venise, un vin doux fortifié ; le vin mousseux d'Asti, en Italie ; et la Clairette de Die. Appelé aussi Muscat blanc, Muscat Canelli, Moscat d'Alsace, Moscatel rosé, etc.
- **Muscat d'Alexandrie.** Existerait depuis l'ancienne Égypte. Surtout cultivé en Espagne, c'est l'un des trois cépages permis dans l'élaboration du xérès. Appelé aussi Moscatel de Malaga, Moscatel Romano, Moscatel Gordo, Gordo blanc, etc.
- **Muscat Ottonel.** Son goût est plus léger. Appelé aussi Muskotaly, on en fait des vins secs et parfumés en Alsace, et des vins de dessert en Autriche.

♦ **Muscat de Hambourg.** Utilisé surtout comme raisin de table. En Europe de l'Est, on en tire aussi un vin rouge clair. Appelé aussi Muscat noir et Muscato di Amburg.

Contrairement à ce que son nom pourrait laisser croire, la Muscadine n'est pas une variété de Muscat, mais une famille de vignes originaire du sud des États-Unis. Elle produit du raisin de table, mais son raisin entre aussi dans la composition de certains vins.

Savoir déguster

Pinot Gris

Qu'on l'appelle Pinot gris ou *Pinot Grigio* (version italienne), les Américains en redemandent. La couleur du raisin va de bleu gris à rose brun. Il est de la même famille que le Pinot noir ou le Pinot blanc, mais possède son propre caractère. Le vin lui-même est clair ou légèrement rosé.

C'est en Alsace, de l'avis de plusieurs, qu'il atteint son summum. Là, il est appelé Tokay Pinot gris ou Tokay d'Alsace, et récolté sur des vignes de trente ans d'âge. On en fait un vin riche, complexe, fruité et crémeux à la robe dorée.

Le Pinot gris italien a été surnommé « le nouveau Chardonnay », tellement sa popularité s'est étendue rapidement, autant chez les amateurs occasionnels, que chez les amoureux du vin. Le premier producteur à se démarquer aux États-Unis fut Santa Margherita, en 1979. Depuis, plusieurs petits producteurs italiens se sont mis à cultiver le cépage, tant la demande est forte.

Message dans la bouteille

La version alsacienne est loin du Pinot gris italien, celui que la majorité des gens connaissent et qui est généralement assez léger (sinon délayé), facile à boire, et doté d'un bouquet herbacé typique. Les producteurs de la région de Frioul, cela dit, produisent des vins plus corsés.

Cependant, c'est dans l'Oregon que le Pinot gris monte en ce moment. Introduit en 1966, c'est aujourd'hui le cépage blanc le plus cultivé. Les producteurs, qui préfèrent lui donner le nom français, en tirent plusieurs styles de vins. Certains utilisent des fûts de chêne, d'autres des cuves. La plupart des vins sont secs, mais certains sont légèrement sucrés.

Ne confondez pas le Tokay d'Alsace avec le *Tokay Aszu*, célèbre vin doux hongrois. Le gouvernement hongrois craignait que certains consommateurs fassent justement la confusion. Il a donc demandé à la France, durant les négociations pour son entrée dans l'Union européenne, que les bouteilles de Tokay d'Alsace portent le nom du cépage. Les étiquettes porteront dorénavant la mention : « Tokay – Pinot gris d'Alsace ».

Riesling

Bien avant le Chardonnay, c'est le Riesling qui avait la vedette. Au 19e siècle, on disait qu'il produisait les meilleurs vins blancs, des vins « élégants ». La patrie du Riesling, autant physique que spirituel, c'est l'Allemagne, où il est cultivé depuis au moins 500 ans, peut-être 2 000 ans. Résistant bien aux hivers des climats tempérés, on le retrouve aujourd'hui en Alsace, en Autriche, au Canada et dans le nord des États-Unis (Oregon, Washington, New York, Michigan).

Un vin solitaire

On mélange rarement le Riesling à d'autres cépages. C'est inutile, puisqu'il peut produire des vins secs et gouleyants comme des vins doux et complexes. C'est l'un des rares cépages blancs à bien vieillir, certaines bouteilles pouvant vieillir au moins vingt ans. Contrairement au Chardonnay, dont les vins doivent être formés par le vigneron, le Riesling est naturellement varié, et le vigneron n'a finalement que deux décisions à prendre : quand vendanger et combien de temps laisser le moût fermenter.

Le Riesling mûrit lentement, et le raisin n'est pas cueilli tout d'un coup, mais petit à petit. Le taux de sucre et le pourcentage d'alcool du vin dépend surtout de l'état de mûrissement du raisin. Moins le raisin est mûr, plus le vin sera léger et sec. Le vin le plus sec est appelé *Kabinett*. Vient ensuite le *Spätlese* (cueillis tardivement), puis le *Auslese* (grappes cueillies à la main).

Des Riesling secs

Le Riesling sert surtout à faire des vins doux, typiquement très coulants et faibles en alcool, comme les célèbres vins de vendanges tardives et les vins de glace. Mais depuis quelques années, les vins tranquilles à base de Riesling sont surtout des vins secs. Pour réduire le pourcentage de sucre, les producteurs allongent la fermentation, ce qui par ailleurs augmente le pourcentage d'alcool. En ce qui concerne les vins allemands, un vin sec portera la mention *trocken* et demi-sec *halbtrocken*.

En Alsace, les Riesling sont généralement très secs. Avec 12 % d'alcool, ils ont aussi un pourcentage d'alcool beaucoup plus élevé que leurs équivalents allemands, qui n'ont qu'entre 7,5 % et 8,5 % d'alcool.

Aux États-Unis, le Riesling est parfois vendu sous les noms de Johannisberg Riesling, Rhine Riesling ou white Riesling.

Quelques bons Riesling à essayer :

- ■ Dr. Konstantin Frank (Finger Lakes) Johannisberg Riesling – 14 $
- ■ Handley Cellars Anderson Valley (Californie) Late Harverst Riesling – 12 $
- ■ St. Urbans-Hof (Allemagne) Riesling – 10 $

Sauvignon

Le Sauvignon est largement présent en France et en Californie. Dans la vallée de la Loire, on produit des vins qui sont 100 % Sauvignon – particulièrement à Sancerres et à Pouilly-Fumé. Ce sont des vins coulants et acidulés. Dans le Bordelais, il est généralement mélangé avec du Sémillon qui a vieilli en fût de chêne. Il joue aussi un rôle important dans les vins doux de Sauternes.

Le Sauvignon est arrivé aux États-Unis en 1878, par l'entremise de Charles Wetmore, qui se procura des boutures au célèbre château d'Yquem, dans le Sauternes. Ce producteur californien, qui fut aussi le premier commissaire agricole de Californie, propagea les vignes dans sa pépinière de 120 hectares, sur sa propriété de Cresta Blanca, à Livermore ; il vendit aussi des plants à d'autres producteurs, comme Carl Wente. Les vignes se portèrent à merveille, et le Sauvignon – appelé aux États-Unis Sauvignon blanc – devint rapidement un succès. Soit dit en passant, la maison Wente Bros. (comme elle s'appelait à l'époque), qui produisit en 1933 le premier vin étiqueté comme étant du Sauvignon, acheta en 1981 Cresta Blanca, et ce faisant, les vignobles de Wetmore et ceux de Wente se trouvèrent rattachés. La maison s'appelle aujourd'hui Wente Vineyards.

Le sauvignon est aussi cultivé en Italie, en Australie, en Amérique du Sud, et – très apprécié maintenant – en Nouvelle-Zélande.

Fruits mûrs

Comment Charles Wetmore s'est-il procuré des boutures du château d'Yquem?

Avant de partir pour la France, Charles Wetmore reçut une lettre d'introduction de Louis Mel, à présenter au marquis de Lur Saluces, propriétaire du château d'Yquem. Louis Mel, en plus d'être un ami de Wetmore, et un producteur comme lui, était marié à la nièce du marquis. Voila ce que c'est que d'avoir des relations...

Un autre nom pour le Sauvignon

Dans les années 60, Robert Mondavi, qui vendait déjà un Sauvignon doux sous le nom de Sauvignon blanc, voulut appeler autrement son nouveau Sauvignon, qui était sec. Il le nomma Fumé Blanc – en référence aux vins de Pouilly-Fumé. Il n'enregistra pas le nom, mais permit aux autres producteurs de s'en servir pour nommer aussi leurs vins. Le résultat est qu'aujourd'hui il existe une certaine confusion, mais Sauvignon blanc et Fumé blanc représente bien le même cépage.

Peu importe le style, tous les vins à base de Sauvignon ont des arômes herbacés très typiques. Voici quelques exemples de différents pays :

- Pascal Jolivet (Vallée de la Loire) Pouilly-Fumé – 40 $
- Warwick Estate (Afrique du Sud) Sauvignon Blanc – 16 $
- Spy Valley (Nouvelle-Zélande) Sauvignon Blanc – 13 $
- Casa Lapostolle (Chili) Classic Sauvignon Blanc – 11 $
- Wente Vineyards (Livermore Valley, Californie) Sauvignon Blanc – 9 $

Viognier

Le Viognier est un cépage difficile à cultiver. Le meilleur raisin provient de vignes qui ont au moins quinze ans. Les vignes sont très sensibles aux maladies et aux parasites. Elles donnent peu de fruits, et parfois le raisin mûrit mal.

Tous ces défauts expliquent peut-être pourquoi le cépage est passé près de disparaître : en 1965, il ne restait que quelques hectares de Viognier à Condrieu, dans la vallée du Rhône, sa terre natale. Mais depuis le Viognier a repris du terrain. On a commencé par en planter à Condrieu, puis dans le Languedoc-Roussillon et en Provence, puis en Californie et en Australie. Pour vous donner une idée de son extension, on est passé en Californie de 210 tonnes de Viognier pressé en 1993, à 8 890 tonnes dix ans plus tard.

Un bouquet de fleurs et du parfum

Le Viognier a un parfum de fleurs très puissant, presque trop puissant. En Europe, les Viognier sont coulants, secs et intenses. Les régions plus fraîches de la Californie produisent des vins semblables à ceux de France, mais les régions très chaudes produisent des vins plus corsés et plus riches. Ailleurs dans le monde, chaque région a développé un style différent.

In vino veritas

Il est rare en France qu'un cépage blanc soit permis dans l'élaboration d'un grand vin rouge, mais c'est le cas pour les vins de Côte Rôtie, où le Viognier pousse côte à côte avec le Syrah. Les deux cépages sont vendangés, puis écrasés ensemble.

Voici quelques suggestions de Viognier :

- Alban Vineyards (Californie) Viognier – 30 $
- Château de Campuget (France) Viognier – 11 $
- Yalumba (Australie) Viognier – 10 $
- Windmill Estates (Californie) Viognier – 13 $

Des cépages qui gagnent en popularité

Comme pour toutes choses, la mode va et vient dans le monde des cépages. Parfois, un cépage peut être populaire ici, et délaissé là. Certains Américains, lassés de boire des vins toujours à base des mêmes cépages, en ont découvert d'autres. En voici quelques-uns.

Grüner Veltliner

Avec ce cépage, l'Autriche s'est trouvée un marché juteux aux États-Unis. Cépage le plus courant du pays (37 %), il produit des vins secs et coulants. Il existe cependant différents styles, selon les méthodes de culture et de vinification.

C'est un cépage à haut rendement, et on n'en tirait jadis que des vins de masse, faciles à boire, légers et rafraîchissants, mais de qualité moyenne, populaires dans les *heurigen* (tavernes où l'on boit le vin).

Dans les années 80, les producteurs se mirent à limiter le rendement et à vendanger plus tard dans la saison, afin de produire des vins de plus grande qualité. Résultat : les vins sont plus complexes, leurs arômes plus profonds. Ce sont des vins acides et poivrés, et les meilleures bouteilles tireront profit d'un séjour en cave.

Quelques exemples à déguster :

- Pfaffl, Grüner Veltliner Hundsleiten Sandtal – 20 $
- Leopold Sommer Grüner Veltliner —14 $
- Weingut Bründlmayer Grüner Veltliner Berg Vogelsang – 12 $

Fiano

Ce qui marche particulièrement fort en ce moment, c'est la Campanie, la région autour de Naples et du Vésuve. Et là, le Fiano est roi. Le Fiano n'est pas un cépage récent, puisqu'il était déjà populaire dans l'ancienne Rome. Son nom vient peut-être du mot *apiano*, parce que le raisin attire les abeilles (*apis* en latin).

Le monde viticole de la région tourne autour des villes d'Avellino et de Lapio, d'où le nom des vins : Fiano di Avellino et Fiano di Lapio. Ce sont des vins légers assez secs, mais crémeux à la fois, ou encore étoffés (quand le raisin a été cueilli tard et ensuite pleinement fermenté).

- Villa Raiano, Fiano di Avellino « Ripa Alta » – 26 $
- I Favati, Fiano di Avellino Pietramara – 16 $
- Feudi San Gregorio, Fiano di Avellino – 15 $

Albarino

L'Albarino pose certains problèmes aux viticulteurs. La qualité est bonne (c'est peut-être un cousin du Riesling), mais le rendement est faible. Et le raisin a une peau si épaisse, que lorsqu'on le presse il ne donne pas beaucoup de jus. Il était un moment assez rare, et donc un des cépages les plus chers d'Espagne. En 1985, dans la région de Rias Baixas, au nord-ouest de l'Espagne, où on cultive l'Albarino, il ne restait plus que cinq producteurs commerciaux.

Mais les choses ont changé, et on trouve aujourd'hui plus de 100 producteurs, ce qui a évidemment fait augmenter la production (peut-être même trop). On en cultive aussi au Portugal où on le nomme Alvarinho.

Quelques vins de qualité :

- Morgadio (Espagne) Albarino – 19 $
- Valminor (Espagne) Albarino – 16 $
- Varanda do Conde (Portugal) Vino Verde Alvarinho – 11 $

Ce sont des vins crémeux, aux arômes complexes d'abricot, de pêche et d'agrumes. On utilise rarement des fûts, les arômes sont donc clairs et vifs. Malgré une acidité marquée, ce sont des vins qui vieillissent mal et qu'il faut donc boire rapidement, avant deux ans.

CHAPITRE 6

Les vins de l'Ancien Monde

En œnologie, on appelle l'Europe et le pourtour de la Méditerranée «l'Ancien Monde», simplement parce que c'est le berceau de la viticulture. Mais c'est plus qu'une aire géographique, c'est une tradition. Sans délaisser la technique, les vignerons de l'Ancien Monde ont toujours insisté sur la valeur du terroir. Pour eux, la terre, le soleil et le climat doivent conserver une plus grande influence sur le vin que la technique du vigneron.

La France

Pour paraphraser ce que Jules César écrivit il y a 2 000 ans, la France est un diable de bon endroit pour faire pousser de la vigne. Au fil des siècles, à force de cultiver la vigne avec soin, d'expérimenter, de goûter, de réfléchir, d'inventer, de noter, les Français ont appris à faire des vins magnifiques. Pour beaucoup de gens (en particulier les Français), le vin français est le prototype même du bon vin. Même les cépages, partout au monde, ont gardé dans leur nom la trace de leur origine : Cabernet Sauvignon, Cabernet Franc, Merlot, Chenin, Chardonnay, etc.

La France, de l'avis général, produit les meilleurs vins dans plusieurs catégories :

- Les champagnes sont les meilleurs mousseux.
- L'Alsace produit les meilleurs Gewurztraminer.
- Les meilleurs vins à base de Cabernet Sauvignon proviennent de Pauillac et Margaux, dans le Bordelais.
- Les meilleurs vins à base de Merlot proviennent de Saint-Émilion et Pomerol.
- Les meilleurs Chardonnay se trouvent parmi les grands crus de Côte de Beaune.
- Aucun vin à base de Sauvignon ne peut être plus fin que ceux produits à Sancerre.
- La Loire produit les meilleurs vins à base de Chenin.
- Le meilleur vin de dessert au monde est celui de Sauternes.
- Le meilleur Pinot noir est produit en Bourgogne, dans la Côte de Nuits.

Et les autres régions de France ne sont pas en reste. C'est d'ailleurs parmi les vins de ces régions un peu moins connues qu'on trouve facilement de vraies aubaines.

Savoir déguster

Bien que la France ait toujours été un grand pays viticole, elle est plus habile à fabriquer le vin qu'à le vendre. Si bien qu'aujourd'hui l'Australie et les pays d'Amérique du Sud exportent davantage de vin que la France.

Les étiquettes françaises

Le principe des appellations est un peu comme celui d'une cible d'archerie. Le plus grand cercle, c'est la France. Ensuite, c'est une grande région, par exemple Bordeaux. Puis une plus petite, comme le Médoc. Vient ensuite la commune, par exemple Pauillac. Et le centre de la cible, c'est le producteur, par exemple Château Lafite. Normalement, plus l'appellation est spécifique, plus le vin est bon (et cher).

In vino veritas

En français, en allemand, en espagnol, en italien, il n'y a pas de mot pour indiquer seulement un producteur de vin. Un vigneron, par exemple, est quelqu'un qui cultive aussi la vigne.

Les Français prennent la qualité de leurs vins très au sérieux. Aussi le gouvernement français a-t-il créé un système pour contrôler la qualité et établir une certaine hiérarchie. Il y a quatre catégories de vin, et la catégorie est toujours indiquée sur l'étiquette.

♦ *Appellation d'origine contrôlée* (AOC) – c'est la catégorie la plus courante. Elle indique que le vin respecte toute une panoplie de règles associées à l'appellation indiquée. Plus la zone géographique est restreinte, plus il y a de règles à suivre (cépages autorisés, méthodes d'élaboration, etc.)

♦ *Vins délimités de qualité supérieure* (VDQS) – pour les zones qui ne sont pas couvertes par les AOC. Bien que les règles soient un peu moins strictes, c'est encore une garantie de haute qualité.

♦ *Vins de pays* – Les vignerons ont un peu plus de liberté, mais surtout l'aire géographique concernée – et indiquée sur l'étiquette – est beaucoup plus vaste : département, zone ou région.

♦ *Vins de table* – Aucune restriction de régions, l'étiquette ne mentionne que le pays : France. C'est la catégorie la plus basse.

À l'intérieur du pays, chaque région a sa propre organisation et sa propre classification, et chacune est reconnue pour produire certains types de vins.

Bordeaux

Bordeaux est une ville industrielle du sud-ouest de la France et le centre du Bordelais, la région viticole la plus célèbre au monde. On y produit plusieurs types de vins :

- **Des vins blancs secs.** Généralement des assemblages de Sauvignon et de Sémillon.
- **Des vins de dessert.** Assemblages de Sauvignon, Sémillon et Muscadelle atteints de pourriture noble (*botrytis cinerea*).
- **Des vins rouges assez corsés.** Les cépages les plus courants sont : Cabernet Sauvignon, Merlot, Cabernet franc, Malbec et Petit Verdot. Certaines régions produisent des vins à majorité Cabernet Sauvignon, d'autres à majorité Merlot.

Les régions les plus importantes sont : Sauternes (vins de dessert), Pomerol (rouges à base de Merlot), Saint-Émilion (rouges à base de Merlot), Entre-deux-Mers (blancs légers), Graves (blancs fins et secs, rouges à base de Cabernet Sauvignon), Médoc (rouges à base de Cabernet Sauvignon). Le Médoc est sans doute la région la plus connue, et six de ses communes ont leur propre appellation : Saint-Estèphe, Saint-Julien, Margaux, Pauillac, Listrac et Moulis.

Les crus classés

En 1855, Napoléon III demanda aux négociants bordelais de déterminer les plus grands vins du Médoc, ce qu'ils firent en regardant le prix de chaque vin, les plus chers étant théoriquement les meilleurs. Les 61 meilleurs Châteaux (60 du Médoc et 1 des Graves) furent répartis en cinq catégories : premier cru, second cru, et ainsi de suite jusqu'au cinquième cru. Ce sont les « crus classés » (ou « grands crus classés »).

Au départ, il y avait quatre premiers crus, les Châteaux Lafite Rothschild, Latour, Margaux et Haut-Brion. En 1973, le Château Mouton-Rothschild obtint le statut de premier cru. Sur leurs étiquettes, on peut lire « 1er Grand Cru Classé ».

Évidemment, ce classement laissait de côté des milliers d'autres producteurs dans le Médoc. En 1932, on créa donc les crus bourgeois, un autre groupe de très bons vins.

Les vins blancs de Sauternes furent aussi évalués en 1855, et les meilleurs classés en trois catégories : premier grand cru, premier cru et second cru. Le château d'Yquem est le seul à avoir le classement de premier grand cru.

La Bourgogne

Dans le Bordelais, il y a des châteaux ; en Bourgogne, il y a des domaines. Si l'industrie à Bordeaux est dominée par quelques grands producteurs, la Bourgogne est le pays des petits vignerons, possédant souvent un tout petit vignoble, ou des parties de vignobles. Il n'est pas rare qu'un vignoble appartienne à plusieurs vignerons, chacun ayant sa parcelle.

Cela dit, les vins de Bourgogne sont prévisibles. La majorité des rouges sont faits avec du Pinot noir, la majorité des blancs avec du Chardonnay, et les Beaujolais, au sud, sont légers et fruités, et faits avec du Gamay.

Les diverses régions de la Bourgogne, du nord au sud, sont les suivantes :

- **Chablis** – produit surtout des blancs secs.
- **Côte de Nuits** – produit les meilleurs rouges en Bourgogne.
- **Côte de Beaune** – produit des rouges et des blancs, mais reconnue surtout pour ses blancs.
- **Côte chalonnaise** – région secondaire, mais offrant tout de même quelques bons vins blancs ou rouges.
- **Mâcon** – produit de très bons blancs.
- **Beaujolais** – pays du Gamay.

À Bordeaux, les rois du classement s'appellent premiers crus, en Bourgogne, ils s'appellent grands crus. Seulement quelques domaines, ceux qui produisent les meilleurs vins, ont le rang de grand cru. Sur l'étiquette, les grands crus ne sont pas tenus d'indiquer un nom de village, seulement celui du vignoble.

Le rôle des négociants

Jadis, les négociants se contentaient d'acheter le vin, de l'embouteiller et de l'expédier. Parfois ils effectuaient des assemblages. Ils donnaient la possibilité aux petits producteurs de mieux distribuer leurs vins. Aujourd'hui, plusieurs négociants achètent du raisin et font leurs propres vins, en plus de représenter le vin des autres. Ils représentent autant les petits producteurs que les grands crus.

Parmi les grands négociants qui fabriquent du vin, citons Louis Jadot, Joseph Drouhin, George Duboeuf et Louis Latour.

Message dans **la bouteille**

La Côte de Nuits et la Côte de Beaune forment ensemble la Côte d'Or, région de Bourgogne qui possède plusieurs producteurs célèbres de premiers crus et de grands crus, comme Corton-Charlemagne, Montrachet, Romanée-Conti, Chambertin, Bonnes Mares et Clos de Vougeot.

Les Côtes du Rhône

Les Côtes du Rhône, au sud de la Bourgogne, produisent des vins corsés et rustiques, rouges et blancs. Les vins du sud sont très différents de ceux du nord. Au nord, les rouges sont à base de Syrah, et vieillissent très bien. Parmi les appellations les plus connues, citons : Côte Rôtie, Hermitage, Crozes-Hermitage, Cornas et Saint-Joseph. Les blancs sont à base de Viognier, comme pour les vins de Condrieu, ou des assemblages de Marsanne et de Roussane, comme pour les vins de l'Hermitage.

La majorité des Côtes du Rhône proviennent de la région sud ; ce sont surtout des vins plus simples à l'appellation Côtes du Rhône. Le cépage principal est le Grenache. Mais c'est aussi la patrie du Châteauneuf-du-Pape, qui peut avoir jusqu'à 13 cépages, autant rouges que blancs (bien que le Grenache, le Mourvèdre et le Syrah dominent).

In vino veritas

Le Châteauneuf-du-Pape date du 14e siècle, lorsque le pape quitta Rome pour s'installer à Avignon. Le pape fit alors construire un château dans un village au nord de la ville, pour y passer les beaux jours d'été, village qui s'appelle aujourd'hui Châteauneuf-du-Pape.

Au sud-ouest de Châteauneuf-du-Pape se trouve Tavel. On y produit les rosés les plus célèbres de France. Ils sont secs et harmonieux.

La Loire

La vallée de la Loire s'étend au nord-ouest de la France. On y fabrique des vins blancs réputés à base de différents cépages (mais sans Chardonnay). Les plus connus sont :

◆ **Muscadet** – un vin léger et sec, qui tire son nom du cépage utilisé (ce qui n'est pas si courrant en France)
◆ **Vouvray** – fait avec du Chenin, il se décline en secs, demi-secs et mousseux.
◆ **Pouilly-Fumé** – un vin riche 100 % Sauvignon.
◆ **Sancerre** – un Sauvignon plus léger, plus sec, plus vif que les Pouilly-Fumé.

Faites attention de ne pas confondre Pouilly-Fumé et Pouilly-Fuissé, deux vins complètement différents. Les vins de Pouilly-Fuissé sont élaborés dans la région de Mâcon, en Bourgogne, à partir de Chardonnay, et ont beaucoup plus de corps.

L'Alsace

Historiquement, au gré des guerres, l'Alsace a appartenu à la France ou à l'Allemagne. Depuis la 1ère guerre mondiale, l'Alsace est en France, mais elle a gardé plusieurs points communs avec l'Allemagne. On y cultive les mêmes cépages et on y produit beaucoup de vins, tout comme en Allemagne, issus d'un seul cépage (lequel est alors indiqué sur l'étiquette). Cela dit, les vins d'Alsace sont plus secs. Les principaux cépages sont :

◆ Riesling   ◆ Muscat
◆ Gewurztraminer   ◆ Sylvaner
◆ Pinot gris

On cultive aussi le Pinot noir, seul cépage autorisé dans la fabrication de vins rouges et qui sert aussi dans les rosés.

L'Italie

C'est en Italie qu'on produit et qu'on boit le plus de vin. Si Bordeaux, par exemple, a 12 000 producteurs, l'Italie en a 1 200 000 ! Chaque Italien boit en moyenne 98 litres de vin par année. Un Américain n'en boit que 11.

Savoir déguster

L'Italie produit plus de 2 000 vins différents. Il y a des vignobles partout, et les cépages sont presque toujours italiens : Nebbiolo, Sangiovese, Barbera, Dolcetto.

Sauf exception, les cépages ne sont pas mentionnés sur les étiquettes. Ce que portent les étiquettes, ce sont des appellations, comme en France. Prenons le Chianti, par exemple. C'est un vin élaboré dans le district de Chianti Classico, et à base de Sangiovese. Le Barbera d'Alba et le Barbera d'Asti sont des vins élaborés avec du Barbera dans la région entourant Asti ou Alba, ces deux vins mentionnent donc le cépage, mais d'autres vins faits avec du Barbera ne le mentionnent pas.

En 1963, l'Italie s'est dotée d'un système de contrôle et de classification semblable à celui utilisé en France. Les rendements, les cépages qui peuvent être utilisés, les pratiques de culture, les pourcentages d'alcool sont soumis à des règles strictes. Les vins sont divisés en quatre catégories :

◆ Denominazione di Origine Controllata e Garantita (*DOCG*) – indique que la qualité du vin n'est pas seulement « contrôlée », mais « garantie » par le gouvernement.
◆ Denominazione di Origine Controllata (*DOC*) – un cran inférieur, mais le vin doit encore être élaboré suivant des règles strictes et provenir d'une aire bien précise.
◆ Indicazione Geografica Tipica (*IGT*) – règles moins strictes et aires de production plus vastes.

♦ Vino de Tavola – c'est la catégorie des vins de table, à boire tous les jours, simples et sans prétention.

Il faut garder à l'esprit que les deux premières catégories garantissent la provenance et les méthodes de fabrication du vin, elles ne garantissent pas le goût. Certains des meilleurs vins italiens, et des plus chers, ne sont ni DOCG, ni DOC.

Dans les années 70, certains vignerons de Toscane se mirent à produire des vins interdits par la réglementation des DOCG et des DOC, comme des vins 100 % Sangiovese, ou des assemblages de cépages italiens et de Merlot ou de Cabernet Sauvignon. Les vins, appelés Super Toscans, étaient excellents et les prix s'envolèrent, bien que vendus comme simples « vins de table ».

Le gouvernement créa donc une nouvelle catégorie, aux règles moins contraignantes : Indicazione Geografica Tipica (IGT), ce qui permit aux meilleurs d'entre eux de quitter la catégorie vins de table pour celle d'IGT.

Les différentes régions en Italie

L'Italie possède vingt régions viticoles, qui correspondent aux divisions administratives du pays. Celles du nord sont les plus reconnues, mais celles du sud – comme la Campanie, l'Ombrie, le Basilicate, la Sicile, la Sardaigne – produisent des vins dont la qualité et l'attrait augmentent sans cesse. Les vins à base de cépages locaux comme le Fiano di Avellino, en Campanie, ou le Vermentino, en Sardaigne, se vendent de mieux en mieux.

Au nord, le Piémont, la Toscane et la Vénétie sont déjà célèbres dans le monde du vin. Dans le Piémont, situé au nord-ouest, au pied des Alpes (Piémont signifie « au pied de la montagne »), le cépage le plus courant est le Nebbiolo. C'est lui qui entre dans le Barolo et le Barbaresco, deux robustes rouges célébrés mondialement. Les deux vins sont assez semblables, mais le Barolo a plus de corps et nécessite un plus long séjour en cave (le Barolo est parfois surnommé le « roi » des vins italiens). Le Barbera, le Dolcetto et le Bonardo sont d'autres cépages rouges populaires. Parmi les vins blancs, citons le Spumante et le Moscato d'Asti, deux vins effervescents à base de Muscat, et les vins secs de Gavi, à base de Cortese.

La Toscane, recouverte de châteaux historiques et aux paysages si enchanteurs, est la patrie du célèbre Chianti, produit depuis des centaines d'années. Le Brunello di Montalcino, fabriqué un peu plus au sud, est beaucoup plus récent. Vin puissant et tannique, il doit obligatoirement être vieilli quatre ans avant d'être vendu (une des périodes les plus longues de la réglementation italienne).

Message dans **la bouteille**

Le Rosso di Montalcino est fabriqué dans la région de Montalcino, tout comme le Brunello, et à partir du même cépage, le Brunello. Mais il n'est est vieilli qu'un an avant d'être vendu. Sa robe est plus pâle, son goût moins intense… et il est moins cher.

Le Vino Nobile di Montepulciano est un autre favori, contenant de 60 % à 80 % de Sangiovese. Le cépage blanc le plus courant en Toscane est le Trebbiano.

La Vénétie, au nord-est, est la troisième région viticole d'Italie en termes de volume. C'est de là que proviennent les vins bien connus de Soave, de Valpolicella et les mousseux de Prosecco. Les vins de Valpolicella sont généralement fruités et peut-être un peu trop légers, mais ce n'est pas le cas des Amarones, qui sont des vins de garde riches et très alcoolisés (14 % à 16 %). Les Amarones sont des vins de paille, c'est-à-dire qu'avant d'être écrasé, le raisin est séché plusieurs mois sur des nattes, ce qui concentre les sucres et les arômes.

Quant aux vins élaborés avec du Pinot gris, ou Pinot griogo, ce sont les vins de table les plus importés aux États-Unis. Les meilleurs proviennent probablement de l'Alto Adige (près de la frontière avec l'Autriche) et du Frioul (près de la frontière avec la Slovénie).

L'Allemagne

Les vins allemands sont intimidants. Lire une étiquette allemande est déjà un défi! Si les Allemands veulent qu'on achète leurs vins, ne devraient-ils pas rendre la chose plus facile? En fait, ils essaient.

Dans le système de classification allemand, la première catégorie est appelée QmP (Qualitätswein mit Prädikat, « vins de qualité avec distinction »). La plupart des vins exportés sont des QmP, puisqu'ils représentent la meilleure qualité. À l'intérieur même de la catégorie QmP, les vins sont classés selon le degré de maturité du raisin. Le climat allemand étant assez froid, le raisin n'est pas toujours bien mûr au moment des vendanges, et les Allemands accordent beaucoup de valeur au raisin vraiment mûr, dont le taux de sucre est élevé. Pour les Allemands, plus le raisin est mûr, plus la qualité du vin est grande. Du moins mûr au plus mûr, on obtient le classement suivant :

♦ Kabinett
♦ Spätlese
♦ Auslese
♦ Beerenauslese
♦ Trockenbeerenauslese
♦ Eiswein

Les deux premières catégories peuvent représenter des vins secs, en particulier Kabinett. Au contraire, les vins des deux dernières catégories sont toujours doux, puisqu'ils sont faits avec du raisin extrêmement mûr.

Maintenant que les vins secs sont à la mode, les producteurs allemands essaient de clairement les identifier. Si vous désirez un vin sec, recherchez les mots suivants sur l'étiquette :

♦ **Trocken** – signifie « sec ».
♦ **Halbtrocken** – « demi-sec ».
♦ **Classic** – désigne un vin de cépage sec et simple. Le terme apparaît à côté du cépage.
♦ **Selection** – désigne un vin de cépage sec de plus haute qualité, dont le raisin provient du vignoble indiqué. Le terme apparaît après l'aire géographique.

Cela dit, en ce qui concerne l'Allemagne, ce sont surtout les vins doux qui comptent : les vins provenant de vendanges tardives effectuées à la fin de l'automne ; ceux élaborés à partir de raisin botrytisé ; et les vins de glace, dont le raisin est vendangé alors qu'il est gelé sur la vigne. Tous ces vins sont célèbres dans le monde entier.

Fruits mûrs

Pourquoi les bouteilles allemandes ne sont-elles pas toutes de la même couleur ?

Chaque région a sa couleur. Les bouteilles brunes sont pour les vins du Rhin, les vertes pour ceux de la Moselle ou de l'Alsace. Quant à leur forme typique, mince et allongée, elle est souvent reprise hors d'Allemagne, pour les vins à base de cépages allemands, comme le Riesling et le Gewurztraminer.

Les régions

À l'exception de quelques-uns à l'est, la plupart des vignobles sont au sud et au sud-ouest du pays. Peu de vignobles au monde sont situés plus au nord. La région Moselle-Saar-Ruwer (le long de la Moselle et de ses deux tributaires), ainsi que les trois régions contiguës le long du Rhin : le Rheingau, le Rheinhessen et le Pflaz, sont les régions les plus importantes.

Le climat en Allemagne est un peu trop froid pour la majorité des cépages rouges, aussi 85 % des vins allemands sont blancs et leur taux d'alcool est relativement bas. Le Riesling est le cépage le plus typique, mais le Müller-Thurgau (un croisement entre le Riesling et le Sylvaner), qui mûrit rapidement et simplifie la vie des viticulteurs, est le plus répandu. Il ne produit malheureusement pas d'aussi bons vins que le Riesling.

Les étiquettes

Les étiquettes allemandes peuvent mentionner à la fois un cépage et une aire géographique. En allemand, le suffixe *er* est la marque du possessif. Vous le verrez à la fin du nom de la commune où le vin a été fait.

Ce nom sera suivi par celui du vignoble. Par exemple, si vous voyez sur une étiquette « Niersteiner Oelberg Riesling Spätlese », cela signifie que le vin a été fait dans la commune de Nierstein. Oelberg est le nom du vignoble (dans la commune de Nierstein), Riesling celui du cépage, et spätlese est le degré de maturité.

L'Espagne

Il fut une époque où l'Espagne produisait surtout des vins rouges bon marché et assez ordinaires. Mais les temps ont changé, en grande partie grâce à une réglementation imitée sur celle de la France. Les vignerons ont aussi adopté des méthodes de production modernes et ont développé de nouvelles régions. Résultat : le vin espagnol est bien meilleur. Il y a trois catégories :

- Denomination de Origen Calificaca (**DOCa**) – « Dénomination d'origine contrôlée »
- Denomination de Origen (**DO**) – « Dénomination d'origine »
- Vino de la tierra – équivalent à un vin de pays.

La Rioja

La Rioja, la région la plus ancienne et la plus renommée, fut la première à bénéficier d'une DO quand la réglementation espagnole fut mise sur pied en 1926. En 1991, quand on créa les DOCa, la Rioja fut encore la première région à en bénéficier. Le cépage roi du Rioja, c'est le Tempranillo. Mais on cultive aussi du Grenache, du Graciano et du Mazuelo, qui entrent essentiellement dans des assemblages.

Les vins de la Rioja peuvent être délicats ou au contraire assez rudes et alcoolisés. Ils sont traditionnellement vieillis un certain temps : deux ans pour les *crianza*, au moins trois pour les *riserva* et au moins cinq pour les *gran riserva* (distinctions qui s'appliquent aux vins rouges seulement). Le vieillissement se faisait toujours en fût de chêne, mais le chêne écrase les arômes de fruits, et la mode actuelle est justement aux arômes de fruits – de plus en plus de vins sont donc vieillis en bouteilles.

In vino veritas

Quand les Français perdirent la majorité de leurs vignobles au phylloxera, il fallut bien trouver du vin quelque part. Ils en trouvèrent en Espagne. Mais le vin n'était pas tout à fait à la hauteur, et les producteurs français se rendirent en Espagne pour y introduire leurs méthodes. Parmi ces méthodes, il y avait le vieillissement en fût de chêne, mais les Espagnols choisirent d'utiliser du chêne américain, plutôt que du chêne français, ce qui explique le goût de chêne particulièrement fort des vins espagnols traditionnels.

Les autres régions

L'Espagne possède le plus grand vignoble au monde. La Rioja est encore la région dominante, mais d'autres régions montent peu à peu. Par exemple la Ribera del Duero, au nord de Madrid, n'a reçu le statut de DO qu'en 1982. Avant cette date, elle était dominée depuis une centaine d'années par un seul producteur, Vega Sicilia. Mais depuis, il y a des producteurs un peu partout, et de nouveaux apparaissent régulièrement.

Parmi les autres régions qui prennent de plus en plus d'importance, citons :

♦ Rias Baixas (en Galicie) : patrie de l'Albarino, qui donne des vins blancs riches et complexes, très acides et très alcoolisés.
♦ Penedès : d'où provient la majorité des vins mousseux (dits cava). Représente le cinquième du vignoble espagnol. On y produit aussi des vins non mousseux, surtout des blancs élaborés avec les cépages Xarello, Macabeo et Parellada.
♦ Navarre : produisait surtout des rosés faciles à boire, mais produit aujourd'hui des rouges élaborés avec du Tempranillo, du Cabernet Sauvignon et du Merlot.
♦ Rueda : reconnue pour ses vins blancs frais et fruités, à base de Verdejo, parfois additionné de Sauvignon.

Le Portugal

Le pays est surtout reconnu pour son porto et son madère, pourtant on y fait toute une gamme de bons vins depuis longtemps. On en exportait déjà en 1367. Comme les autres pays européens, le Portugal possède un système d'appellations, mais il semble avoir moins d'importance, et plusieurs producteurs fabriquent aujourd'hui des vins – auxquels ils donnent des noms de marque – sans tenir compte des règles reliées à leur région.

Un des meilleurs vins du Portugal, c'est le Vinho Verde. Il y a dans cette appellation des rouges et des blancs, mais les Portugais consomment presque toute la production de rouges, et vous risquez de ne voir que les blancs. Il tire son nom, « vin vert », de ce que le raisin est vendangé très tôt et le vin bu très jeune. C'est un vin légèrement effervescent. Les meilleurs sont faits avec de l'Alvarinho (nom portugais de l'Albarino ; d'ailleurs les producteurs espagnols et portugais se font face, séparés uniquement par la frontière).

Le Portugal produit de plus en plus de rouges secs, en particulier dans les régions du Douro et du Dao. Les vins de Barca Velha, dans le Douro, sont des rouges dispendieux produits uniquement dans les bonnes années. C'est un vin de garde intense et corsé.

L'Autriche

En 1985, un groupe de producteurs autrichiens sucrèrent des vins ordinaires avec du diéthylène glycol (composé chimique proche de l'antigel) et les firent passer pour des vins doux de vendanges tardives, beaucoup plus chers. Le scandale fit chuter les exportations de vins autrichiens, qui en moins d'un an ne représentèrent plus que le cinquième de ce qu'elles avaient été. Le gouvernement décida donc d'intervenir en imposant une série de nouvelles règles. Depuis, la réglementation autrichienne sur la production et l'étiquetage du vin est peut-être la plus rigoureuse sur terre, et la quantité de vins exportés est plus élevée que jamais. En plus de vins doux, l'Autriche exportent aussi des blancs secs.

Contrairement à ce que l'on pourrait croire, les vins autrichiens ne ressemblent pas aux vins allemands ; en fait ce sont des vins secs, comme en Alsace. Le cépage le plus important et le plus apprécié des Autrichiens est le Grüner Veltliner, de plus en plus connu aussi hors d'Autriche. Il donne des vins secs, épicés et assez corsés. Les autres cépages importants sont le Riesling, le Gewurztraminer et le Weissburgunder (Pinot blanc). Les vins rouges sont rares, et généralement légers.

Tout comme en Allemagne, la classification des vins est basée sur le degré de maturité du raisin (qui se traduit par un vin plus ou moins doux). Du plus sec au plus doux, il y a quatre catégories : Spätlese, Auslese, Ausbruch et Trockenbeerenauslese.

CHAPITRE 7

Les vins du Nouveau Monde

Il fut un temps où «Nouveau Monde» était une épithète assez péjorative. Les producteurs hors d'Europe étaient des néophytes et leurs vins n'augu-raient rien de bon. Depuis, les différences entre les deux mondes se sont estompées, les producteurs européens modernisent de plus en plus, et ceux du Nouveau Monde adoptent les techniques tradi-tionnelles chères à l'Europe. Dans l'univers du vin, toutefois, le terroir a une importance capitale, et la géographie séparera toujours les deux mondes.

L'Australie

L'Australie était considérée auparavant comme un pays de buveurs de bière, aujourd'hui c'est le premier exportateur de vin au monde, après la France, l'Italie et l'Espagne. Et pourtant 70 % de son territoire est impropre à l'agriculture, et il n'existe aucune vigne indigène. Ce sont les colons européens qui ont tout commencé.

Les colons

À partir de 1788, l'Angleterre expédia ses criminels en Australie – pour s'en débarrasser, mais aussi pour servir de main d'œuvre et développer la nouvelle colonie. Ce n'est qu'au milieu du siècle suivant que les « relogements » cesseront, simplement parce que la main d'œuvre sera alors suffisante.

Un seul État australien ne sera pas colonisé par des prisonniers : South Australia (Australie-Méridionale). En 1836, il est accordé à George Fife Angus, qui fonde la South Australian Company. Ayant besoin de peupler la région, Angus vendit des terres pour presque rien, à condition que le sol soit cultivé. Les premiers à en profiter furent les Luthériens, qui justement cherchaient à fuir les persécutions dont ils étaient l'objet en Europe.

Plusieurs Australiens au sud sont donc d'origine allemande, ce qui explique le nom allemand de beaucoup de villages, et l'influence allemande dans la cuisine et les vins. La région est encore réputée pour ses Riesling. Dès 1890, on cultivait la vigne dans les vallées de Barossa, Hunter et Yarra.

Les vins

Avant 1950, l'Australie produisait surtout des vins fortifiés. Ces vins étaient les moins chers pendant la dépression des années 30, et ils se conservaient plus longtemps. À partir des années 60, on commença à fabriquer surtout des vins non fortifiés, d'abord doux, puis secs.

On pourrait appeler les vins australiens, très divers, des vins amusants, audacieux et abordables. Les producteurs ont été particulièrement créatifs dans leurs assemblages de Chardonnay et de Sémillon, ou de Shiraz et de Cabernet Sauvignon. Les meilleurs rouges, récemment, mêlent le Shiraz à du Cabernet Sauvignon ou à un cépage de la vallée du Rhône, comme le Viognier. Le Shiraz, nom australien du Syrah, est vraiment la bête de somme du pays. On en fait tous les types de vins : forts et boisés pour accompagner un steak saignant, ou légers et délicats pour siroter doucement les après-midi d'été. Les Shiraz australiens se vendent d'ailleurs si bien que certains producteurs à l'étranger se sont mis à appeler le Syrah, un Shiraz !

C'est en Australie, dans les années 70, que les viniers en carton sont apparus pour la première fois. Ils évitent d'utiliser un bouchon de liège et protègent bien le vin de l'oxygène, aussi bénéficient-ils d'un regain d'intérêt et commencent-ils à se répandre dans d'autres pays.

On trouve de vrais trésors parmi les vins de dessert, surnommés « stickies ». Les vins effervescents à base de Shiraz, secs et foncés, sont aussi très intéressants.

Les régions

Le vignoble australien est subdivisé en une cinquantaine de régions, certaines, comme aux États-Unis, étant particulièrement adaptées à la production du vin. La plupart sont au sud-est du pays (États de Victoria, New South Wales, South Australia) et dans la région maritime de Western Australia, plus isolée.

- **Barossa Valley** (Australie du sud) – plusieurs producteurs importants. Surtout des vins élaborés avec les cépages Riesling, Shiraz et Cabernet Sauvignon.
- **Coonawara** (Australie du sud) – le sol est presque rouge (couleur « terra rossa »). Faits de bons Shiraz et Cabernet Sauvignon.

- **Yarra Valley** (Victoria) – reconnue surtout pour ses Pinot noir et Cabernet Sauvignon.
- **Hunter Valley** (New South Wales) – produit plusieurs vins, comme des Cabernet Sauvignon et Sémillon.

En plus des Cabernet, Shiraz, Pinot noir, Riesling et Sémillon (prononcé « sèmèlone » là-bas), on cultive aussi le Merlot, le Grenache, le Chardonnay et le Sauvignon.

La Nouvelle-Zélande

La popularité des vins de Nouvelle-Zélande est arrivée assez subitement. Qui savait même il y a quelques années qu'on y faisait du vin ? Les premières vignes furent plantées en 1816, à North Island, mais il fallut attendre qu'un Sauvignon de la région de Marlborough gagne un concours international en 1986 (médaille du meilleur vin remportée trois jours de suite) pour que le pays soit vraiment connu des amateurs de vin. Depuis, le Sauvignon est l'ambassadeur du pays, mais on y produit beaucoup d'autres vins de qualité.

Savoir déguster

Récemment, la Nouvelle-Zélande s'est mise à produire des vins blancs aromatiques avec principalement du Riesling, mais aussi du Pinot gris, du Gewurztraminer et du Sémillon. L'étiquette ne mentionne pas si le vin est sec ou doux.

Le pays des extrêmes

La Nouvelle-Zélande possède le vignoble le plus méridional de la planète, mais aussi celui le plus à l'est, puisque la ligne internationale pour le changement de date est toute proche. La vigne est cultivée sur les deux îles principales formant la Nouvelle-Zélande : South Island et North Island, cette dernière étant un peu plus chaude. Le vent frais souffle en permanence sur tout le vignoble, aucune vigne n'étant à plus de 120 km de l'océan.

On y cultive des cépages qui peuvent supporter la fraîcheur du climat : surtout Chardonnay, Sauvignon et Pinot noir (lesquels représentent 60 % de l'encépagement).

Les régions

Le vignoble s'étend du nord au sud sur 1 160 km, et, à l'exception de quelques régions à l'extrême sud, il est entièrement sur la côte est. L'extension de la viticulture en Nouvelle-Zélande a correspondu avec celle de la population, et celle-ci n'a pris de l'importance qu'au 20ᵉ siècle autour d'Auckland.

North Island

Le tiers des habitants du pays habitent Auckland. La région immédiate a ses propres vignes, mais la ville est aussi le centre commercial du vin, et plusieurs vins d'autres régions y sont élaborés. Gisborne, surnommée la capitale néo-zélandaise du Chardonnay, produit plus du tiers des vins du pays, la majorité en vrac, mais elle produit aussi des vins fins.

Hawke's Bay bat tous les records en nombre d'heures d'ensoleillement, c'est une des meilleures régions viticoles et une des plus anciennes. On y fait surtout des Chardonnay et Cabernet Sauvignon. Quant à Wellington, elle est réputée pour ses Pinot noir.

South Island

Dans la région de Marlborough, on ne planta les premières vignes qu'en 1973. Mais depuis 1990, c'est la région la plus importante du pays, avec 40 % du vignoble. Elle produit en premier lieu des Sauvignon, en second des Chardonnay. On cultive aussi le Riesling et, de plus en plus, le Pinot noir. En Otago, la région la plus méridionale, les vignes sont cultivées sur des côtes, pour réduire le risque de gel. On y fait des Pinot noir et des Gewurztraminer.

Les producteurs

Si les producteurs du pays ont pu produire de si bons vins si rapidement, c'est entre autres parce qu'ils ont visité les meilleurs vignobles européens au moment des vendanges, et ensuite appliqué chez eux ce qu'ils avaient appris.

Mais ils n'ont pas copié servilement leurs maîtres, ils ont au contraire profité de l'absence de tradition viticole dans leur pays pour créer leur propre style.

L'Afrique du Sud

La plupart des vignobles du pays sont situés au sud-ouest, près du Cap de Bonne Espérance, dans une région surnommée Cape Winelands qui bénéficie d'un climat méditerranéen parfait pour la viticulture : étés secs et chauds, hivers doux et suffisamment pluvieux.

Message dans la **bouteille**

C'est le gouvernement hollandais qui planta les premières vignes en Afrique du Sud, en 1655. On en fit le premier vin quatre ans plus tard. Mais ce sont les Huguenots, fuyant les persécutions en France, qui développèrent vraiment la viticulture.

Au 18e siècle, la région produisait un vin de dessert appelé Constantia, à base de Muscat. Toutes les cours d'Europe l'appréciaient. On raconte que même Napoléon en demanda pendant son exil à Sainte-Hélène. Mais le succès du Constantia n'empêcha pas l'industrie du vin de décliner dans les années qui suivirent.

En 1918, une coopérative de fermiers (le KWV), fut mise sur pied pour contrôler le marché et la production. Les fermiers indépendants furent désavantagés par rapport aux fermiers de la coopérative, lesquels produisaient essentiellement la plus grande quantité de raisin possible – mauvaise recette pour améliorer la qualité ou inciter à l'innovation. Vint ensuite les sanctions étrangères, pour protester contre l'apartheid, qui réduisirent les exportations à néant.

La fin d'une politique change la donne

En 1991, l'apartheid fut aboli, et les sanctions disparurent. Le marché de l'exportation de nouveau ouvert, les producteurs tachèrent d'améliorer la qualité de leurs vins. Ils importèrent de meilleurs plants, augmentèrent l'utilisation de fûts de chêne, améliorèrent la gestion des entreprises, etc.

Si le vignoble du pays ne représente aujourd'hui que 1,5 % du vignoble mondial (ce qui en fait le 16ᵉ au monde), sa production représente 3 % du volume (7ᵉ rang).

Le cépage le plus répandu est le Chenin, appelé ici *Steen*. On en fait tous les types de vins, y compris des vins de vendanges tardives, des rosés et des vins effervescents. Après le Chenin, viennent le Sultana, le Colombard et le Chardonnay. Les cépages blancs représentent les 2 tiers du vignoble actuel, mais 80 % des nouvelles plantations se font en rouge.

Le Cabernet Sauvignon est le cépage rouge le plus répandu, suivi du Pinotage et du Shiraz.

En 1925, un professeur de l'université de Stellenbosch croisa du Pinot noir avec du Cinsault (appelé ici Hermitage, d'où le nom du nouveau cépage), ce qui donna le Pinotage. Les premiers vins issus du cépage ne furent pas tellement appréciés des critiques, mais depuis les vins ont gagné une certaine estime.

In vino veritas

Les régions les plus importantes sont :

- ◆ **Stellenbosch** – à l'est de Cape Town ; plusieurs maisons importantes y sont situées.
- ◆ **Paarl** – au nord-ouest de Cape Town ; traditionnellement une région de vins blancs, mais se concentre aujourd'hui sur les rouges.
- ◆ **Constantia** – c'est la région la plus près de Cape Town, là où furent plantées les premières vignes (et où on faisait le célèbre vin de dessert).

Le Chili

Ce sont les missionnaires accompagnant les Conquistadors qui plantèrent au milieu du 16ᵉ siècle les premières vignes européennes au Chili, des vignes évidemment espagnoles, en particulier du País et du Moscatel. Ils en tirèrent d'abord des vins de cépage rustiques qui imitaient plus ou moins leurs équivalents en Espagne, et qui servaient à la messe. Au 19e siècle, les vins s'étant améliorés et faisant concurrence aux importations espagnoles, le roi imposa de fortes taxes aux vins chiliens et restreignit la production, ce qui fit diminuer le nombre de vignobles.

À la fin du 19e siècle, le Chili était indépendant, et les bourgeois voyageaient beaucoup en Europe. Ils étaient amoureux des vins français, et rapportèrent des boutures des cépages bordelais. Ainsi naquit l'âge moderne des vins chiliens.

L'isolement a ses avantages

Le Chili est le seul pays à avoir été épargné par le phylloxera, qui ravagea les vignobles d'Europe et d'Amérique du Nord au 19e siècle. Borné par les Andes à l'est, le Pacifique à l'ouest et des déserts au nord, c'est le seul pays, encore aujourd'hui, où le phylloxera n'a pas pénétré et où la majorité des vignes ne sont pas greffées.

L'histoire du Carmenère

Le Carmenère était un cépage important du Bordelais à l'époque où le Chili importait des boutures. Mais il fut abandonné par la suite en France, quand vint le moment de replanter après le désastre du phylloxera. On le remplaça par du Merlot. Par rapport au Merlot, en effet, auquel il ressemble par ailleurs, il donne moins de raisin, mûrit des semaines plus tard, et il est beaucoup plus sensible aux pluies et aux gelées du printemps, qui parfois l'empêchent de fleurir.

Il ne resta donc du Carmenère qu'au Chili, où le climat lui est favorable. Au fil des années, les viticulteurs chiliens, qui cultivaient aussi beaucoup de Merlot, oublièrent que c'était du Carmenère et on le prit pour du Merlot.

Ce n'est que tout récemment, en 1994, qu'on découvrit par des tests d'ADN que le « Merlot » chilien, celui qui donnait des vins tellement plus forts et plus épicés que le Merlot ordinaire, et qui était devenu très populaire à l'étranger, était en fait du Carmenère !

Politiques et investissements

L'industrie du vin au Chili a connu des hauts et des bas, malgré son climat absolument idéal pour cultiver la vigne. Dans les années 40, par exemple, le vin chilien commençait à être très populaire à l'étranger, mais son essor fut stoppé lorsque le gouvernement nationalisa plusieurs maisons et limita la production. Vint ensuite la guerre civile, et les différents gouvernements qui succédèrent à la tête du pays ne purent rien pour arrêter la décadence de l'industrie. En 1980, presque la moitié des vignobles avaient été abandonnés.

En 1995, le Chili se dota d'un nouveau système d'appellations. Dorénavant, au moins 75 % du vin contenu dans une bouteille doit provenir du cépage, du lieu et du millésime mentionnés sur l'étiquette. Les vins dits *reserva* forment une catégorie inférieure et n'indiquent que le lieu de récolte sur l'étiquette.

Message dans **la bouteille**

Les années 80 apportèrent une nouvelle stabilité au Chili, et des producteurs étrangers – de France, des États-Unis, d'Espagne, d'Australie, du Japon – y firent des investissements. On replanta, on modernisa, et l'industrie fut relancée. Presque du jour au lendemain, les vins chiliens furent reconnus pour être d'excellents vins de cépages et d'un bon rapport qualité/prix. On pressentit aussi rapidement que le pays avait ce qu'il faut pour produire de grands vins.

Les vins de cépage (ou varietals)

Bien qu'on fasse encore des vins issus de País ou de Moscatel – pour le marché intérieur – la plupart des vins sont issus aujourd'hui de Cabernet Sauvignon, Merlot, Pinot noir, Syrah et, bien sûr, Carmenère. Tous sont largement exportés. Pour les blancs, on utilise le Chardonnay, le Sauvignon, le Riesling ou le Sémillon.

L'Argentine

En Argentine, l'industrie du vin a toujours été liée aux circonstances politiques et économiques. Les premières vignes européennes, comme le Cereza ou le Criolla (proche du País), furent apportées par les colons espagnols au milieu du 16e siècle. Les cépages se portaient bien, mais donnaient des vins assez ordinaires, surtout destinés à supporter le transport vers les autres pays d'Amérique du Sud.

Fruits mûrs

Comment les colons espagnols ont-ils fait pousser de la vigne si vite dans le désert ?

Quand les colons arrivèrent, les Indiens Huarpe, comme les Incas avant eux, avaient déjà mis au point un système d'irrigation. Les colons l'agrandirent, et l'eau des Andes, provenant de la fonte des neiges et des glaces, fut distribuée partout où elle était nécessaire grâce aux canaux et aux écluses.

Les cépages utilisés aujourd'hui furent amenés par des immigrants venant de France, d'Espagne et d'Italie, et qui souhaitaient fabriquer du vin comme ils aimaient en boire dans leur pays d'origine. Ils arrivèrent en deux vagues : d'abord en 1816, quand l'Argentine devint indépendante (c'était auparavant une colonie espagnole), puis de nouveau à la fin du siècle. Il s'agit des cépages suivants :

♦ De France : Malbec, Cabernet Sauvignon, Merlot, Chenin.
♦ D'Espagne : Torrontés, Tempranillo.
♦ D'Italie : Sangiovese, Nebbiolo, Dolcetto, Barbera, Lambrusco.

Quantité vs qualité

Au début des années 20, l'Argentine était le huitième pays le plus riche au monde. La dépression lui fit perdre du terrain, mais le président Juan

Perón releva ensuite le pays… jusqu'à ce qu'il soit remplacé en 1955 par une succession de régimes militaires, et l'économie déclina à nouveau.

À l'époque, les Argentins buvaient en moyenne 80 litres de vin par année, et les producteurs s'intéressaient plus à la quantité qu'à la qualité. On fabriquait surtout du vin rustique comme le Vino de Mesa. À la fin des années 80 et au début des années 90, l'inflation galopante – 1 000 % par année – incita le gouvernement à limiter le prix du vin, ce qui poussa certains viticulteurs à changer de culture. Le gouvernement incita aussi les viticulteurs, par une réduction d'impôt, à remplacer les cépages traditionnels par des cépages à meilleur rendement, mais de qualité inférieure.

Les exportations

Jusqu'à tout récemment, les producteurs argentins se souciaient peu d'exporter leurs vins, le marché intérieur étant amplement suffisant. Le pays produisait beaucoup, mais exportait peu. Aujourd'hui, avec la concurrence de la bière et des boissons gazeuses, la consommation intérieure a baissé à seulement 30 litres de vin par personne par année. Les producteurs se sont donc tournés vers l'exportation (bien que 95 % du vin soit encore bu sur place). Des investissements à la fois argentins et étrangers ont d'ailleurs permis d'augmenter la qualité.

La plus grande et la meilleure région viticole d'Argentine, c'est la Mendoza, au pied des Andes. Tous les grands vins en proviennent. C'est effectivement le meilleur endroit pour faire pousser de la vigne, comme le comprirent rapidement les colons espagnols. Ils y plantèrent des vignes de vinifera provenant du Chili et du Pérou, et fondèrent la ville de Mendoza (en 1561), toujours le centre de la viticulture en Argentine.

Aujourd'hui, le Malbec – cépage bordelais resté modeste dans sa terre natale – est le premier cépage du pays, et la majorité des vins exportés en sont issus.

Le Canada

On oublie souvent que le Canada produit d'excellents vins. La viticulture a commencé au 19ᵉ siècle en Ontario, mais les viticulteurs canadiens, tout comme les viticulteurs américains, n'eurent pas beaucoup de succès au début avec les plants de *vitis vinifera*. On fit donc des vins avec des cépages de *vitis labrusca* et *vitis riparia*, ainsi qu'avec des hybrides américains comme le Niagara, le Concord et le Catawba.

Mais les vins n'étaient pas très bons. Par contre, les vins fortifiés étaient nettement meilleurs et ils furent exportés avec profit vers l'Angleterre.

Le 20ᵉ siècle

Vers 1900, on commença à faire du vin en Colombie-Britannique, et de nouveau des vignes de *vitis vinifera* furent plantées au Canada. L'industrie prit son essor partout au pays, et ne fut pas arrêtée par la prohibition de 1916, laquelle, contrairement à la prohibition aux États-Unis un peu plus tard, n'interdisait pas la vente du vin. Quand elle prit fin en 1927, le nombre de producteurs avait même augmenté jusqu'à 61, et les provinces prirent le contrôle de la production, de la distribution et de la vente d'alcool.

Peu à peu, les grosses entreprises viticoles achetèrent les plus petites, de sorte qu'en 1974 il n'en resta que six dans tout le pays.

Une nouvelle ère

En 1974, un permis de fabrication de vin, le premier depuis la fin de la prohibition, fut accordé à Donald Ziraldo et Karl Kaiser. Les deux associés fondèrent la maison Inniskillin et élaborèrent des vins fins issus de *vitis vinifera*. Leur réussite servit de modèle à d'autres producteurs et propulsa ainsi le Canada dans une nouvelle ère vinicole.

En 1991, le vin de glace Inniskillin 1989 remporta le prix d'honneur au concours VinExpo tenu à Bordeaux. C'était le premier prix décerné à un vin canadien, et il sera suivi par plusieurs autres au cours des années.

L'Accord de libre échange signé en 1988 entre les États-Unis et le Canada fut un véritable catalyseur pour l'industrie, et les producteurs surent tirer leur épingle du jeu. Faisant désormais face à la concurrence sans protection du gouvernement, ils surent produirent de grands vins et entamer un vaste programme visant à remplacer les cépages indigènes encore présents par des cépages de *vitis vinifera*.

In vino veritas

Le climat

Au Canada, les hivers sont froids… et longs. C'est parfait pour faire des vins de glace, dont le Canada est maintenant le plus grand producteur. Contrairement à l'Allemagne (où fut inventé le vin de glace) et à l'Autriche, les hivers au Canada sont toujours froids, ce qui permet d'en produire chaque année.

Les meilleurs blancs canadiens sont issus de Chardonnay, Riesling, Gewurztraminer, Pinot gris et Pinot blanc. Les meilleurs rouges de Merlot, Pinot noir, Cabernet Sauvignon, Cabernet franc et Gamay.

Le Canada possède un système d'appellations un peu similaire au système français des AOC, c'est le système régi par la Vintners Quality Alliance (VQA). Le système reconnaît sept régions viticoles au Canada et assure la qualité des vins en effectuant des dégustations et en réglementant les techniques de fabrication et la maturité du raisin. Il y a trois aires viticoles reconnues en Ontario (péninsule du Niagara, île Pelée et côte nord du lac Érié) et quatre en Colombie-Britannique (vallée de l'Okanagan, vallée de Similkameen, vallée du Fraser et île de Vancouver).

Message dans **la bouteille**

Les autres pays

On cultive la vigne aujourd'hui presque partout au monde. On serait tenté de dire, à propos de certains pays, qu'ils « commencent » à faire du vin, et pourtant ce serait une erreur, puisque cela fait des siècles qu'ils en produisent. C'est le cas de la Chine, où l'on fait peut-être du vin depuis plus de temps qu'en Europe. Néanmoins, en termes de production moderne, c'est bel et bien un pays débutant, un pays du Nouveau Monde. La Chine compte aujourd'hui une centaine de producteurs, mais les vins issus de *vitis vinifera* ne représentent encore qu'une petite fraction de la production.

On retrouve une viticulture dans d'autres endroits à prime abord surprenants. Par exemple en Turquie, où la majorité de la population est musulmane et boit très peu de vin, mais où pourtant la production est importante, à peine moins que celle du Canada, et supérieure à celle du Liban ou d'Israël. Le pays a cinquante producteurs. La Tunisie, le Maroc et le Japon sont d'autres exemples. Pour l'instant, on ne parle pas beaucoup de leurs vins, mais qui sait ce que l'avenir réserve.

CHAPITRE 8

Les États-Unis

On fait du vin aux États-Unis d'un océan à l'autre. Les vignobles étaient plantés auparavant près des étendues d'eau importantes, mais aujourd'hui on en trouve partout, même à haute altitude. Il n'y a pas un seul État sans producteur. Pour un pays qui boit si peu de vin (11 litres par personne par année) comparé à la France ou à l'Italie, on y fait décidément beaucoup de vin !

Une nouvelle façon de faire

Les Américains ont toujours aimé faire les choses à leur façon. Ils sont fiers de leur indépendance, et c'est un sentiment qui se reflète aussi dans leurs vins. Avec les mêmes cépages que l'Europe, ils produisent des vins totalement différents. Et au lieu d'insister sur les lieux de production, ils insistent sur les cépages, qu'ils indiquent presque toujours sur l'étiquette.

Cela dit, depuis 1979, les États-Unis possèdent aussi un système d'appellation : les AVA (American Viticultural Area), contrôlé par l'Alcohol and Tobacco Trade Bureau (auparavant le Bureau of Alcohol, Tobacco and Firearms), lequel fait partie du Département du Trésor. Contrairement au système français des AOC instauré en 1930, copié par plusieurs pays mais jugé un peu trop strict pour le tempérament américain, il ne réglemente pas la fabrication, les cépages permis, etc., mais uniquement la provenance du raisin. Pour mentionner une AVA sur une bouteille, il suffit que 85 % du raisin en provienne, ce qui laisse donc beaucoup de liberté aux producteurs.

In vino veritas

Une AVA peut être énorme ou au contraire minuscule. L'AVA Ohio River Valley inclut des portions de l'Indiana, du Kentucky, de l'Ohio et de la Virginie de l'Ouest. Elle couvre 67 000 km², soit 6 770 000 hectares. L'AVA Cole Ranch, dans le comté de Mendocino, en Californie, n'a quant à elle que 60 hectares. C'est la plus petite du pays.

Les lettres AVA n'apparaissent pas elles-mêmes sur l'étiquette, seulement le nom de l'aire géographique (et l'AVA, c'est cela). Il y a des AVA à l'intérieur même des AVA (comme pour les AOC), et les producteurs choisissent généralement la plus petite AVA possible. Par exemple, si un producteur du mont Veeder utilise dans une proportion d'au moins 85 % du raisin provenant du mont Veeder, il écrira « Mont Veeder » sur l'étiquette. Mais si plus de 15 % de son raisin provient de St. Helena, la montagne voisine, il écrira « Napa ». Si une partie importante du raisin provient d'encore plus loin, comme de Mendocino, il écrira « North Coast ». Et s'il écrit « Californie », son raisin – c'est-à-dire 85 % – peut provenir de n'importe où en Californie.

Il existe actuellement environ 170 AVA, mais de nouvelles apparaissent chaque année. Un producteur qui veut établir une nouvelle AVA doit débourser au moins 15 000 $. Il doit prouver que l'aire géographique et son climat sont significatifs, et qu'on y produit déjà du vin. Il doit aussi suggérer les frontières et s'occuper de la cartographie. Contrairement aux systèmes en vigueur dans d'autres pays, la mention d'une AVA n'est pas une garantie de qualité mais seulement une indication géographique.

La Californie

La Californie est sans conteste l'État le plus important en matière de vin. Plus de 90 % des vins américains en proviennent, ainsi que 75 % de tous les vins bus au pays. Le climat est bien sûr une des raisons principales. Il est idéal pour la culture de la vigne, et en plus il présente très peu de variations d'une année à l'autre, ce qui le rend donc très prévisible. Il ne manque jamais de soleil en Californie, et le raisin est toujours mûr. En fait, le défi consiste plutôt à trouver des endroits assez frais pour que le raisin ne mûrisse pas trop vite, sans avoir eu le temps de développer tout son potentiel de saveur.

On trouve des producteurs du nord au sud, mais les régions les plus importantes sont les suivantes :

- **North Coast** – ce qui inclut Napa, Sonoma, Mendocino et Lake County
- **Central Coast** – qui est la région la plus vaste (de San Francisco à Los Angeles), et inclut Monterey, Santa Cruz et Livermore (au nord), San Luis Obispo et Santa Barbara (au sud)
- **Sierra Foothills** – sur la bordure ouest de la Sierra Nevada
- **Central Valley** – qui inclut entre autres la vaste région de San Joaquin Valley

Napa et Sonoma

La vallée de Napa est reconnue mondialement pour ses vins chers, son histoire passionnante et ses paysages à couper le souffle. Long d'une quarantaine de kilomètres, c'est un endroit sympathique où l'on peut dîner dans un restaurant élégant ou un petit bistrot (avec un vin du coin, naturellement), ou simplement admirer les montgolfières s'élevant lentement dans les étendues lointaines.

L'endroit est comme un parc d'amusement pour adultes – avec des prix pour adultes. Les visites (payantes) de certains producteurs sont absolument fascinantes. Certaines maisons, comme Robert Mondavi, offrent dix visites différentes. Plusieurs personnes estiment qu'il y a trop de monde à Napa, que c'est trop cher et trop prétentieux, mais l'endroit est unique au monde.

Il y a 15 AVA à Napa, bénéficiant de microclimats différents. Le sud, près de la baie, est balayé par une brise fraîche, puis le climat est de plus en plus chaud à mesure que l'on se dirige vers le nord. Les vignobles au sommet du mont Veeder n'ont pas le même climat, la même exposition, ni le même sol que les vignobles de la vallée. La région a plus de 200 producteurs. Parmi les AVA les plus connues, mentionnons :

- Rutherford
- Howell Mountain
- Atlas Peak
- Mount Veeder
- Oakville
- Spring Mountain
- Stag's Leap District

Le cépage le plus courant est le Cabernet Sauvignon, mais on produit aussi beaucoup de vins issus de Chardonnay, Sauvignon, Merlot ou Zinfandel. La région la plus ancienne dans la production de vin en Californie, Sonoma, est un cran moins célèbre que Napa et ne lui ressemble pas ; elle ne veut d'ailleurs pas lui ressembler. Plusieurs producteurs importants, comme Gallo, Korbel ou Kendall-Jackson, y ont des vignobles, mais l'atmosphère est plus détendue qu'à Napa. C'est en quelque sorte la « vieille Californie ».

Touchant la bordure ouest de Napa, Sonoma subit les influences du Pacifique : le brouillard va et vient dans les vignobles, les jours sont chauds et les nuits sont fraîches. Parmi un grand nombre d'AVA, signalons :

- **Alexander Valley** – reconnue pour ses Cabernet Sauvignon et ses Chardonnay
- **Russian River Valley** – qui produit des Pinot noir (grâce à un climat frais), reconnue aussi pour ses Chardonnay et ses vins effervescents.
- **Dry Creek Valley** – reconnue pour ses Zinfandel
- **Sonoma Valley et Sonoma Mountain** – qui produisent des Cabernet Sauvignon, des Pinot noir et des Chardonnay.

La région de Carneros est une AVA particulièrement intéressante. Elle s'étend en partie sur Sonoma et sur Napa, près de la baie de San Pablo (le nord de la baie de San Francisco). Son climat assez frais est idéal pour la culture du Chardonnay et du Pinot noir, d'où l'on tire des vins effervescents et quelques vins secs tranquilles. Attirés par son climat, quelques producteurs français et espagnols de vins effervescents y ont maintenant des propriétés.

Mendocino et Lake County

Dans les années 60, un grand nombre de hippies (vous vous souvenez d'eux?) s'installèrent au nord de la Californie. Ils y étaient attirés par la liberté d'expression, non seulement admise, mais encouragée. Depuis, les habitants de la région ont la réputation de faire les choses à leur façon, et cela inclut les vignerons. Ceux de Mendocino et de Lake County, tout au nord de l'État, ont planté des cépages inhabituels en Californie : le Fiano, le Montepulciano, l'Arneis, le Riesling, le Gewurztraminer, le Pinot blanc.

Évidemment, ils n'ont pas abandonné pour autant le Pinot noir ou le Chardonnay. Les vignerons de Mendocino sont aussi au premier plan de l'agriculture biologique et de l'agriculture durable.

Sierra Foothills et Livermore Valley

Sierra Foothills, région montagneuse au climat frais, était naguère pleine de chercheurs d'or ; maintenant, elle est pleine de vignerons. On y cultive surtout du Syrah, du Zinfandel et de la Petite Syrah, mais on trouve aussi du Barbera, du Sangiovese et du Mourvèdre.

Livermore Valley est à une heure d'autoroute de San Francisco, au sud-est. C'est une région historique dotée d'un climat frais et venteux. Elle est entre la baie de San Francisco, et son air marin assez frais, et la région de Central Valley, dont l'atmosphère est chaude et sèche. Les premiers vignerons furent des Français qui y plantèrent du Sauvignon et du Sémillon dans les années 1870 et 1880. À côté de ces deux cépages, on cultive aussi le Chardonnay, le Cabernet Sauvignon, la Petite Syrah et le Zinfandel.

Central Coast

L'AVA Central Coast est composée de plusieurs régions très différentes les unes des autres. Chacune a ses qualités particulières. La plus célèbre en ce moment est Santa Ynez Valley, au nord de Santa Barbara.

Elle est célèbre à cause du film *Sideways*, lui-même devenu célèbre après avoir gagné un Academy Award. Dans le film, deux amis partent à la découverte – entres autres – des vins de Santa Ynez Valley. Il y a en effet beaucoup de plaisirs à découvrir dans la région : du Pinot noir au Chardonnay, du Riesling au Sauvignon, en passant par le vin gris de Sanford Winery que les personnages passent leur temps à commenter.

Central Valley

Aucun producteur de bons vins se vante d'utiliser du raisin de Central Valley. La majorité du vin en vrac – les trois quarts de la production de l'État – provient de l'immense vignoble de Central Valley, qui produit aussi du raisin de table et des raisins secs. Mais de nouvelles installations sont apparues et la qualité s'améliore petit à petit.

La Californie dicte la mode

Dans les années 80, des producteurs californiens eurent envie de faire autre chose que les habituels Chardonnay et Cabernet Sauvignon. Ils voulaient être créatifs. Se disant qu'on peut faire du neuf avec du vieux, ils prirent leur inspiration en Europe. Un groupe surnommé «Rhone Rangers» se mit à imiter les Côtes du Rhône, issus de cépages comme le Syrah et le Viognier. Les vins plurent et depuis on plante davantage de ces cépages.

Un autre groupe de francophiles voulait revenir aux assemblages, plutôt que faire des vins de cépage unidimensionnels. Ils adoptèrent les cépages nobles de Bordeaux et créèrent le label Meritage.

Les vins Meritage doivent contenir au moins deux cépages de Bordeaux, aucun ne pouvant entrer dans une proportion supérieure à 90%. On produit aujourd'hui des vins Meritage, blancs et rouges, un peu partout aux États-Unis.

Que nous réserve l'avenir? Le monde du vin étant une affaire de cycles, autant dans sa fabrication que dans sa consommation, il suffit probablement de se tourner vers le passé pour le savoir. Une des tendances actuelles est de faire des vins moins boisés. Pendant 25 ans, les producteurs californiens ont été fascinés par le chêne. Ils en utilisaient beaucoup. Au contraire, dans la vallée de la Loire ou du Rhône, par exemple, les producteurs ont toujours recherché à faire ressortir le vrai goût du raisin, et leurs vins ont toujours été populaires. Aujourd'hui, les producteurs californiens essaient de faire des vins plus légers, fruités, avec très peu de boisé, ou sans aucun boisé.

New York

C'est l'État qui produit le plus de vin, après la Californie, et pourtant les consommateurs ne s'y intéressent pas beaucoup, peut-être justement parce que la Californie occupe une si grande place. Jusqu'en 1960, on y cultivait des cépages américains, comme le Concord, le Catawba, le Niagara, le Delaware, et quelques hybrides, comme le Seyval blanc et le Baco noir. Aujourd'hui, les hybrides sont encore présents, mais on cultive surtout des cépages de *vitis vinifera*.

Finger Lakes

Tout le monde supposait que les hivers de New York étaient trop froids pour les vignes de *vinifera*, jusqu'à l'arrivée d'un immigrant russe en 1951, le Dr Konstantin Frank, qui prit un emploi à la New York State Agricultural Experiment Station. En Ukraine, il avait organisé une ferme collective et enseigné la viticulture. Il fut surpris qu'on ne cultive pas de *vinifera* dans la région, alors qu'il en avait lui-même cultivé en Ukraine, où les hivers sont beaucoup plus froids qu'à New York. Quand on lui dit que ce n'était pas possible, il décida de prouver le contraire, et en 1953 il cultiva les premières vignes de Riesling de New York, à Hammondsport.

Aujourd'hui, Finger Lakes est une AVA dont les Riesling peuvent se mesurer à ceux d'Europe. L'AVA a une superficie d'environ 10 000 km², et un vignoble de 6 000 hectares. On trouve plus de 70 producteurs de tailles différentes, dont Constellation Brands (jadis Canandaigua), un des plus grands fournisseurs mondiaux. Les vins les plus intéressants de la région sont ceux issus de Riesling, Chardonnay, Pinot noir, ainsi que les vins de glace et les vins effervescents.

Hudson River Valley

La viticulture est pratiquée dans la vallée de l'Hudson, fleuve majestueux qui coule au nord de la ville de New York, depuis au moins deux siècles. C'est une des premières régions américaines à cultiver les hybrides comme le Seyval blanc ou le Baco noir. Aujourd'hui, on cultive aussi le Chardonnay et le Cabernet franc. Parmi la vingtaine de producteurs, se retrouve la plus ancienne maison des États-Unis à n'avoir jamais fermé ses portes : Brotherhood Winery, dont le premier millésime vendu date de 1839. Elle réussit à survivre à la prohibition en vendant du vin pour la messe.

Long Island

La région n'a pas le passé prestigieux de Finger Lakes ou Hudson River Valley, mais son avenir est particulièrement brillant. Tout commença en

1973, avec Alex et Louisa Hargrave. Le couple de vignerons cherchait un endroit où planter de la vigne, et on leur suggéra Long Island, dont le microclimat maritime rappelle semble-t-il celui de Bordeaux.

Après quelques recherches, quelques analyses des sols, mais surtout beaucoup d'intuition, le couple acheta 7 hectares à North Fork. Deux ans plus tard ils embouteillaient leur premier vin, qui fut vendu en 1977. Il y a aujourd'hui 38 producteurs sur l'île, et 1 200 hectares de vignes.

On a comparé Long Island à ce qu'était Napa il y a 25 ans. En quelque sorte, c'est vrai. Les deux sont près d'une grande ville (Manhattan et San Francisco) et les deux attirent les célébrités qui y achètent des vignobles. Qui sait, peut-être un jour les vins de Long Island auront le prestige de ceux de Napa ? Déjà ses Merlot, Cabernet Sauvignon, Cabernet franc, Chardonnay et bien d'autres sont d'une grande qualité.

L'Oregon

On y faisait du vin dès le 19e siècle, mais la prohibition tua l'industrie. Les nouveaux pionniers arrivèrent dans les années 60. Au départ, on ne planta aucune vigne de *vinifera*, mais on ne manquait pas d'enthousiasme, de nouvelles idées, et d'aucuns avaient un diplôme de UC Davis.

C'est un État pluvieux et les étés sont assez frais, mais cela n'a pas arrêté les vignerons. Il suffisait de bien choisir les cépages et les endroits où planter. Contrairement à la Californie, où les vignes s'étalent sur de grandes étendues, les vignes de l'Oregon sont plantées en petites parcelles ici et là, selon le climat ambiant.

Le Pinot noir s'implante

La proximité de la mer et sa situation sur le 45e parallèle donne à l'État un climat général assez semblable à celui de la Bourgogne. C'est pourquoi David Lett, d'Eyrie Vineyard, était convaincu que les cépages bourguignons y pousseraient parfaitement bien, et certainement mieux qu'en Californie. Le premier cep de Pinot noir fut planté en 1965, et dix ans plus tard, les vins issus de Pinot noir rendirent l'État célèbre dans le monde entier.

In vino veritas

Dans un concours tenu à Paris en 1979, le Pinot noir 1975 d'Eyrie Vineyard se plaça parmi les 10 premiers. Un an plus tard, au même concours, il prit la deuxième place, avec moins d'un point derrière le Drouhin Chambolle-Musigny 1959. C'était un exploit, et depuis le pinot noir est la vedette de l'État.

L'autre Pinot

En Bourgogne, on cultive aussi le Chardonnay. On en trouve aussi beaucoup en Oregon. Mais le cépage qui produit les meilleurs vins blancs, c'est le Pinot gris. C'est encore David Lett qui fut le premier à en planter en 1965, et aujourd'hui il est populaire partout dans l'État.

Les Pinot gris de l'Oregon ressemblent à ceux de l'Alsace, mais avec quelques subtiles différences. Leur robe va de jaune à rose cuivré, ils sont fruités, très coulants et moyennement corsés. En Alsace, ils sont plus corsés, moins fruités, et leur arôme est légèrement fleuri. Chose certaine, les pinots gris de l'Oregon ne sont pas dans le style italien; les pinots Grigio sont en effet des vins assez neutres, peu corsés et peu colorés.

Les régions

L'Oregon a neuf AVA, dont trois sont partagées avec l'État de Washington. Parmi les plus intéressantes, citons :

- **Willamette Valley** – c'est la région la plus vaste et la plus importante. Située au sud de Portland, elle produit surtout des Pinot noir, Pinot gris, Chardonnay et Riesling.
- **Umpqua Valley** – berceau de la viticulture dans l'État, le premier producteur y est encore : Hillcrest Vineyard. Située au sud de Willamette Valley, son climat est chaud. Elle produit

des Chardonnay, Pinot noir, Cabernet Sauvignon, Riesling et Sauvignon.

♦ **Rogeue Valley** – encore plus au sud, son climat est chaud et sec. Produit surtout des Pinot gris, Riesling, Chardonnay et Gewurztraminer.

♦ **Applegate Valley** – située à l'intérieur de Rogue Valley, elle produit des Cabernet franc, Sémillon, Cabernet Sauvignon et Merlot.

Washington

La viticulture y est assez récente. Les vignobles de ses deux grands producteurs – Columbia Winery et Château Ste. Michelle – datent des années 60 et la viticulture n'a pris de l'importance que dans les années 80. Aujourd'hui, l'État compte plus de 320 producteurs.

Comme en Oregon, l'État est traversé du nord au sud par les Cascade Mountains. À l'ouest des montagnes, il fait frais, la végétation est dense et il pleut souvent ; à l'est, c'est le désert, les jours sont brûlants, les nuits sont froides. Presque tous les vignobles (98%) sont à l'est (grâce à l'irrigation).

Durant l'été, l'État reçoit deux heures d'ensoleillement de plus par jour que la Californie, ce qui est parfait pour le raisin, et la fraîcheur de l'automne permet au raisin de conserver une bonne acidité en mûrissant. C'est en fait l'État qui produit la plus grande quantité de raisin de cuve, après la Californie.

Les régions

Cinq des six AVA de l'État sont à l'est, dans la région désertique, où l'irrigation a permis la viticulture.

♦ **Yakima Valley** – la première région à avoir le statut d'AVA. On y trouve une quarantaine de producteurs. On cultive en premier lieu le Chardonnay, ensuite le Merlot et le Cabernet Sauvignon, sans oublier le Riesling et le Syrah.

- **Columbia Valley** – s'étend sur le tiers de la superficie de l'État, c'est la plus grande région. On y trouve avant tout du Merlot, suivi de Cabernet, Chardonnay, Riesling et Syrah.
- **Walla Walla Valley** – s'étend aussi en Oregon. Plus de 55 producteurs fabriquent des vins issus de cépages comme Cabernet Sauvignon, Merlot, Chardonnay, Syrah, Gewurztraminer, Cabernet franc et Sangiovese.
- **Red Mountain** – à l'est de Yakima Valley. Reconnue pour ses vins de cépage rouges : Cabernet Sauvignon, Merlot, Cabernet franc, Syrah, Sangiovese.
- **Columbia Gorge** – l'AVA la plus récente, partagée avec l'Oregon. Produit du Chardonnay, Gewurztraminer, Riesling et Pinot gris.

In vino veritas

Connaissez-vous le Lemberger ? Non, pas le fromage, qui s'écrit *limberger*. C'est un cépage d'Allemagne peu connu (Blaufränkisch, en allemand), cultivé aussi en Autriche. Il produit des vins rouges à la fois secs et fruités, qui ne sont pas sans rappeler les vins légers du Beaujolais.

Puget Sound est la sixième AVA, près de Seattle. Elle possède 32 hectares de vignes et environ 35 producteurs. Plusieurs grands producteurs y sont installés, mais ils reçoivent leur raisin de Columbia et Yakima Valley.

Savoir déguster

La plupart des maisons de Washington ont de toutes petites productions et trouver leurs vins n'est pas toujours facile. Ste. Michelle Wine Estates produit la moitié des vins de l'État, aussi vous devriez avoir moins de difficulté à les trouver. Quelques exemples de leurs vins : Columbia Crest, Snoqualmie, Northstar, Eroica, et, en partenariat avec Antinori, un producteur italien, Col Solare.

Les autres États

La prédominance de quelques États ne doit pas faire oublier les autres, qui produisent aussi du vin, et qui ont chacun une histoire intéressante. Par exemple le Missouri. En 1860, il produisait plus de vin que la Californie et New York combinés. Il y avait tellement d'immigrants allemands à Hermann, sur les bords du Missouri, à l'ouest de St. Louis, qu'on appelait la région le Rhineland du Missouri. Mais le vin n'était pas produit avec des cépages allemands. L'État produit aujourd'hui des vins rouges de garde issus de Norton et de Cynthiana, et des blancs issus de Vignoles, Seyval blanc et Vidal blanc.

Le Texas

C'est le cinquième État en termes de production du vin, après la Californie, New York, Washington et l'Oregon. Dans les années 1880, Pierre Vala, un chercheur de Cognac, fut envoyé au Texas afin de trouver une solution au problème du phylloxera, qui ravageait alors les vignobles français. Il se rendit à Denison, dont les sols sont semblables à ceux de Cognac, et fut présenté à Thomas Volney Munson, un chercheur qui savait que les vignes du Texas étaient résistantes au phylloxera. Suivant l'avis de Munson, Viala rapporta des pieds de vignes qui furent greffés en France à des cépages français. Pour sa contribution, Munson reçut la médaille de Chevalier du mérite agricole.

In vino veritas

Une cave à vin de la fin du 17ᵉ siècle a été découverte à Jamestown, en Virginie. Jamestown est la première ville fondée par les colons anglais en Amérique. La cave aux murs de briques, et qui contenait encore des bouteilles, est une des plus anciennes des États-Unis. Selon les archéologues, elle faisait partie d'une maison privée.

Le Nouveau Mexique

Tous les États font des bons vins, mais seulement quelques-uns en font de véritablement magnifiques. L'un d'eux, c'est le Nouveau Mexique, pourtant peu connu pour ses vins, mais dont les vins effervescents sont remarquables, en particulier le Gruet. Il y a six différents types de Gruet, dont le vignoble à 1 300 mètres d'altitude (un des plus hauts des États-Unis) produit un raisin particulièrement adapté aux vins effervescents.

CHAPITRE 9

Savoir déguster un vin et savoir en parler

Vous entrez dans un magasin de vins, on vous demande ce que vous voulez, et vous ne savez pas quoi dire... Ce n'est pas que vous l'ignoriez, mais vous ne savez pas comment l'expliquer. Il suffit pourtant d'un peu de pratique, et de connaître quelques mots clés, pour savoir exactement ce qui vous plaît dans un vin et pouvoir en parler.

La physiologie du goût : pourquoi on aime le vin

Comme la mode, la musique, les arts, le vin est une question de goût. Évidemment, en ce qui concerne le vin, il y a aussi un côté physiologique qui entre en ligne de compte. Les gens ne goûtent pas tous exactement de la même façon. Mais l'éducation et les influences culturelles ont aussi leur importance ; chacun apprend en effet à estimer certaines saveurs.

Notre propre goût change aussi d'un jour à l'autre et selon l'endroit. Ce Chianti bu au cours d'un dîner romantique était sans doute moins formidable quand vous l'avez bu tout seul devant la télévision. Notre humeur, notre santé, notre environnement ont tous une influence sur notre perception du goût. Essayez d'apprécier un Viognier aux arômes de fleurs dans une pièce remplie de fumée de cigarettes… ce ne sera pas facile.

En fait, quatre sens entre en jeu lorsqu'on goûte un vin : le goût lui-même, l'odorat, la vue et le toucher.

In vino veritas

La capacité de goûter est génétiquement différente d'un individu à l'autre. Grosso modo, il y a les gens à la sensibilité normale, ceux qui ne goûtent rien, et ceux au goût très fin. Ces derniers sont particulièrement sensibles au sucré, à l'amertume et à la sensation onctueuse du gras. Apparemment, ils ont plus de papilles gustatives – jusqu'à cent fois plus que ceux qui ne goûtent rien. Le quart de la population a le goût fin, et de ce quart, les deux tiers sont des femmes.

La vue

L'apparence d'un vin a une influence sur l'opinion qu'on lui porte. La couleur est-elle celle à laquelle on s'attend ? Le vin est-il trouble – indiquant peut-être qu'il n'a pas été clarifié ? Voit-on des cristaux de tartrate – signe qu'il a besoin d'être décanté ? Dans les dégustations à l'aveugle, les verres sont souvent opaques, justement pour que les participants ne soient pas influencés par l'apparence du vin. Ils ignorent même souvent si le vin est blanc ou rouge.

L'odorat

De tous les sens, c'est l'odorat qui est le plus fin. Il est mille fois plus sensible que le goût. Les arômes pénètrent par le nez ou par le passage au fond de la bouche reliant le palais aux fosses nasales, et ce qu'on appelle le « goût » quand on boit un vin, est en fait composé pour 75 % d'une odeur. Le vin contient plus de 200 composés chimiques dont plusieurs sont similaires, ou identiques, à ceux présents dans certains fruits, légumes, fleurs, herbes ou épices. Ce n'est donc pas surprenant d'entendre quelqu'un dire qu'il sent une odeur, par exemple, de pêche dans son verre de Riesling.

Le goût

Si le nez peut reconnaître une multitude d'odeurs, la langue ne peut reconnaître que quatre goûts de base : salé, sucré, acide et amer. Le vin n'est aucunement salé, mais les trois autres goûts sont primordiaux. On reconnaît d'abord le sucré, puisqu'il est goûté par le bout de la langue ; vient ensuite l'acidité, goûtée sur les côtés ; puis l'amertume, goûtée à l'arrière de la langue.

Le sucré et l'acidité forment vraiment le yin et le yang d'un vin. Ils s'équilibrent. C'est un peu comme du jus de citron : en soit, c'est extrêmement acide, mais plus on ajoute de sucre, moins on remarque l'acidité.

Selon les chercheurs, il existe un cinquième goût identifié par la langue : l'*umami*. En fait, ce n'est pas un goût, il ne fait qu'augmenter la perception qu'on a d'un autre goût, qui alors semble meilleur, plus complet. La fermentation ou le mûrissement apporte ce goût.

Message dans **la bouteille**

Le touché

Un vin a une texture que l'on sent parfaitement bien en bouche. Il peut être aqueux comme de l'eau, ou encore onctueux comme de la crème. C'est ce qu'on entend par un vin léger ou un vin qui a du corps.

La bouche reconnaît aussi d'autres sensations. Les tanins, par exemple, qui permettent aux vins de vieillir, ont une astringence semblable à celle d'un thé trop fort. Et l'alcool chauffe la gorge et le palais.

In vino veritas

La perception qu'on a du corps d'un vin – sa texture, sa richesse – est en grande partie due à l'alcool. Plus un vin est alcoolisé, plus il aura du corps. Ainsi, un Zinfandel avec un taux de 14 % aura plus de corps qu'un Riesling avec un taux de 9 %.

Les techniques des professionnels

Il n'y a rien de mal à prendre une gorgée sans réfléchir, mais pour vraiment profiter d'un vin, pour en tirer toutes les sensations et le plaisir possible, il vaut mieux imiter ce que font les professionnels.

Tournez le vin

Pour que le vin dégage tous ses arômes, faites-le tourner dans votre verre (non, ce n'est pas un cirque prétentieux, c'est vraiment utile !) Plongez ensuite le nez dans votre verre, avant que les arômes ne s'échappent, et respirez profondément.

Il est impossible de discerner toutes les nuances d'un vin d'un seul coup, alors recommencez plusieurs fois. Fermez vos yeux, concentrez-vous. Vous percevrez peut-être une nouvelle odeur à chaque fois. Tout le plaisir est là.

Savoir déguster

Ne pensez même pas à faire tourner du vin dans un verre plein ! Il faut remplir seulement le tiers du verre. Il faut qu'il y ait assez de place, entre le liquide et le haut du verre, pour que les odeurs puissent s'y accumuler. D'ailleurs, si vous remplissez le verre davantage, vous risquez d'avoir une grosse facture au nettoyeur, ou d'être pris avec une chemise pleine de taches que vous ne pourrez même pas donner à quelqu'un.

Buvez lentement

Toutes séduisantes qu'elles soient, les odeurs ne sont qu'un prélude. Il est temps maintenant de goûter le vin. Prenez une gorgée, mais n'avalez pas. Faites tourner le vin dans votre bouche, de façon qu'il touche chaque partie de la langue et du palais. Puis aspirez un peu d'air. Oui, le bruit est assez impoli, mais c'est ce qu'il faut faire. Cela permet d'aérer le vin, de mieux le goûter, et d'envoyer les arômes à l'arrière du palais.

Vient ensuite le moment tant attendu : celui d'avaler. Mais attendez ! Les professionnels recrachent souvent le vin au lieu de l'avaler. C'est apparemment du vin perdu, mais quand on a des dizaines, voire des centaines de vins à goûter, on ne peut pas se permettre de le boire. Ne vous inquiétez pas cependant, les amateurs n'ont pas besoin de faire la même chose.

Message dans la **bouteille**

Si vous avez plusieurs vins à goûter d'un coup, commencez par les blancs légers, plus délicats, suivis des blancs plus corsés, puis des rouges légers. Gardez les rouges corsés pour la fin. Si vous commencez par les vins forts et corsés, vous ne pourrez plus goûter parfaitement les vins légers.

Le vocabulaire

Après avoir bu un vin splendide, on veut généralement en parler. L'ennui, c'est que les mots nous manquent. Il n'y a pourtant pas d'autres façons de communiquer notre enthousiasme, à moins de distribuer des échantillons. Parler d'un vin est devenu intimidant, probablement à cause du mystérieux et prétentieux jargon de certains snobs. Mais que cela ne vous décourage pas. Vous pouvez en parler comme vous voulez. Si vous pensez que le vin ressemble à une peinture de Rubens, dites-le. Mais il y a quelques mots précis à connaître, ne serait-ce que pour comprendre ce que les autres vous racontent.

♦ **Sec** – c'est le contraire de doux (autrement dit de sucré). Lorsque tout le sucre contenu dans le moût a été transformé en alcool et en gaz carbonique, on dit que le vin est sec. Entre sec et doux, il y a bien sûr des nuances. S'il reste un peu de sucre dans le vin perceptible au goût, on dit que le vin est demi-sec.

♦ **Équilibre** – un vin équilibré est un vin harmonieux, tous les composants – acidité, alcool, tanins, arômes de fruits – sont à leur place, aucun ne prend trop d'importance sur les autres.

♦ **Finale** – c'est en quelque sorte l'arrière-goût du vin, les saveurs ou les arômes qui persistent en bouche. Si le vin a une finale, c'est une bonne chose, et plus elle est longue, mieux c'est. Dire d'un vin que sa finale est longue, c'est lui faire un vrai compliment.

♦ **Complexité** – plus un vin a de couches et de nuances, plus il est complexe. Un vin complexe ne révélera pas tous ses arômes immédiatement. C'est une qualité qui vient souvent avec l'âge. Un vin complexe aura aussi de la profondeur.

♦ **Fruité** – un vin est fruité si on y perçoit des arômes de fruits (autres que le raisin). Des arômes de myrtilles, de fraises ou de cassis sont courants. Normalement, on s'en aperçoit lentement, mais si un arôme de fruit vous saute à la figure, on dit que le vin a une attaque fruitée.

♦ **Vif** – un vin qui a un bon goût et qui est ni trop doux ni trop acide, est dit vif. Un peu comme une pomme. Son acidité est assez élevée, mais elle n'écrase pas les autres composants.

Dans les vins blancs, les arômes les plus courants sont : melon, pomme, ananas, poire, agrumes, vanille, caramel, herbe, fleurs, fines herbes, minéraux, olive, champignon.

Dans les vins rouges, ce sont : pêche, cassis, prune, myrtille, fraise, framboise, cerise, orange, fleurs, terre, bois, fumée, chocolat, tabac, cuir, café.

Message dans **la bouteille**

Plusieurs personnes confondent les termes fruité et doux. On ne peut guère les blâmer. Très souvent, les producteurs décrivent leurs vins doux comme étant fruités (on peut le lire sur les étiquettes). Si vous n'êtes pas certain de ce que vous goûtez, prenez une gorgée tout en bouchant votre nez avec une main. Si le vin est doux, vous percevrez la sensation de sucré sur la langue – sans être trompé par la présence ou non d'une odeur de fruit.

Les défauts

Lorsqu'on aime un vin, on peut le boire sans se poser de questions, sans se préoccuper de reconnaître les arômes qui nous plaisent, mais quand on a l'impression que le vin est mauvais, on veut généralement savoir pourquoi, ne serait-ce que pour être certain qu'il est vraiment mauvais.

Les défauts d'un vin sont souvent causés par une mauvaise conservation, ou simplement une mauvaise fabrication. Ils ne sont pas toujours évidents, il n'y a pas de ligne précise séparant les bons vins des mauvais. C'est une question de degré. D'ailleurs certaines caractéristiques qui sont en soit mauvaises peuvent être positives pour certains amateurs, à condition que ce soit en petite quantité. Si vous pouvez reconnaître les défauts, vous serez certains que le vin est mauvais.

Le liège

Si votre vin sent le carton mouillé ou le moisi, c'est que le vin est bouchonné. Que l'odeur soit prononcée ou très légère, elle est causée par un bouchon contenant un composé chimique appelé acide trichloracétique ou trichloracétate de sodium (TCA). Selon l'industrie viticole, de deux à sept pourcent des vins présentent ce défaut. La fabrication des bouchons a été améliorée afin d'éliminer le plus possible le TCA, mais les producteurs cherchent de nouveaux bouchons, comme les bouchons dévissables. Un vin bouchonné est définitivement mauvais.

L'air

Le vin est terne, il goûte le cuit, ou un peu le xérès. C'est sans doute parce que, à un moment quelconque, il a été exposé à l'air. On dit que le vin est oxydé, et s'il est particulièrement oxydé, qu'il est madérisé. Un vin blanc aura une couleur inhabituelle, brune ou jaune foncé.

Le vin a pu être exposé à l'air pendant sa fabrication, ou pendant son entreposage. Si une bouteille de vin est entreposée debout, au lieu de couchée, le bouchon peut sécher et laisser de l'air entrer en contact avec le vin. Un vin peu acide sentira le cuit, un vin très acide sentira le brûlé.

Si le vin sent le vinaigre ou le dissolvant, c'est qu'il a été contaminé par l'acétobacter *mycoderma aceti*. Cette bactérie qui transforme le vin en vinaigre, et qui en elle-même ne goûte rien, est naturellement présente partout – sur les murs d'une cave, sur le raisin, sur les barils. En présence d'oxygène, elle produit dans le vin de l'acide acétique (l'odeur de vinaigre) et de l'acétate d'éthyle (l'odeur de dissolvant). Le vin est mauvais.

In vino veritas

Beaucoup de gens croient qu'en vieillissant, un vin se transforme en vinaigre. En fait, en général il devient terne et prend un goût de noix. Depuis les travaux révolutionnaires de Louis Pasteur sur la fermentation, la fabrication du vin se fait en évitant soigneusement de laisser le vin au contact de l'air et des bactéries, aussi ce genre de problème est devenu assez rare.

Les levures

Si votre vin sent la basse-cour, c'est peut-être à cause des levures brettanomyces, présentes sur le raisin et très difficiles à éradiquer. Les producteurs utilisent des filtres pour réduire leur nombre. Certains amateurs affirment que c'est un arôme qui, lorsqu'il est assez léger, ajoute de la complexité au vin. Normalement, le vin est mauvais.

L'anhydride sulfureux

Les producteurs ajoutent de l'anhydride sulfureux (dit aussi dioxyde de soufre) pour tuer la microflore présente dans le vin et aider à le préserver. Mais si la main a été un peu lourde, l'odeur de soufre, qui rappelle les œufs pourris, est évidente. C'est un problème plus fréquent dans les vins blancs bon marché. On considère que le vin est mauvais.

La chaleur

La chaleur a un peu le même effet que l'oxygène : il vieillit précoce-ment le vin, qui devient brun et prend un arôme de cuit. Dans les vins de Madère, souvent chauffés, c'est un effet voulu, mais dans les autres vins, c'est un défaut – le vin a subi une fluctuation trop importante et trop rapide de température, ou a été entreposé à la chaleur. Parfois le bouchon ressort légèrement. Le vin est mauvais.

Les préférences

Un vin peut être apprécié par une personne et détesté par une autre. Trop de levures ? Trop de bois ? Trop d'acidité ? Si vous n'aimez pas un vin, cela ne veut pas dire pour autant qu'il a un défaut. Si ce n'est qu'une question de goût, ne pensez pas qu'il est mauvais, dites-vous plutôt que ce n'est pas votre type de vin.

Les critiques

Les notes qu'on donne aux vins sont comme celles qu'on donne aux films : ce n'est pas parce qu'un critique a donné une note parfaite à un vin que vous allez l'aimer. Vous avez sans doute vu des milliers de films dans votre vie. Vous savez parfaitement quels genres vous plaisent, et lesquels ne vous plaisent pas. Si vous aimez les films d'amour et pas les films de karaté, vous n'irez pas voir un film de Jackie Chan, même si un critique célèbre vous dit qu'il est bon. Vous êtes certain de faire le bon choix, parce que vous avez l'expérience du cinéma.

En ce qui concerne le vin, beaucoup de gens n'ont pas cette expé-rience, ils n'ont pas goûté des milliers de vins, ils ne sont pas certains de leurs préférences. Alors ils font confiance aux critiques.

Les experts

Les opinions sur les vins sont partout : dans les journaux, dans les magazines, dans les pamphlets, et même sur les bouteilles. Ils proviennent de critiques, de jurys, de compétitions. Certaines sont plus utiles, plus objectives que d'autres.

Sans aucun doute, le critique qui a le plus d'influence aujourd'hui, c'est Robert Parker. En 1978, il lança un bulletin mensuel, *The Wine Advocate*, où il introduisit la notation sur 100, système qui fut ensuite copié un peu partout.

Fruits mûrs

Qu'est ce que les jambes d'un vin ?

Quand on fait tourner le vin dans son verre, on voit le vin couler par filets sur les bords. On appelle ces filets des jambes (ou des larmes). Certaines personnes en tirent des conclusions sur la qualité du vin ; ce qui est certain, c'est que plus les jambes sont « belles », plus le vin est alcoolisé.

L'influence de Parker est telle, qu'il est possible de la mesurer. Quand il donne une très bonne note à un vin, son prix augmente, et sa disponibilité diminue. Certains producteurs de Bordeaux attendent de voir le jugement qu'aura Parker sur un vin avant de fixer son prix. C'est en partie grâce à ses critiques que certains vins de Napa sont devenus de véritables objets de culte. On a même inventé le mot « parkerisation » pour parler des vins qui sont produits dans l'intention bien précise de plaire à Parker, car on sait ce qu'il aime : les vins riches, épais, mûrs, boisés. Ce qui montre bien l'importance de connaître les goûts d'un critique avant de suivre ses conseils. Les critiques ne sont pas tous bons, mais dans leur ensemble ils ont un effet positif, en éduquant le public et en lui permettant de mieux apprécier le vin.

Les systèmes de notation

Les notes que donne Parker sont le résultat de dégustations à l'aveugle, effectuées au même moment sur un certain nombre de vins du même type par un groupe d'experts.

Chaque vin reçoit d'emblée 50 points – pour l'effort sans doute. La couleur et l'apparence valent au plus 5 points, les arômes 15 points, le goût et la finale 20 points, et la qualité générale 10 points.

D'autres experts, comme ceux du magazine *the Wine Spectator*, utilisent le même système, mais ce n'est pas le seul. Le magazine anglais *Decanter* utilise le système des cinq étoiles. Clive Coates, un critique anglais, note les vins sur 20. Dorothy Gaiter et John Brecher, critiques admirés au service du *Wall Street Journal*, se contentent de « bon », « très bon », « délicieux ». D'autres critiques préfèrent ne pas donner de notes, et seulement décrire les vins.

Un nouveau système est en train de devenir populaire, celui de la « qualité/prix » (ou *QPR*, en anglais), basé sur la relation, justement, entre le prix d'un vin et sa qualité. Une note de 100 signifie que la qualité est conforme au prix ; une note inférieure à 100, que c'est une bonne affaire ; une note supérieure à 100, que le vin est trop cher.

Savoir déguster

Les millésimes

On ne note pas seulement les vins, mais aussi les millésimes. Les notes sont regroupées dans un tableau, selon les régions. Chaque année, le climat d'une région a effectivement une influence déterminante sur la qualité générale des vins.

Encore une fois, il y a toutes sortes de sources : un critique, un jury, un vendeur de vins…Certains tableaux sont détaillés. Parfois, les critiques ne se contentent pas de donner une note, mais indiquent si le vin est prêt à boire – ou s'il n'est plus à son meilleur.

Les meilleures années n'empêchent pas un vin d'être mauvais. Et inversement, un producteur qui a du talent peut produire un très bon vin dans une année plutôt mauvaise. Bref, ne regardez pas seulement le millésime, regardez la réputation du producteur.

De bonnes années à savourer

Les vins qui suivent ont été suggérés par des critiques, qui, comme vous pouvez le voir, ne recommandent pas seulement des vins que personne ne peut se payer.

- Bonterra North Coast Cabernet Sauvignon 2001 (Robin Garr) – 17 $
- Rudera Chenin Blanc 2002 (Tom Cannavan – *www. wine-pages. com*) – 22 $
- Carmen Carmenère-Cabernet Reserve Maipo Valley 2001 (*Decanter Magazine*) – 14 $
- Villa Maria Reserve Marlborough Pinot Noir 2003 (Sue Courtney – *www.vineoftheweek.com*) – 45 $
- Porcupine Ridge Syrah 2003 (Jancis Robinson) – 13 $
- William Fevre Chablis 2002 (Jamie Goode *www.wineanorak.comm*) – 25 $
- Catena Malbec 2002 (*Wine Spectator magazine*) – 23 $
- Lamborghini Campoleone 1999 (Robert Parker) – 79 $

Au bout du compte, peu importe le millésime, peu importe l'opinion des critiques, c'est à vous de choisir. Faites confiance à votre goût, et achetez le type de vin qui vous plaît.

CHAPITRE 10

L'accord des vins et des plats

Il y a cent ans, la vie était plus simple. La plupart des gens buvaient le vin du coin, sans se demander s'il allait bien avec leur dîner. Et puis des buveurs prétentieux ont créé des règles. Au départ, il suffisait de réserver le vin blanc pour les poissons, mais bien vite, on a ajouté des règles plus compliquées. La vérité, c'est que le mariage des vins et des plats n'est pas une science, mais bien une question de goût, quelque chose d'imprécis et de subjectif. Il y a quelques principes qui peuvent vous guider, mais vous êtes évidemment libre de choisir ce que vous voulez. Alors détendez-vous et appréciez votre vin !

Embouteillé par Éditions AdA Inc.

La relation entre les plats et le vin

Pensez à un couple qui danse un tango. Chaque danseur influence la performance de l'autre. Parfois, ils ne dansent pas sur le même rythme, parfois ils dansent parfaitement en phase. Et parfois leurs mouvements sont tellement harmonieux que le moment devient magique. Même quand les deux ne savent pas danser, en fait, c'est un exercice amusant.

Un vin et un plat auront toujours un effet l'un sur l'autre. Certains plats peuvent augmenter ou diminuer le goût d'un vin, certains vins peuvent écraser un plat.

Message dans
la bouteille

Quand une véritable synergie se produit entre un vin et un plat, un troisième goût, une nouvelle expérience peut naître, plus forte que chacun des éléments consommés séparément. Mais les mariages parfaits sont rares, et généralement le fruit du hasard, pour ne pas dire du destin. Se contenter de réunir des partenaires compatibles n'est donc pas une mauvaise stratégie.

Le vin comme condiment

Les vrais fanatiques choisissent d'abord les vins, et pensent aux plats ensuite. Mais la plupart des gens font le contraire. Choisir un vin est un peu comme choisir un condiment. Il ne vous viendrait pas à l'idée de mettre de la moutarde sur un gâteau au fromage. Pour marier vins et plats, il faut trouver des textures et des saveurs similaires. Et ce n'est pas quelque chose que l'on peut faire en suivant des règles apprises par cœur ; il faut l'apprendre par expérience. Les règles ne sont que des bornes très générales, le plus important demeure les préférences de chacun.

Si les vins étaient standardisés et uniformes, il suffirait de les classer par colonnes, et de jumeler le bon vin avec le bon plat en suivant les colonnes. Mais ce n'est pas le cas. Dans les bons restaurants, chaque plat sur le menu est souvent accompagné d'une suggestion de vin. Les vins n'ont pas été choisis au hasard, le chef, le sommelier, les serveurs ont essayé différents vins avec chaque plat. Ils ont discuté et discuté, et vous pouvez être certains qu'ils n'étaient pas toujours d'accord. Peu importe qui a eu le dernier mot, cela démontre simplement que même les professionnels peuvent avoir des opinions différentes.

Trop de variables

Avec un steak et des frites, on peut tout simplement commander un verre de Cabernet Sauvignon. Mais quand le plat a 63 ingrédients… Avec quel ingrédient marier le vin? Et il ne faut pas penser seulement aux ingrédients, il faut penser aussi au mode de cuisson. Les aliments sont-ils frits, bouillis, cuits au four, braisés, sautés, pochés, marinés, grillés, pasteurisés, attendris, liquéfiés? Tout compte!

Maintenant, considérez le vin : il y a des centaines de cépages, des milliers d'assemblages possibles, des vins secs, doux, boisés, non boisé, vieillis, non vieillis, très alcoolisés, faiblement alcoolisés…C'est assez pour abandonner et commander un café.

Pensez à l'époque où vous ne buviez pas encore de vin. Si le restaurant n'avait pas de Sprite, mais seulement du 7-Up, est-ce que cela vous inquiétait? Vous disiez-vous que du Coke irait peut-être mieux avec votre sandwich au fromage? Quel que soit le vin que vous choisissez, votre repas ne sera pas ruiné. Grosso modo, n'importe quel vin peut aller avec n'importe quel plat, et l'expérience sera agréable.

Marier les semblables

Certains principes peuvent vous guider vers le meilleur choix possible. Ils ne vous diront pas exactement quels vins prendre, mais vous saurez pourquoi certains vins vont avec certains plats. Ils sont basés sur les quatre saveurs de base, celles que la langue peut distinguer. Il suffit ensuite de marier des saveurs semblables.

L'acide

Les plats acides, au goût sur, vont bien avec les vins qui sont aussi très acides. Par exemple, une salade avec de la vinaigrette ou un poisson avec du jus de citron iront bien avec un Riesling. (Remarquez qu'ici ce n'est pas le poisson ou la laitue qui sert de base au choix du vin, mais bien la préparation). Les tomates, les oignons, les poivrons verts, les pommes vertes sont autant d'aliments acides. Quels sont les vins qui ont beaucoup d'acidité ? Tout d'abord les Sauvignon et les vins blancs de Sancerre, Pouilly-Fumé, Vouvray, Chablis. Aussi la plupart des vins alsaciens et allemands. Dans les vins rouges, l'acidité est généralement masquée par les tanins, mais on peut dire que les rouges italiens sont acides (pourquoi croyez-vous qu'ils vont si bien avec la sauce tomate ?) Dans la liste suivante (tous des vins blancs), le degré d'acidité est noté entre parenthèses.

- ◆ Gewurztraminer (bas)
- ◆ Pinot gris (bas)
- ◆ Chardonnay (moyen à élevé)
- ◆ Champagne (moyen à élevé)
- ◆ Chablis (moyen à élevé)
- ◆ Chenin (élevé)
- ◆ Riesling (élevé)
- ◆ Sauvignon (élevé)

In vino veritas

L'acidité est beaucoup plus importante pour le goût et la structure des vins blancs. Dans les vins rouges, l'équilibre repose sur l'alcool, l'acidité et les tanins – la structure dépendant surtout des tanins. Les vins blancs ont très peu de tanins, ce qui laisse l'acidité et l'alcool – la structure dépendant ici de l'acidité.

Le sucré

Plus un plat est sucré, moins un vin semble doux. Si vous mangez un rôti de porc avec, par exemple, un verre de Chenin demi-sec, le caractère sucré du vin sera évident. Mais si vous mettez de la confiture d'ananas sur votre rôti, le vin semblera sec.

Avec les desserts, il faut boire un vin très doux, plus doux que le dessert. Si le vin n'est pas assez doux, il semblera maigre, trop sec et même amer.

Voici quelques mariages efficaces :

- ♦ Tarte aux poires et Sauternes
- ♦ Gâteau au fromage et Muscat
- ♦ Pouding au pain et Riesling de vendange tardive
- ♦ Tiramisu et Porto
- ♦ Mousse au chocolat et Banyuls

Comment savoir si un vin est doux avant de l'acheter ?

Regardez le pourcentage d'alcool. En général, plus il est bas, plus le vin est doux. Simplement parce que le sucre n'a pas été entièrement transformé en alcool. La règle ne s'applique pas aux vins fortifiés.

Fruits
mûrs

L'amer

Si vous mariez un plat un peu amer avec un vin qui a de l'amertume (à cause des tanins qui n'ont pas eu le temps de s'adoucir), l'amertume de chacun disparaîtra. Les deux s'annulent, se mettent k.-o., comme deux boxeurs dans une partie de boxe. Et c'est vous qui gagnez. Voici quelques vins rouges, avec entre parenthèses leur degré de tanins :

- ♦ Beaujolais (bas)
- ♦ Tempranillo (bas)
- ♦ Pinot noir (bas)
- ♦ Merlot (bas)
- ♦ Sangiovese (moyen)
- ♦ Zinfandel (moyen à élevé)
- ♦ Syrah (élevé)
- ♦ Cabernet sauvignon (élevé)

Le salé

Il n'y a pas de vins salés, bien sûr, mais il ne manque pas de plats salés : jambon, saumon fumé, huîtres, bœuf teriyaki… Les meilleurs vins pour tous ces plats sont les vins acides, en particulier s'ils sont effervescents.

L'acidité rend les plats moins salés au goût, tout comme le ferait un peu de jus de citron.

Plus que le goût

Il n'y a pas que les quatre saveurs de base qui comptent lorsqu'on prend un vin avec un plat. Un vin a une force. Et le plat aussi. La force de l'un peut facilement écraser celle de l'autre si le choix n'est pas judicieux. Il faut penser à leur texture et à l'intensité de leurs saveurs. Un Amarone musclé va complètement effacer un poisson délicat. Et inversement, un Pinot gris délicat n'aura plus aucun goût si vous le prenez avec un steak au poivre.

Le corps et la puissance d'un vin proviennent en grande partie de l'alcool. Plus il y a d'alcool, plus il y a de corps. Avant même d'y goûter, vous pouvez donc juger du corps qu'il aura. Plus de 12 % d'alcool, et le vin est sûr d'avoir beaucoup de corps, moins de 12 %, et il sera plutôt léger.

Manger moins gras

Vous avez peut-être entendu dire que les tanins attaquent le gras. C'est vrai, mais pas dans le sens qu'une viande bien grasse aura moins de calories si vous la mariez avec du vin (hélas !)

Ce qui arrive, c'est autre chose. Les tanins sont attirés par les protéines du gras. Après avoir avalé une bouchée de viande, il reste du gras dans votre bouche. Si vous prenez une gorgée de vin, les tanins se collent sur les molécules du gras et les entraînent avec eux quand vous avalez. Votre bouche est ensuite bien fraîche pour la bouchée suivante.

Les mets épicés

Il n'est pas toujours facile de trouver le vin qui ira bien avec un mets épicé, par exemple thaïlandais, mexicain ou indien. Le vin sec qui vous plaît d'habitude risque de rendre l'expérience carrément douloureuse, simplement à cause de l'alcool. Il vaudrait mieux boire un verre de lait. Mais on tient généralement à boire du vin. Il faut donc choisir un vin doux peu alcoolisé. Essayez un Riesling, un Gewurztraminer ou rosé issu de Zinfandel. Si le plat n'est pas si fort, essayez un vin rouge, comme un Beaujolais ou un vin à base de Pinot noir.

Vous pouvez deviner si un vin est tannique en regardant sa robe. Normalement (ça ne marche pas à tous les coups), plus elle est claire, moins le vin est tannique. En effet, plus les peaux restent longtemps en contact avec le jus durant la fermentation, plus elles auront communiqué au vin leur couleur et leurs tanins.

Le vin et le fromage : un mariage classique

Le cheval et le chariot, Laurel et Hardy, le vin et le fromage : autant d'associations devenues classiques. Tout comme le vin, le fromage a une longue histoire, bien qu'un peu plus récente – les premiers fromages auraient été fabriqués il y a environ 4 000 ans. Et tout comme le vin, les fromages sont le reflet d'un terroir et s'améliorent avec l'âge. Avec tant de qualités communes, ils étaient destinés à aller ensemble.

Un vieux proverbe de marchand de vins affirme qu'il faut acheter avec une pomme, mais vendre avec un fromage. Cela signifie qu'un vin bu avec un fruit sucré et acide aura un goût faible et métallique, alors que le même dégusté avec un fromage sera corsé et plaisant. Ce qui ne veut pas dire que n'importe quel vin va avec n'importe quel fromage. Certains accords sont appréciés de presque tout le monde et sont devenus traditionnels. Par exemple :

- ◆ Fromage de chèvre et Sancerre
- ◆ Brie et Chardonnay ou Pinot noir non boisés
- ◆ Mozzarella et Chianti
- ◆ Parmigiano Reggiano et Barolo
- ◆ Gouda et Riesling
- ◆ Fromage de chèvre et Gewurztraminer

- Cheddar fort et Cabernet Sauvignon
- Stilton et Porto
- Roquefort et Sauternes

Quelques règles de mariage

Il y a tellement de vins et de fromages, pourquoi prendre toujours les mêmes? Faites des expériences! Les règles qui suivent vous aideront à choisir.

- Plus un fromage est mou, plus il enrobe l'intérieur de votre bouche et plus le vin doit être acide.
- Plus un fromage est sucré, plus le vin devrait être sucré. Un vin sec semblerait trop acide. Un fromage légèrement sucré, par exemple, demande un demi-sec.
- Les fromages forts demandent des vins forts : rouges puissants, vins doux et vins de liqueur.
- Plus le fromage est dur, plus le vin choisi peut être tannique.

Les mauvaises alliances

Dans certaines villes américaines, on peut maintenant acheter un verre de vin aux parties de baseball. Imaginez accompagner un hot-dog, rempli de moutarde et d'oignons, avec du vin… Non, parfois il vaut mieux boire autre chose. De la bière par exemple. Il n'y a pas que le fast-food, d'autres aliments se marient très mal avec le vin :

les artichauts	*les olives*
les asperges	*les épinards*
le chocolat	*le yogourt*

Si un aliment « difficile » est au menu, mangez quelque chose de neutre avant de boire le vin, comme du pain ou du riz, et le problème sera réglé (encore faut-il, bien sûr, qu'il n'y ait pas que l'aliment « difficile » dans votre assiette).

Parfois, c'est le vin qui est le coupable. S'ils sont trop prononcés, certains éléments dans le vin vont en effet assez mal avec la nourriture. En premier lieu l'alcool. Certes, l'alcool fait partie du caractère d'un vin, mais les vins très alcoolisés devraient être appréciés seuls, pour eux-mêmes. Les vins avec un faible degré d'alcool vont en général mieux avec la nourriture.

Le chêne est un autre problème. Les arômes de vanille ou de grillé amenés par un vieillissement en fût, et qui sont très populaires en ce moment, se marient très mal avec la nourriture s'ils sont trop prononcés. Un vin très boisé doit aussi être apprécié seul.

Choisir sans effort

Parfois, on a simplement envie de manger entre amis, tranquillement, et sans trop réfléchir sur le choix des vins. Les choix faciles existent, en voici quelques-uns :

Pensez : pays d'origine

Quand on mange la cuisine d'un pays étranger (Italie, Espagne, Allemagne…), la solution la plus simple est de choisir un vin du même pays. Inutile de chercher plus loin, d'ailleurs les Européens n'ont jamais porté une grande attention au mariage des vins et des plats. Encore aujourd'hui, ils cuisinent comme cela leur plaît, et malgré la globalisation, ils font des vins qui vont bien avec leur cuisine.

Vous mangez de la paella? Choisissez un Rioja. Des schnitzels ou des spaetzles? Prenez un Riesling allemand. De l'osso buco? Prenez un Barolo.

Évidemment, le système tombe à l'eau si vous mangez du chinois, du thaïlandais, du cubain ou de l'indien, tous des pays sans grande tradition viticole. Dans ce cas, utilisez la stratégie suivante.

Les vins polyvalents

Certains vins sont tout simplement sympathiques, ils vont bien avec tout. On ne se pose donc plus de questions.

1. le champagne et les autres blancs effervescents
2. le Riesling (si vous voulez un blanc)
3. le Pinot noir (si vous voulez un rouge)

Le choix des amis

Si vous invitez des gens qui ont une préférence, achetez simplement ce qui leur plaît ! Vous pensez sans doute qu'ils devraient faire changement, parfois, mais si c'est vous qui invitez, faites-leur plaisir. Choisir un vin en respectant le goût de ses invités est une des meilleures stratégies.

De toute façon, un plat est rarement ruiné par un mauvais choix de vin. Et si leurs préférences ne sont pas tout à fait les vôtres (vous ne supportez pas de manger votre côte de bœuf avec un rosé, par exemple), ou ne vont vraiment pas avec la nourriture, ajoutez quelques bonnes bouteilles de votre cave.

Savoir déguster

Si vous trouvez un plat vraiment trop salé, et qu'il n'y a aucune façon de réparer l'erreur, accompagnez-le avec un vin doux, comme un Riesling ou un Muscat. Le plat semblera moins salé.

Cuisiner avec du vin

W.C. Fields disait : « J'utilise du vin quand je fais la cuisine, parfois même j'en mets dans la nourriture ». C'est une blague, mais elle illustre bien une des meilleures façons de marier un vin à un plat : cuisinez avec le vin que vous servirez. Et inversement, soit dit en passant, ne faites pas la cuisine avec un vin que vous n'oseriez pas servir.

Les vins pour la cuisine

Il ne viendrait jamais à l'idée des grands chefs d'utiliser du parmesan en boîte ou un concombre mollet. Non, si leur cuisine est magnifique, c'est parce qu'ils utilisent uniquement des ingrédients frais et de la meilleure qualité. S'il faut du vin, ce ne sera certes pas un grand cru, mais il aura du goût et il pourrait très bien se boire à table.

Message dans la **bouteille**

L'idéal pour la cuisson, c'est d'utiliser le vin qui reste après un repas. Par définition, il vaut la peine d'être bu ! Gardez-le au réfrigérateur, ou versez-le dans un bac à glaçons que vous mettrez au congélateur. Placez ensuite les cubes dans un sac en plastique, et vous pourrez utiliser exactement le nombre qu'il faut dans vos recettes.

Il vaut mieux éviter les vins pour la cuisson vendus dans les supermarchés, vous savez, ceux qu'on trouve à côté du vinaigre (ce qui n'est pas bon signe). Premièrement, ils sont d'assez mauvaise qualité. Ensuite, on ajoute du sel pour les conserver et pour les rendre imbuvables (les producteurs évitent ainsi de payer les taxes sur l'alcool, une des raisons pour lesquelles ils sont si bon marché). Et où est le plaisir si on ne peut pas boire en cuisinant !

Le sel compris dans le vin de cuisson est inutile à la cuisine, en ce sens qu'au départ le vin en lui-même accentue les saveurs, y compris celle du sel. Donc, même si vous utilisez un vin ordinaire, faites attention de ne pas trop saler un plat.

Quelques règles à suivre quand on cuisine avec du vin

Le vin, de par son alcool, son acidité et ses saveurs, a des propriétés très précises en cuisine. Il vaut donc mieux suivre certaines règles, certaines émanant du simple bon sens, d'autres de la chimie.

♦ Si vous devez mélanger du vin et du lait, de la crème, du beurre ou des œufs, commencez par le vin, pour éviter les caillots.

- Ajoutez le vin en début de cuisson, pour permettre à l'alcool de s'évaporer et avoir un goût plus subtil.
- Ajoutez par contre les vins fortifiés en fin de cuisson, sinon ils perdront leur corps.
- Faites réduire le vin si vous voulez intensifier ses saveurs. Chauffer 200 millilitres de vin pendant 10 minutes, sans couvercle, le réduira à 50 millilitres.
- Dans une marinade, le vin attendrit la viande en plus d'ajouter du goût.
- Si vous décidez d'utiliser du vin dans une recette qui n'en demandait pas, faites en sorte que le vin fasse partie du total des liquides (il ne doit pas être un liquide supplémentaire).
- Si on ne mentionne pas le type de vin à utiliser, prenez un vin sec ou demi-sec.
- Pour un plat à la couleur pâle ou au goût léger, utilisez du vin blanc ; pour un plat à la couleur foncée ou au goût marqué, utilisez un vin rouge.

Message dans **la bouteille**

Un peu de vin peut vraiment réveiller un plat banal. Essayez un peu de Xérès sec dans une soupe à la crème, du Sauvignon chauffé dans le poêlon après avoir fait sauter du poulet (et utilisé comme sauce), ou 200 millilitres de Chianti dans une sauce tomate italienne.

Mais la règle la plus importante : n'en mettez pas trop, gardez-en pour le repas !

CHAPITRE 11

Le prix du vin : la valeur d'une bouteille

Parfois, il arrive qu'on regarde des vins semblables sur une tablette sans savoir quel choisir. Votre portefeuille vous dit de prendre le moins cher, pendant que votre palais se demande si le plus cher vaut la peine. Plusieurs étapes sont nécessaires pour transformer du raisin dans un vignoble en vin sur votre table, et le coût de chacune se répercute sur le prix. Connaître le coût réel d'une bouteille ne changera rien au fait qu'il y ait des Cabernet Sauvignon à dix dollars, et d'autres à cinquante, mais au moins vous pourrez faire votre choix en connaissance de cause.

Les coûts de fabrication

Si plusieurs bouteilles d'un même type de vin ont des prix différents, ce n'est pas par hasard. Un producteur a le choix : il peut faire un vin en dépensant peu, ou en dépensant beaucoup. Il y a plusieurs variables, la première étant le raisin.

Pour cultiver, il faut une terre, et comme toute propriété, les prix varient selon l'endroit. Certaines terres ne sont pas idéales pour la culture du raisin, alors que d'autres le sont : sol, drainage, brise, exposition au soleil, tout est bon. Ensuite, il y a le prestige. La vallée de Napa est un bon exemple. Un demi-hectare de terre idéale pour la vigne s'y vendait 2 000 $ US en 1960, aujourd'hui c'est 200 000 $. Mais les prix ne sont pas partout aussi élevés, bien sûr. Ailleurs aux États-Unis, ou en Amérique du Sud, la terre est beaucoup moins chère. Quoi qu'il en soit, le prix de la terre se reflète dans le prix du vin.

In vino veritas

Les producteurs de vins fins vantent souvent le faible rendement de leur vignoble, lequel peut être de seulement 2 tonnes de raisin à l'hectare. Il peut être de 12 tonnes, voire 20 tonnes dans le cas des vins bon marché. Une tonne de raisin donne environ 800 bouteilles de vin.

La façon de cultiver le raisin a aussi une influence sur le prix du vin. Il va sans dire que plus on a de raisin à l'hectare, plus on a de jus pour faire du vin. Mais le goût du raisin est meilleur et plus concentré quand le rendement est moindre, aussi les producteurs de vins fins réduisent volontairement le rendement de leur vignoble. Ils le font entre autres en taillant leurs vignes de façon à limiter le nombre de grappes, une opération qui se fait évidemment à la main, et qui demandent donc des ouvriers. Très souvent, ils vont aussi vendanger à la main, ce qui demande encore des ouvriers (alors qu'un producteur axé sur le rendement vendangera généralement à la machine). Tout cela fait augmenter le prix du vin.

L'achat de raisin

Les producteurs qui n'ont pas leur propre vignoble achètent le raisin à des viticulteurs. Le prix dépend du cépage, mais aussi du vignoble et bien sûr de l'offre et de la demande. En 2003, 900 kilos de Cabernet Sauvignon coûtaient 4 000 $ US s'ils venaient de la vallée de Napa, mais seulement 1 200 $ s'ils provenaient de Washington, et 300 $ s'ils provenaient de Central Valley. Le Chardonnay de Napa, quant à lui, coûtait 2 300 $, le Pinot noir 2 200 $, et le Riesling 1 800 $. Ces différences se reflètent évidemment dans le prix d'une bouteille.

L'élaboration

Presser, fermenter, finir, vieillir un vin coûtent aussi quelque chose, et chaque producteur a sa façon de faire. Le producteur qui presse son raisin au maximum, pour en tirer le plus de jus possible, qui le fait fermenter dans des cuves énormes et qui met le vin en bouteilles après seulement quelques semaines ne le vendra pas le même prix que celui qui utilise seulement le jus coulant librement du pressoir, puis le fait fermenter et vieillir dans des fûts de chêne.

Les fûts de chêne, justement, représentent un coût important. Un fût en chêne américain coûte 300 $, un fût en chêne français 750 $. Ils contiennent l'équivalent d'environ 280 bouteilles et doivent être changés régulièrement. Si un producteur change ses fûts chaque année (comme le font les producteurs de vins fins), et s'il utilise du chêne français, cela fait déjà 2.50 $ de plus chaque bouteille.

Message dans **la bouteille**

Un fût en chêne typique contient 227 litres. Pour vous donner une idée, c'est deux fois plus qu'une poubelle, ou 150 fois moins qu'une grande cuve en acier inoxydable. Un grand nombre de fûts nécessite donc un espace énorme, bien entendu à température contrôlée.

D'autres décisions à prendre

Après l'élaboration, le producteur décide s'il laisse vieillir son vin ou non. Évidemment, s'il le garde pour le laisser vieillir, il ne peut pas le vendre. Plus longtemps il le garde, ce qui peut être des années, plus longtemps il mettra à récupérer ses coûts.

La bouteille

La bouteille et son étiquette sont extrêmement importantes. Le prix d'une bouteille va de 50 sous, pour les moins chères, à 2 $ US, pour les plus épaisses et de meilleure qualité. Un bouchon de liège coûte entre 10 sous et 1 $.

Vient ensuite l'étiquette. Premièrement, quelqu'un doit la concevoir. Ensuite, il faut l'imprimer, ce qui revient entre 20 et 30 sous l'étiquette. Et puis n'oublions pas les boîtes de carton pour expédier les bouteilles ; elles peuvent coûter jusqu'à 7 dollars chacune.

Établir le prix

Un producteur doit couvrir ses coûts de production, qui sont mesurables, s'il veut rester en affaire, mais il n'y a pas que les coûts de production qui décident du prix. Il y a aussi le bénéfice. C'est au producteur de décider, mais théoriquement, moins il a de bouteilles à vendre, plus le bénéfice doit être grand sur chaque bouteille. *A contrario*, une grande quantité de bouteilles lui permet d'accepter un plus petit bénéfice sur chaque bouteille.

Le producteur doit aussi considérer la valeur perçue de son vin. Il veut le vendre à un prix proche des autres vins de sa catégorie. S'il le prix est trop élevé, les consommateurs en achèteront un autre ; s'il est trop bas, non seulement le producteur perdra de l'argent, mais la réputation du vin souffrira. Il faut choisir un prix assez élevé pour attirer les amateurs sérieux, mais assez bas pour écouler toute la production.

La publicité

Peut-être certains lecteurs se souviendront des annonces qu'Orson Welles faisait à la télévision dans les années 70, en disant : « Aucun vin n'est vendu avant le bon moment ». Quoi qu'il en soit, la plupart des producteurs de vin sont assez petits, et rares sont ceux qui comme Woodbridge, Turning Leaf ou Arbor Mist peuvent dépenser des millions en publicité. En 2002, par exemple, les producteurs de vin ont dépensé aux États-Unis environ 122,4 millions de dollars en publicité ; c'est presque rien comparé à d'autres secteurs.

Bien sûr, tous les producteurs ont des frais de marketing : salles de dégustation, vendeurs, promotions… mais dans la plupart des États, le vin est vendu par l'intermédiaire d'un grossiste, et les producteurs cherchent surtout à améliorer leur relation avec lui.

Le prix d'un vin n'est pas le meilleur indicateur de sa qualité. Certes, certains procédés de fabrication ou de vieillissement coûtent cher, mais il y a une limite. Si vous payez plus de 30 $ pour un vin, vous payez pour le prestige.

Message dans la bouteille

Le système de distribution

Après la prohibition, le gouvernement fédéral et les États passèrent des lois interdisant aux producteurs d'alcool de vendre directement aux marchands, d'où l'apparition d'un système à trois niveaux, avec des grossistes comme intermédiaires.

Le système à trois niveaux

Si par exemple un producteur en Californie (premier niveau) veut vendre son vin au Tennessee, il doit d'abord trouver un grossiste (second niveau). Le producteur choisira le grossiste qui lui offre le meilleur marché. Après avoir transporté le vin à ses entrepôts, le grossiste vendra le vin aux restaurants et aux marchands (troisième niveau). Il paiera les taxes appropriées et livrera le vin aux marchands et aux restaurants, lesquels vendront ensuite le vin aux consommateurs.

Les grossistes, qui ont besoin d'entrepôts, d'équipement, et de beaucoup d'employés, font augmenter le prix d'une bouteille de 30 % à 40 %.

Les différences d'un État à l'autre

Le système à trois niveaux n'est pas appliqué partout de la même façon. Certains États ont une commission des alcools qui tient le rôle de grossiste. Certains, comme la Pennsylvanie, se chargent aussi de vendre les alcools (dans des magasins d'État). Certains États réglementent l'affichage des prix et les marges de bénéfice, ou encore interdisent de vendre moins cher de grandes quantités ou d'expédier les vins aux centres de distribution des marchands.

Savoir déguster

Les États perçoivent une taxe sur les vins d'en moyenne 20 sous le litre, la plus élevée étant en Alaska (80 sous le litre), et la moins élevée en Louisiane (4 sous le litre). À cela s'ajoute la taxe de vente locale et la taxe de vente de l'État. C'est le consommateur bien sûr qui paie toutes ces taxes en bout de ligne, et plusieurs États songent même à les augmenter pour combler leur déficit.

Jusqu'à tout récemment, certains États discriminaient entre les producteurs situés dans leur État et ceux situés hors de leur État. Par exemple, il était parfois permis aux producteurs locaux de vendre directement aux consommateurs ou aux marchands, alors que c'était interdit aux producteurs des autres États. Mais ces lois ont été attaquées en Cour plusieurs fois (une coalition de petits producteurs familiaux, par exemple, avait accusé le système d'entraver le commerce du vin).

L'expédition directe de vin

Si un résident du New Jersey en vacance en Californie, par exemple, veut expédier du vin chez lui, il ne le peut pas, car comme 23 autres États, le

New Jersey interdit aux producteurs d'expédier directement du vin à des particuliers.

Les producteurs se sont toujours plaints, bien entendu, de ce type d'interdiction, mais avant l'arrivée d'Internet ce n'était pas un gros problème. Maintenant, les restrictions sur l'envoi de vin constituent un problème important, car de plus en plus de gens commandent du vin par Internet. Internet permet de chercher le meilleur prix pour une bouteille et de la recevoir seulement un jour après l'avoir commandée. Il y a maintenant des milliers de sites qui vendent du vin impossible à trouver ailleurs, et l'expédition du vin est devenue une obsession au pays.

Il y a environ 25 000 vins disponibles aux États-Unis, mais seulement 500 sont distribués dans les magasins. D'où le développement fulgurant des ventes par Internet. D'ailleurs le marché des ventes par Internet, y compris les ventes de vin, augmente dix fois plus rapidement que celui des ventes en magasin.

In vino veritas

Une décision de la Cour suprême

En décembre 2004, une cause historique fut portée à la Cour suprême. Il s'agissait de résoudre la contradiction entre le 21e amendement qui permet aux États de légiférer en matière d'alcool, et la clause sur le commerce de la Constitution, qui interdit aux États de discriminer contre les entreprises établies dans d'autres États, comme le faisaient justement certains États qui permettaient seulement aux producteurs locaux d'expédier directement leurs vins aux consommateurs. On demande souvent à la Cour Suprême de se pencher sur une question parce qu'elle a été résolue auparavant de façon contradictoire dans les tribunaux.

Ce fut le cas justement avec le problème de l'expédition des vins. Au Michigan, un tribunal décréta que l'État avait le droit d'interdire les expéditions directes de vins provenant des producteurs hors de l'État. Mais à New York, un tribunal décréta que l'État n'avait pas le droit.

En 2005, la Cour suprême émit son verdict : discriminer entre les producteurs locaux et ceux des autres États n'est pas légal. Autrement dit, si un État permet l'expédition de vins du producteur aux consommateurs, il doit le permettre à tous les producteurs, et pas seulement aux producteurs de son propre État. Mais les États qui ne le permettent à aucun producteur peuvent continuer à l'interdire.

Les gros détaillants réagissent

Les détaillants gigantesques comme Wal-Mart ou Costco réussissent à vendre moins cher en partie parce qu'ils achètent de gros volumes directement des fabricants. Mais le système actuellement en vigueur dans plusieurs États les empêche d'acheter le vin directement des producteurs ou de négocier des remises pour les achats importants.

De plus en plus, ils demandent donc aux tribunaux des États de changer les règles en affirmant qu'elles vont contre les lois du libre échange. C'est pour eux un enjeu important, et les décisions que prendront les tribunaux – peut-être seulement dans plusieurs années – auront une influence sur le prix des bouteilles.

Seulement 350 des 2 700 producteurs de vin aux États-Unis ont une production annuelle qui dépasse 10 000 caisses. Ce sont leurs vins que vous voyez dans les magasins, car les grossistes n'achètent qu'aux gros producteurs. Les petits producteurs vendent directement aux consommateurs.

La demande

On ne saura jamais expliquer certains engouements subits du public. Pour les Beanie Babies, par exemple, ces jouets en peluche qui coûtaient quelques sous à fabriquer et qui se vendaient parfois des centaines de dollars dans les années 90. Le marketing y était pour beaucoup. À mesure que chaque Beanie Baby cessait d'être produit, la rareté faisait grimper les prix.

La rareté fait aussi monter le prix des vins. Il suffit de regarder les vins cultes de la vallée de Napa pour s'en convaincre. Ces Cabernet Sauvignon robustes sont fabriqués en très petite quantité et les collectionneurs sont prêts à payer des fortunes pour les avoir. C'est la loi économique universelle : si la demande dépasse l'offre, vous pouvez vendre plus cher.

Regardez les vins issus d'un seul vignoble. La quantité de vin que peut produire un vignoble n'est pas illimitée; quand il n'y a plus de raisin à la fin de la saison, c'est fini, on ne peut pas en acheter ailleurs. C'est la raison pour laquelle les producteurs vendent les vins provenant de leur vignoble plus cher que leurs autres vins, issus de raisin ayant été acheté à d'autres viticulteurs.

Le pouvoir d'une bonne critique

Comme pour un film, une bonne critique de vin peut faire augmenter la demande. Les marchands voient tous les jours des clients entrer dans leur magasin en tenant une page du *Wine Spectator* ou du *Wall Street Journal*. Mais si les experts en vue ont une influence énorme sur les ventes, le bouche à oreille est aussi très important, et l'opinion d'un voisin peut avoir autant d'influence que celle d'un expert. Contrairement aux films, toutefois, la popularité d'un vin peut aussi avoir une répercussion sur son prix.

Le prix influence la demande

Évidemment, la demande a une influence sur le prix, mais il ne faut pas oublier que le contraire est vrai aussi. C'est peut-être une fausse histoire, mais on raconte qu'un jour, lorsqu'il était jeune vendeur de vin, Ernest Gallo, le futur fondateur de l'immense maison qui porte son nom, rendit visite à un acheteur de New York. Il lui fit goûter deux échantillons du même vin. Après avoir goûté le premier échantillon, l'acheteur demanda le prix, et Gallo lui répondit « cinq sous la bouteille ». Après avoir goûté le deuxième échantillon, il demanda encore le prix, mais cette fois Gallo lui répondit : « dix sous la bouteille ». Et l'acheteur prit le vin à dix sous. Parfois, plus un vin est cher, plus il se vend bien. Et parfois c'est le contraire.

Un autre exemple

À la fin des années 90, il manquait de raisin aux États-Unis, et les producteurs décidèrent de faire surtout des vins se vendant plus de 14 $ la bouteille, afin de conserver leur marge de profit, malgré la plus faible quantité de bouteilles. Il s'ensuivit une pénurie de vins moins chers, dont sut profiter un producteur d'Australie.

C'est en 1957 que Filippo et Maria Casella quittèrent la Sicile pour l'Australie. Filippo coupa de la canne à sucre et fit les vendanges quelques années, puis il acheta une ferme de 16 hectares. En 1969, il se mit à produire du vin, et pendant les 25 ans qui suivirent, le couple fit son vin et vécut tranquillement dans une petite maison au milieu des vignes.

En 1994, la propriété passa à John, le fils de Filippo. Il commença par agrandir la capacité de production de l'entreprise – appelée maison Casella – et mit sur le marché un vin peu dispendieux, fruité et facile à boire, dont il vendit 19 000 caisses en 18 mois.

En janvier 2001, John présenta son vin à un importateur de New York, qui l'apprécia sur-le-champ, tout en émettant des réserves sur l'étiquette, qui représentait un kangourou. En sept mois, la maison Casella vendit aux États-Unis 200 000 caisses de sa marque Yellow Tail, au prix de 7 $ la bouteille. Trois ans plus tard, elle en avait vendu 7 millions de caisses.

Des vins bons et peu dispendieux

Au début des années 2000, le prix du raisin chuta dramatiquement, résultat d'un encépagement excessif dans le nord et le centre de la Californie. Les producteurs américains en profitèrent pour acheter du meilleur raisin et améliorer la qualité de leurs vins. Comme le fit la maison Casella avant eux, ils commencèrent par décider d'un prix, puis firent leurs vins et leur publicité en conséquence.

On vit donc apparaître plusieurs vins à 10 $ environ mais de très haute qualité. Par exemple ceux des producteurs suivants :

HRM Rex-Goliath (Cabernet Sauvignon, Chardonnay, Pinot noir, Merlot)	8 $
Castle Rock Winery (Cabernet Sauvignon, Chardonnay, Pinot noir, Merlot, Syrah, Zinfandel et Sauvignon)	7 à 12 $
Jewel Wine Collection (neuf vins différents)	10 $
Three Thieves (Zinfandel, Cabernet Sauvignon et Bianco en pichet de 1 litre)	7 à 10 $
Jest (rouges issus d'assemblages)	10 $
McManis Family Vineyards (Cabernet Sauvignon, Merlot, Syrah, Chardonnay, Pinot gris)	9 à 10 $

Du grossiste à votre table

Après le producteur et le grossiste, c'est au tour du détaillant ou du restaurant de prendre sa part du gâteau. Les détaillants ajoutent environ 50 % au prix du grossiste, et ce pourcentage est le même qu'il s'agisse d'une épicerie, d'un supermarché, d'un magasin de vins ou d'une immense solderie.

Quant aux restaurants, ils vendent en général leurs bouteilles trois fois le prix du gros. Évidemment, il y a des différences entre les restaurants, et les plus chics se prennent en général une plus grosse marge que les petits bistrots de quartier.

Au début des années 2000, la maison Charles Shaw – surnommée «Two-Buck Chuck» – profita du surplus de raisin californien pour lancer des bouteilles de *varietals* au prix fracassant de seulement 2 $, en vente exclusivement dans les magasins Trader Joe. À ce prix, le vin était moins cher que l'eau embouteillée, et les consommateurs avaient une bonne raison d'acheter.

Message dans la **bouteille**

La marge est aussi différente d'un vin à l'autre. Elle est souvent plus grande pour les vins bon marché et les haut de gamme. Boire le vin au verre est évidemment la façon la plus dispendieuse de boire du vin. C'est pratique, certes, mais le prix revient souvent à quatre fois le prix du gros.

C'est à vous de choisir, maintenant que vous savez ce qui entre dans le prix d'une bouteille.

CHAPITRE 12

Acheter du vin

Le monde du vin est en constante mutation : on sort les nouveaux millésimes, de nouvelles maisons ouvrent leurs portes, on redécouvre d'anciens cépages. Et comme si ce n'était pas assez, en ce moment l'industrie vit des changements importants. Alors faut-il acheter en bouteille ou en vinier? Au magasin ou via Internet? L'acheteur avisé étudie toutes les possibilités.

Embouteillé par Éditions AdA Inc.

Les magasins de vins

Où un Américain achète son vin dépendra de l'État où il habite, les lois étant différentes d'un État à l'autre. D'un côté, il y a les États qui gèrent tout eux-mêmes et qui ont leurs propres magasins, décidant des vins à vendre, des heures d'ouverture, etc. De l'autre, il y a les États qui laissent libre le commerce du vin. On peut donc en acheter non seulement dans les magasins de vins, mais dans les supermarchés, les épiceries, les pharmacies, les stations d'essence, etc.

Anatomie d'un magasin de vins

Les magasins spécialisés dans la vente de vins n'ont pas tous la même grosseur, ni le même choix, les mêmes prix ou la même expertise. Ils représentent néanmoins pour le néophyte le meilleur endroit pour débuter, car il a de fortes chances d'y trouver quelqu'un qui s'y connaît en vins. Au pire, le vendeur saura au moins quels vins il a en stock.

Message dans **la bouteille**

Si vous voulez acheter un vin qui a été recommandé par un critique, n'hésitez surtout pas à amener l'article du journal ou du magazine avec vous. Ne perdez simplement pas de vue qu'avec le nombre énorme de vins sur le marché, celui que vous cherchez ne sera peut-être pas disponible. Si vous avez affaire à un bon vendeur, il saura vous conseiller un vin similaire.

Si le vendeur est le propriétaire du magasin, ou si les employés ont reçu une bonne formation, la personne à qui vous aurez affaire aura probablement goûté elle-même plusieurs des vins vendus dans le magasin. Elle pourra vous conseiller en respectant le prix que vous voulez payer ou le type de vins que vous aimez. Si vous voulez essayer quelque chose de différent, ou si vous cherchez un vin qui ira avec un plat particulier, ou qui plaira à un ami, elle saura aussi vous faire des suggestions.

Mais si au contraire vous voulez explorer le magasin vous-même, n'oubliez pas les points suivants :

L'organisation

Les vins sont souvent classés par pays. Ceux de certains pays, comme la France, seront aussi classés par régions, par exemple : Bourgogne, Rhône, Bordeaux, etc. Les rouges et les blancs sont parfois dans des sections différentes. Certains magasins préfèrent classer les vins selon les cépages. Les vins effervescents sont en général dans une section spéciale, tout comme les vins très dispendieux, qui ont parfois leur propre pièce.

Les soldes

Il y a toujours des vins soldés, car les magasins ont besoin de faire de la place pour de nouveaux stocks. Les vins en solde sont souvent dans de grosses boîtes, avec de gros cartons pour attirer l'attention et décrire les vins.

Les vins froids

La plupart des magasins gardent quelques bouteilles au froid, au cas où vous auriez besoin rapidement d'une bouteille bien fraîche. Vous trouverez dans leur réfrigérateur les vins qui se vendent bien et quelques bouteilles de vins effervescents (souvent chers). Si vous avez aussi besoin sur-le-champ d'un tire-bouchon, il est possible que le magasin n'en vende malheureusement pas – dans certains États, les magasins de vins n'ont pas le droit de vendre des accessoires.

Regardez comment le magasin conserve le vin. Si certaines bouteilles sont en plein soleil ou à un endroit très chaud, ce n'est pas bon signe. Les bons magasins stockent généralement leurs vins dans des pièces à température contrôlée. Les bouteilles doivent aussi être couchées, et non debout (sauf peut-être pour les marques qui se vendent rapidement).

Savoir déguster

Les cartons publicitaires

Vous avez sans doute remarqué les petits cartons fixés aux étagères qui décrivent les vins dans des termes élogieux : le vin « se marie parfaitement avec le poulet » ou « possède une finale remarquable ». Peut-on leur faire confiance ? Hmm. Ils sont généralement écrits par le producteur ou le grossiste, et donc pas très objectifs.

Parfois, c'est le détaillant qui les écrit. Peut-être veut-il vraiment vendre un bon vin, mais il est aussi possible qu'il essaie de se débarrasser d'un surplus. Certains cartons donnent une note au vin. La question reste la même : est-ce que je fais confiance à la personne ou au magazine qui a donné la note. Si la réponse est négative, n'y prêtez aucune attention.

Les dégustations en magasin

Certains États le permettent. C'est évidement ce qu'il y a de mieux pour le consommateur. Bien sûr, on n'a droit qu'à une quantité microscopique, et dans un gobelet en plastique ; bien sûr, c'est un vin que le magasin ou le grossiste veut vendre, mais ce sera toujours mieux que d'acheter à l'aveuglette.

Dans les États où les dégustations en magasin sont interdites, les détaillants organisent souvent des dégustations dans les restaurants. C'est une façon peu dispendieuse d'essayer plusieurs vins, et vous pouvez toujours retourner au magasin pour acheter ceux que vous avez aimés.

Message dans **la bouteille**

Les bons magasins acceptent de reprendre une bouteille si le vin présente des défauts. Ils reprendront parfois aussi un vin que vous n'avez simplement pas aimé, si c'est eux qui l'ont suggéré. Comme on dit, un client satisfait est un client qui revient. Il va sans dire que les bouteilles que vous retournez ne doivent pas être presque vides.

Les solderies

On a tous envie d'acheter du vin bon marché parfois, en particulier si on achète plusieurs bouteilles à la fois. C'est alors dans les solderies qu'il faut aller. Leur gros pouvoir d'achat leur permet d'acheter aux meilleurs prix, et aussi de prendre un bénéfice moins important sur chaque bouteille (une marge à 30 ou 40 % au lieu de 50 % ou 60 %) : ils vendent donc moins cher. Quand ils téléphonent à un grossiste, c'est souvent pour commander par plein camion, et ils offrent parfois un vin à un prix plus bas que ce qu'il en coûte aux petits détaillants pour l'acheter du grossiste.

En revanche, trouver un vendeur qui s'y connaît peut être difficile, et le choix est assez restreint. La plupart des vins sont des marques populaires à grande production et à gros budget de publicité. Ce ne sont pas de mauvais vins, mais il vaut mieux aller ailleurs si l'on cherche le vin d'un petit producteur.

Trente pourcent des vins aux États-Unis sont vendus dans les supermarchés. C'est d'ailleurs un pourcentage qui monte, grâce aux bons prix et à la commodité qu'ils offrent. Le choix qu'on trouve dépend du supermarché : des vins à grande diffusion pour les grandes chaînes et des vins plus personnels pour les supermarchés haut de gamme.

Savoir ce qu'on veut

Plus vous achèterez et goûterez de vins, plus vous saurez reconnaître les bonnes affaires. Que vous soyez un débutant souhaitant améliorer votre connaissance des vins ou un habitué cherchant le vin parfait, le meilleur conseil, c'est de choisir un bon détaillant et de toujours y retourner. Avec le temps, il connaîtra vos goûts et pourra non seulement vous conseiller, mais vous avertir des nouveaux arrivages ou des futures promotions.

Devant le choix énorme de vins, par où commencer? Vous pouvez commencer par un cépage particulier. Si vous aimez le Sauvignon, par exemple, commencez par essayer différents vins issus de Sauvignon. Des vins de différents pays et des vins de différents producteurs. Si possible, essayez-les en même temps, côte à côte. Les différences et les similarités deviendront évidentes.

Vous pouvez vous concentrer sur une région. Si vous avez aimé un Cabernet Sauvignon d'Alexander Valley, en Californie, essayez d'autres

Cabernet Sauvignon du même endroit. Essayez de distinguer les saveurs qui sont similaires et peut-être dues au terroir.

Vous pouvez aussi essayer les différents vins d'un producteur. Si vous avez aimé le Chardonnay de Château Potelle, prenez une chance, et essayez leur Cabernet Sauvignon, leur Zinfandel et leur Sauvignon. Ils sont tous différents, mais la philosophie derrière leur fabrication est la même.

Stratégies pour acheter une bouteille

Même si vous avez trouvé un vin qui vous plaît, un vin sûr, n'achetez pas toujours le même, essayez-en d'autres. Certes, on peut être déçu, et perdre son argent, mais il y a moyen de réduire les risques.

Recherchez les cépages moins connus

Comme les vêtements, les cépages connaissent la mode. Un cépage peut être en vogue un moment, et totalement démodé ensuite, laissant la place à une nouvelle vedette.

Message dans **la bouteille**

Quand un cépage devient populaire, tous les producteurs se mettent à s'en servir. Avec le résultat inévitable que le marché est inondé de vins médiocres. Le Merlot est un parfait exemple. Cependant, avec le temps les producteurs qui courent après la mode finissent par changer de cépage, laissant les producteurs sérieux continuer dans la même direction. C'est pourquoi il y aura toujours de bons Merlot.

La demande fixe le prix ; cela commence dans les vignobles et cela continue dans les magasins. Les vins issus de Cabernet Sauvignon ou de Chardonnay étant encore très populaires en ce moment, et donc assez chers, il faut chercher ailleurs pour trouver une bonne affaire.

Dans les rouges, essayez :

- ◆ Malbec
- ◆ Mourvèdre
- ◆ Tempranillo
- ◆ Grenache

Dans les blancs, essayez :

- ◆ Chenin
- ◆ Pinot gris
- ◆ Gewurztraminer
- ◆ Viognier
- ◆ Pinot blanc

Achetez des vins de régions moins connues

Napa, Bordeaux, Bourgogne, Toscane… des régions qui coûtent cher. On trouve de très bons vins à meilleurs prix dans les régions où les terres sont meilleur marché. En ce qui concerne la France, essayez les vins de Provence, de la vallée de la Loire et du Languedoc-Roussillon. Pour l'Italie, essayez les vins de Campanie, Calabre, Pouilles et Sicile.

Les vins espagnols sont plus populaires que jamais, et leurs prix ont augmenté, mais à part les vins de la Rioja on trouve encore de bonnes affaires. Essayez les régions suivantes : Galicie, Rueda, Navarre, Penedès et Priorato. Le prix des vins sud-américains a aussi augmenté, mais les vins de l'Argentine et du Chili sont encore de bonnes affaires.

Recherchez les seconds vins

Les producteurs ont parfois une étiquette moins prestigieuse réservée au vin qui n'est pas jugé assez bon pour être embouteillé sous le nom principal : c'est ce qu'on appelle le second vin. Le vin n'est pas mauvais, sa qualité est simplement jugée légèrement inférieure. En fait, si le producteur a des critères de sélection très rigoureux, le second vin peut être extrêmement bon. C'est apparemment le Château Lafite qui commença cette pratique au 18e siècle, et les autres Châteaux suivirent son exemple.

Dans les grandes années, la différence entre le premier vin, c'est-à-dire celui vendu sous une étiquette prestigieuse, et le second vin est très mince. Parmi les seconds vins de maisons célèbres du Bordelais, on trouve :

- Carruades de Lafite, du Château Lafite Rothschild
- Pavillon Rouge, du Château Margaux
- Haut-Bages-Averous, du Château Lynch-Bages
- Château Bahan-Haut-Brion, du Château Haut-Brion
- Marbuzet, du Château Cos d'Estournel

On trouve des seconds vins aux États-Unis aussi. Souvent, le vin est simplement un excédent que les producteurs n'ont pas réussi à vendre sous l'étiquette ordinaire, il est donc moins cher. Ce sont de très bonnes affaires. Voici quelques exemples :

- Liberty School, de Caymus Vineyards
- Hawk Crest, de Stag's Leap Wine Cellars
- Decoy, de Duckhorn
- Glass Mountain, de Markham
- Bonverre, de St-Supery
- Tin pony, de Iron Horse
- Pritchard Hill, de Chappellet

Les gros producteurs utilisent le concept un peu différemment. Le second vin n'est plus le résultat d'un éventuel surplus, mais un assemblage produit spécialement pour les budgets serrés, à partir de vins de différentes régions. Quelques exemples : Napa Ridge, de Beringer ; Woodbridge, de Mondavi ; Talus, de Sebastiani ; Bel Arbor, de Fetzer.

Essayez les vins inconnus, mais produits dans les grandes années

Les vins des petits producteurs inconnus ont plus de chance d'être bons s'ils ont été produits dans les grandes années. Après tout, le raisin a connu les mêmes conditions météorologiques que celui des grands producteurs de la même région. L'année 2000, par exemple, est un grand millésime pour les vins de Bordeaux, et n'importe quel vin de ce millésime a de fortes chances d'être bon.

Surveillez les vins en liquidation

On trouve souvent des trésors parmi les vins en liquidation, quand les magasins font de la place pour les nouveaux arrivages. Dans les grands magasins, on trouve souvent des caisses entières en liquidation. C'est le paradis des chercheurs d'aubaines. Cela dit, quand on ne sait pas si un vin est un trésor ou de la camelote, il est plus prudent de commencer par acheter une seule bouteille et de l'essayer, avant d'acheter toute une caisse !

Achetez à la caisse

La plupart des marchands offrent un rabais d'environ 10 % quand on achète une caisse de 12 bouteilles. Ce peut être 12 bouteilles différentes, mais le rabais est parfois plus élevé si c'est 12 bouteilles du même vin. Inutile d'avoir une grande cave pour acheter à la caisse, c'est une bonne affaire pour quiconque boit du vin régulièrement.

Les bouchons dévissables gagnent du terrain

Il n'y a pas si longtemps, les bouchons dévissables étaient réservés aux vins médiocres. Que les temps ont changé ! Aujourd'hui même des grands producteurs utilisent des bouchons dévissables, car les bouchons de liège gâchent trop de bouteilles, faisant perdre des millions de dollars et décevant les consommateurs. Cependant, beaucoup de gens aiment toute la cérémonie qui entoure l'ouverture d'une bouteille de vin traditionnelle et les bouchons de liège ont quelque chose de sacré. Même si les bouchons dévissables existent depuis longtemps et fonctionnent bien, plusieurs producteurs préfèrent donc utiliser des faux bouchons de liège, en plastique.

Les bouchons en plastique

Vous avez certainement déjà ouvert une bouteille fermée par un bouchon en plastique. Parfois, à première vue, on dirait un vrai bouchon de liège – c'est pour faire plaisir aux amateurs. Mais très souvent le bouchon est rouge, ou jaune, ou mauve. Les bouchons sont faits avec du plastique utilisé par l'industrie médicale ou alimentaire. Ils sont inertes, c'est-à-dire qu'ils ne modifient pas le goût du vin, et tout à fait hermétiques.

Malheureusement, ils font vieillir les vins plus rapidement. Vous ne les verrez donc pas sur des bouteilles qui ont besoin de vieillir quelques années en cave, mais sur des bouteilles de vins à boire jeunes.

In vino veritas

Contrairement aux autres vins effervescents, les bouteilles de Prosecco et de Moscato produits par Mionetto s'ouvrent avec un ouvre-bouteille. Peu alcoolisés et légèrement effervescents – *frizzante*, en italien –, ce sont des vins à boire jeunes.

Les bouchons Stelvin

Les bouchons dévissables pour les bouteilles de vin ne sont normalement pas les mêmes que ceux utilisés pour les bouteilles de bière. Après tout, c'est du vin. Les bouchons dont on se sert aujourd'hui, appelés Stelvin, furent conçus par une société française dans les années 50 et ce fut un échec commercial complet lorsqu'ils furent mis sur le marché vingt plus tard, les consommateurs étant persuadés qu'une bouteille fermée avec une capsule en aluminium ne pouvait contenir qu'un vin médiocre.

Mais dans les années 90, les producteurs d'Australie et de Nouvelle-Zélande reprirent l'idée, et les bouteilles fermées avec les bouchons Stelvin furent un succès dans ces deux pays. Uniquement dans ces deux pays, car il était entendu, par exemple, que les Américains n'accepteraient jamais les bouchons dévissables. On trouvait sur le marché américain des bouteilles australiennes qui avaient les rayures nécessaires aux bouchons dévissables mais qui étaient fermées avec des bouchons de liège… Puis en 1997, Gordon Getty, le propriétaire de PlumpJack Winery, à Napa, annonça qu'il allait utiliser des bouchons dévissables sur ses bouteilles de Cabernet Sauvignon à 150 $. Les bouchons dévissables étaient lancés.

Depuis, plusieurs autres producteurs américains respectés ont suivi l'exemple de Getty. Il y a certes une raison économique de le faire : les bouchons Stelvin coûtent beaucoup moins cher. Mais la raison la plus importante demeure la conservation du vin. Avec de tels bouchons, il n'y a plus de vins bouchonnés. Et cette fois les consommateurs semblent avoir accepté le nouveau système, les jours du liège sont peut-être comptés. Il reste à voir si le vin vieillit bien avec les bouchons Stelvin, mais jusqu'à date, les dégustations sont positives. Il n'y a plus de raison, aussi, de garder les bouchons humides, et les bouteilles peuvent être conservées debout.

Quelques exemples de bonnes bouteilles
fermées avec un bouchon Stelvin :

- Ca'del Solo Big House Red et Big House White, de Bonny Doon – 10 $
- Merlot, de Argyle Winery – 30 $
- Screw Kappa Napa – 13 $
- Shiraz, de R.H. Phillips – 16 $

L'émergence des viniers

Jadis, les viniers étaient achetés surtout par les fêtards croyant faire une faveur à leurs amis buveurs de vin. Le vin n'était pas très bon, mais avec cinq litres, on ne risquait pas d'en manquer. Et si on voulait le conserver pour plusieurs semaines, c'était possible, le vin n'allait pas devenir beaucoup plus mauvais.

Le vin dans le carton est en fait conservé hermétiquement dans une poche en plastique, et le robinet empêche l'air d'entrer dans la poche. La poche se referme aussi à mesure que le vin est tiré, alors il n'y a jamais d'air en contact avec le vin, ce qui permet de le garder quelques semaines au lieu de quelques jours, comme c'est le cas avec du vin en bouteille.

Message dans **la bouteille**

Compte tenu que ce système de poche hermétique est en fait le meilleur pour conserver le vin, il est assez ironique qu'on s'en sert presque uniquement pour les vins de mauvaise qualité. Presque, en effet, car depuis peu de temps certains producteurs vendent leurs bons vins de cette façon, et le système commence à être respecté.

Certains changements ont été faits depuis le premier vinier. Il contient dorénavant trois litres, l'équivalent de quatre bouteilles, et le robinet est de meilleure qualité. Acheter un vinier est un choix logique : on achète plus de vin pour moins d'argent, il est plus facile à transporter et à entreposer que des bouteilles, et on peut boire exactement la quantité de vin que l'on veut sans oxyder ce qui reste.

Le sac dans le carton a été inventé dans les années 50 pour contenir de l'acide à batteries, et c'est en Australie qu'on commença à s'en servir pour le vin. Aujourd'hui, 55 % du vin consommé en Australie provient de viniers de trois litres. Le système commence maintenant à être populaire aussi aux États-Unis. Des vins bien cotés et qui ont reçu des prix se vendent en vinier. Quelques exemples de vins vendus en vinier de trois litres :

- Chardonnay, Merlot, Cabernet Sauvignon et Shiraz, de Black Box – 25 $
- Shiraz, Merlot, Chardonnay et Cabernet Sauvignon, de Delicato – 18 $
- Chablis Jurassique, de Jean-Marc Brocard – 40 $
- Chardonnay, Merlot, Cabernet Sauvignon et Shiraz, de Banrock Station – 16 $
- Chardonnay, Merlot, Cabernet Sauvignon et Shiraz, de Hardys – 16 $

Fruits mûrs

Vendra-t-on bientôt du vin dans des cannettes ?

C'est déjà fait ! Sofia Blanc de Blanc, un vin effervescent, se vend dans des cannettes roses en paquet de quatre – pailles comprises. Son nom vient de Sofia Coppola (la fille de Francis Ford Coppola) à qui appartient la maison qui produit le vin. Il est populaire dans plusieurs boîtes de nuit.

Acheter du vin via Internet

Avec Internet, on peut maintenant acheter de tout provenant des quatre coins du monde. On peut acheter un sarong, une télécommande pour porte de garage, un morceau de granite, absolument n'importe quoi. Mais le vin est un produit très réglementé et on ne le commande pas aussi facilement. La première question qu'on vous posera si vous essayez d'acheter du vin en ligne, c'est : où habitez-vous ? Certains États américains interdisent d'expédier du vin à un particulier.

Si par contre vous habitez un État qui le permet, Internet est une véritable cave à vins. Le choix est tout simplement gigantesque. Vous pouvez acheter directement des producteurs ou simplement comparer les prix.

Certains États imposent des limites à la quantité de vin que vous pouvez commander ; d'autres interdisent tout simplement de le faire. Au Nouveau-Mexique, par exemple, un particulier peut recevoir jusqu'à deux caisses par mois – et seulement si le vin provient d'États ayant un accord de réciprocité. Commander son vin par la poste est totalement interdit en Floride, au Kentucky, au Tennessee et dans l'Utah. Il semble néanmoins que les règles vont s'assouplir peu à peu. Pour savoir ce qui en est dans n'importe quel État, consultez le *www.wineinstitute.org*.

Savoir déguster

Dans les années 90, plusieurs sites Internet firent faillite, mais les marchands de vins qui s'en tirèrent devinrent plus forts. De nouveaux sites sont aussi apparus depuis. On peut acheter du vin en ligne à des marchands qui ne travaillent que par Internet, à des producteurs, à des commerces traditionnels ou à des particuliers.

Malgré les restrictions, les ventes par Internet ont augmenté. On peut chercher par région, type de vin, millésime, prix, producteur ou nom de vin. On trouve de l'information sur les notes obtenues, les prix gagnés, les fournisseurs, les producteurs, les dates de sortie, ainsi que toutes sortes de nouvelles sur le monde du vin. Cela dit, Internet ne remplacera jamais le magasin de vins. Il faut parfois toucher, examiner, discuter les vins… et parfois aussi avoir une bouteille sur-le-champ !

Les trouvailles dans les ventes aux enchères

Les vins ordinaires ne se retrouvent pas aux enchères. Et les prix ne sont pas ceux des vins ordinaires non plus. Que la vente soit dirigée par une société de vente aux enchères, qu'elle se fasse en ligne ou pour une bonne cause, les vins seront vieux et rares. Faire une bonne affaire n'est pas impossible, mais il ne faut pas trop y compter.

De nombreuses bouteilles offertes sont restées des années dans la cave d'un particulier, introuvables sur le marché. Et voilà justement où est le problème. On ignore comment le vin a été entreposé toutes ces années. On peut réduire les risques d'être déçu en achetant d'une société de vente aux enchères qui a une bonne réputation.

In vino veritas

Certaines bouteilles vendues à des prix astronomiques ne sont même pas buvables. La bouteille de Château Lafite 1787, par exemple, qui fut vendue par Christie's pour 160 000 $ n'a été achetée que pour rejoindre une collection. Elle a appartenu, entre autres, au célèbre œnophile Thomas Jefferson.

N'oubliez pas que des frais d'achat de 10 % à 15 % sont exigés par presque toutes les sociétés de vente aux enchères. Et puisqu'on parle d'argent, n'attrapez surtout pas la fièvre des enchères! Étudiez plutôt le catalogue quelques jours avant et fixez-vous des limites. Évidemment, en pratique, ce n'est pas toujours facile de résister à la surenchère, surtout si la vente est pour une bonne cause.

Notez vos préférences

Il vaut toujours mieux noter quelque part si vous avez aimé un vin ou non. Sinon, même si vous pensez le contraire, vous allez oublier. En écrivant une ligne sur tous les vins que vous buvez, vous verrez plus clairement ce que vous aimez et vous éviterez d'être déçu inutilement.

Si tous les vins de cépage étaient semblables, il suffirait de se rappeler, par exemple, qu'on aime les vins issus de Chardonnay. Mais les vins de cépage ne sont pas plus identiques entre eux que les autres, et beaucoup de gens finissent pas comprendre qu'ils n'aiment en fait peut-être qu'une bouteille sur trois de leur cépage préféré. Si vous ne prenez pas de notes, il vous faudra du temps pour réaliser ce genre de chose, et vous risquez même d'oublier quels vins vous ont plu.

Le journal

En tenant un journal des vins que vous dégustez, non seulement vous savez ce qui vous plaît, mais vous voyez ce qui vous reste à essayer. Vous devriez au moins noter les informations suivantes :

- ◆ Nom du vin
- ◆ Producteur
- ◆ Pays et région
- ◆ Millésime (s'il y a lieu)
- ◆ Prix
- ◆ Où et quand vous l'avez bu (et avec qui)
- ◆ Ce que vous avez mangé en buvant
- ◆ Robe
- ◆ Arôme
- ◆ Goût
- ◆ Tout commentaire qui vous permettra de vous souvenir du vin

La meilleure façon de vous rappeler une bouteille est de conserver l'étiquette. Il y a plus d'une façon de s'y prendre, mais certains produits disponibles sur le marché peuvent vous simplifier la tâche. Un système assez populaire fonctionne avec un gros morceau de ruban collant que l'on pose sur l'étiquette. On ne retire que la surface imprimée de l'étiquette, que l'on peut coller ensuite dans son journal.

Enlever une étiquette sans l'aide d'un produit commercial peut être très facile ou un peu compliqué, selon la colle utilisée. Commencez par soulever un coin de l'étiquette avec une lame de rasoir. Si le dos de l'étiquette est collant, remplissez la bouteille d'eau très chaude et attendez quelques minutes. L'étiquette devrait s'enlever très facilement.

Si par contre le dos de l'étiquette n'est pas collant, plongez entièrement la bouteille dans de l'eau chaude pour quelques minutes ou quelques heures. Essayez ensuite de retirer l'étiquette en vous aidant de la lame de rasoir. L'étiquette se décolle parfois plus rapidement si on ajoute du savon ou de l'ammoniac à l'eau chaude. Évidemment, tout le processus est plus amusant en buvant un verre de vin…

CHAPITRE 13

Recevoir

En soi, le vin est un breuvage de tous les jours, mais lorsqu'on reçoit il prend une importance particulière. Votre choix du vin et la façon de le servir dit quelque chose aux invités. Cela ne signifie pas qu'il faut choisir un vin affreusement cher et le servir avec pompe. Cela veut dire que le vin doit être bien présenté, et surtout qu'il doit parfaitement convenir aux invités et à l'occasion – formelle ou non.

Embouteillé par Éditions AdA Inc.

Choisir son style

Certains hommes préféreraient mourir plutôt que de porter un veston; certaines femmes ne sortent jamais de chez elles sans collants. De la même manière qu'on a tous une façon de s'habiller, on a tous une façon de recevoir. Ce qu'il y a de magnifique avec le vin, c'est qu'il va avec tous les styles.

Ce que vous aimez comme réception dépend évidemment de votre caractère.

♦ Êtes-vous extraverti ou réservé ?
♦ Aimez-vous être le centre d'attention ou plutôt rester spectateur ?
♦ Aimez-vous tout planifier ?
♦ Êtes-vous restreint par un budget ou êtes-vous millionnaire ?
♦ Donnez-vous de l'importance aux marques ?

Vous devez évidemment apprécier votre propre réception, alors n'oubliez pas votre caractère. Cela dit, n'ayez pas peur d'essayer quelque chose de nouveau. Même si c'est la première fois que vous recevez d'une certaine façon (une dégustation de vins, par exemple), il y a moyen de respecter votre style.

Quels genres de réceptions aimez-vous ? Les dîners tranquilles et intimes ? Les barbecues ? Les réceptions chics et pleines de monde ? Les réunions de famille ? Les grandes fêtes autour d'une piscine ? Quoi que vous aimiez, il y a de la place pour du vin.

Les verres à vin

Sans aucun doute, comme tout le monde, même riche ou snob, vous avez déjà bu – et apprécié – du vin dans un verre en plastique. Auriez-vous préféré un vrai verre ? Bien sûr que oui. Mais cela prouve qu'un verre imparfait ne ruinera pas un vin. Le vin ne sera pas à son meilleur, mais il sera quand même bon.

Cela dit, quand vous recevez chez vous, il faut choisir de vrais verres ; contrairement au plastique, le verre est inerte et n'influence pas le goût du vin. Les verres doivent être :

♦ **Propres** – cela va de soi, pensez-vous, mais il est important que les verres soient extra propres, sans aucun résidu. Par exemple, il faut très bien rincer les verres, sinon il restera du savon. Et ne les essuyez pas avec une vieille serviette, elle laissera une mauvaise odeur dans les verres. Même la poussière changera le goût du vin.

♦ **Incolores** – la plupart des amateurs veulent voir le vin. Il faut examiner sa couleur, sa pureté, essayer de déterminer son âge. Un verre coloré ne permet pas de voir le vin correctement.

♦ **Minces** – si le verre est épais, ou si le bord est bourrelé, le vin ne coulera pas bien dans votre bouche. Il faut un verre mince.

♦ **Avec un pied** – un verre avec un pied vous permet de ne pas tenir le verre par la coupe, ce qui réchaufferait le vin.

♦ **Fuselés** – les verres ne doivent pas être évasés, mais bien au contraire se resserrer vers le haut. De cette façon, vous ne renversez pas de vin lorsque vous le faites tourner, et vous ne perdez pas son parfum avant de pouvoir le sentir.

Acheter des verres à vin

Faut-il absolument avoir différents styles de verres pour aller avec les différents types de vin ? Non. Mais vous pouvez si vous le désirez. Tout dépend de votre budget, de l'espace dont vous disposez et de l'intérêt que vous y portez. Il y a une certaine logique à suivre quand on commence à acheter des verres à vin :

1. Achetez d'abord des verres de 350 millilitres. Cela semble énorme quand on pense qu'on verse en général environ 140 millilitres dans un verre, mais il faut avoir de la place pour faire tourner le vin. Ce type de verre peut servir aux rouges comme aux blancs.

2. Achetez ensuite des flûtes à champagne. Le champagne est en effet le seul vin qui ne devrait pas être servi dans un verre à vin

ordinaire. La forme allongée d'une flûte conserve les bulles. N'achetez jamais les verres courts et évasés, qui au contraire laissent les bulles s'échapper rapidement.

3. Vous pouvez acheter ensuite un autre style de verre polyvalent, soit plus gros, soit plus petit que les premiers. Sachez que le vin rouge est généralement servi dans de gros verres, et le vin blanc dans des verres plus petits. En ce qui concerne la mode, elle est plutôt aux gros verres en ce moment.

4. Si vous aimez les vins doux et les vins de liqueurs, vous devriez acheter des verres « copita » (appelés aussi verres à xérès). Ils sont identiques aux flûtes à champagne, mais plus petits, la portion habituelle pour les vins de liqueur étant d'environ 75 millilitres.

Message dans **la bouteille**

Passé les notions de base, il y a quelques détails qui comptent dans les verres à vin. Un verre en cristal, par exemple, à cause de sa surface plus rugueuse, crée plus de turbulence quand vous tournez le vin – ce qui dégage plus d'odeurs. Si vous souhaitez avoir des verres différents pour le vin rouge et le vin blanc, les verres pour le rouge devraient avoir une coupe plus ronde, parce que les vins rouges sont généralement plus aromatiques.

Les tire-bouchons

Bien que les bouchons dévissables soient de plus en plus courants, les bouchons en liège sont encore la norme, et vont probablement rester sur le marché pour un certain temps. Il vous faut donc un tire-bouchon. Il en existe des milliers, qui peuvent être classés en trois catégories principales.

Tout d'abord, il y a les tire-bouchons simples. Vous en avez probablement un dans un tiroir portant le logo d'une compagnie. Certaines compagnies préfèrent donner des tire-bouchons plutôt que des crayons. Ils ont une poignée et une mèche, et prennent la forme d'un T. Il n'y a pas de pièces mobiles – toute la force nécessaire pour enlever le bouchon, c'est vous qui la fournissez.

Il y a ensuite les tire-bouchons bilames, qui demandent moins de force mais plus de finesse. Il n'y a pas de mèche, mais deux lames que l'on enfonce entre le bouchon et les parois du goulot. Il est très apprécié des professionnels, en particulier pour les vieux bouchons qui risquent de s'effriter. Il faut une certaine habitude pour s'en servir.

La troisième catégorie est celle des tire-bouchons utilisant un ou deux leviers. Ils ont différentes formes et différentes grosseurs, certains peuvent se mettre dans la poche, d'autres sont plutôt faits pour être accrochés à un mur. Le type le plus courant est celui à deux leviers, dit simplement tire-bouchon à leviers. Chaque levier a la forme d'une aile de papillon. Ensuite, il y a le limonadier, très utilisé par les serveurs, et doté d'un seul levier. Il y a aussi le tire-bouchon dit levier pince. Il possède une espèce de pince sur les côtés et une poignée sur le dessus.

La mèche

Fruits mûrs

Il ne s'agit pas de la mèche d'une chandelle placée au milieu de la table, mais bien de la mèche du tire-bouchon, c'est-à-dire la pièce métallique que vous vissez dans le bouchon. Si vous ne voulez pas avoir des morceaux de liège dans votre vin, ne percez pas le fond du bouchon avec la mèche.

Avant d'utiliser le tire-bouchon, il faut enlever la coiffe qui recouvre le goulot. Jadis en plomb, elle est aujourd'hui en aluminium ou en plastique. Utilisez la petite lame que possèdent beaucoup de tire-bouchons, et enlevez-en assez pour éviter que du vin ne coule dessus quand vous le servez.

Quelques conseils pour servir le vin

Le vin est un peu capricieux. Contrairement au café, par exemple, que l'on sert toujours chaud, ou à la limonade, que l'on sert toujours froid, les vins ne doivent pas tous être servis à la même température. Certains vins ont aussi besoin de respirer avant d'être bus. Alors que faire ?

La température

Si le vin est trop froid, il n'aura ni goût ni arôme. À moins de vouloir cacher son identité, vous n'avez donc pas intérêt à le servir froid. En plus, le froid fait ressortir l'amertume du vin. D'un autre côté, si vous le servez trop chaud, il aura l'air terne, plat et trop alcoolisé.

En ce qui concerne les vins rouges, la règle est de les servir à la température de la pièce. Mais attention, la règle date des temps où la « pièce » se trouvait dans un château tout en pierres et sans chauffage central. Ce qu'on entend vraiment, c'est une température de cave à vin, quelque chose entre 10° et 12 °C. Les vins blancs, quant à eux, doivent être servis plus froids. Ce n'est pas une science précise, évidemment, mais les indications suivantes sont un bon point de départ :

- Vins effervescents et vins blancs jeunes et doux : entre 5° et 10° Celsius
- La plupart des blancs : entre 6° et 11 °C
- Blancs riches et corsés : entre 10° et 12 °C
- Rouges légers : entre 10° et 15 °C
- Rouges moyennement corsés : entre 12° et 18 °C
- Rouges puissants : entre 16° et 19 °C

Message dans la bouteille

Les vins blancs qui sont restés un certain temps au réfrigérateur sont souvent beaucoup trop froids, alors que les rouges qui ont été conservés à la température de la pièce sont trop chauds. Pour régler le problème, suivez la règle des vingt minutes : vingt minutes avant de servir vos vins, sortez les blancs du réfrigérateur, et mettez-y les rouges.

Refroidir un vin blanc prendra une ou deux heures au frigo, selon la température désirée, mais si vous le plongez dans un seau rempli d'eau et de glace, il sera prêt en vingt minutes.

Faire respirer un vin

Faire respirer un vin signifie simplement le mettre au contact de l'air, afin que l'oxygène « vieillisse » le vin. Il est recommandé de faire respirer les vins rouges un peu trop jeunes, afin de les rendre moins tanniques. D'ailleurs, si vous buvez votre vin lentement, vous remarquerez que le goût change peu à peu. Certains disent que le vin s'ouvre. La plupart des blancs et des rosés n'ont pas besoin de respirer. En règle générale, si un vin n'a plus besoin de vieillir, il n'a pas besoin de respirer.

Savoir déguster

Oups! Vous avez fait tomber des morceaux de liège dans le vin. Ou encore le vin est trouble, et vous n'avez pas le temps de laisser les sédiments tomber au fond de la bouteille. Ce que vous pouvez faire, c'est filtrer le vin. Placez une pièce de mousseline ou un filtre à café sur le goulot et versez le vin dans une carafe.

Certaines personnes croient qu'il suffit d'ouvrir une bouteille et d'attendre un peu pour que le vin respire. Ce n'est pas le cas. Le goulot est trop étroit pour laisser assez d'air pénétrer dans la bouteille. On a fait des tests, et même les experts ne peuvent pas faire la différence entre un vin qui est resté dans une bouteille ouverte quelques minutes et un autre qui est resté dans une bouteille ouverte plusieurs heures.

En fait, si vous voulez vraiment aérer votre vin, faites-le tourner dans votre verre et attendez un peu avant de le boire.

Décanter un vin

Il y a deux raisons possibles pour décanter un vin : soit il a besoin de respirer, soit il faut se débarrasser des sédiments. S'il suffit de le faire respirer, versez simplement le vin dans une carafe, et s'il est vraiment très tannique (trop pour être apprécié), faites-le passer quelques fois d'une carafe à une autre.

S'il faut séparer le vin de ses sédiments, commencez par laisser la bouteille debout quelque temps, pour que les sédiments s'accumulent au fond. Le mieux, c'est d'attendre quelques jours, mais même trente minutes valent mieux que rien. Débouchez ensuite la bouteille sans remuer les sédiments.

Placez une chandelle ou une lampe de poche derrière le cou de la bouteille, afin de bien voir les sédiments, et versez lentement d'un seul coup, sans vous arrêter, jusqu'au moment où vous apercevez des sédiments.

Servir le vin à votre réception

C'est votre réception, et c'est donc vous qui êtes aux commandes – à moins que les invités ne se comportent particulièrement mal. Vous avez décidé vous-même de tout : les plats, la présentation, le moment, les vins. Tout le monde mangera la même chose, vous n'avez donc pas à agencer des vins pour huit ou dix plats différents.

Si vous êtes un bon cuisinier, ou si vous voulez servir des recettes particulières, vous choisirez le vin en fonction des plats. La nourriture a la vedette, et le vin sert d'accompagnement. Si au contraire vous voulez offrir à vos invités un vin extraordinaire, c'est la nourriture qui aura le second rôle, et il faudra bien choisir les plats.

L'ordre des vins

Une réception ressemble à une pièce de théâtre. Il y a un début, un milieu, une fin. Quand vos invités arrivent, vous pouvez bien sûr les diriger rapidement à la salle à manger et commencer le dîner sans attendre, mais en général on parle un peu d'abord. C'est le moment de servir des hors d'œuvres, chauds ou froids, accompagnés d'un vin effervescent comme apéritif. Un apéritif doit ouvrir l'appétit, et c'est exactement l'effet du vin effervescent.

Quand vient le moment de dîner, il y a une progression à respecter dans la présentation des vins (à moins bien sûr que vous ne serviez qu'un seul vin). Servez les vins blancs avant les vins rouges, les vins légers avant les vins corsés, et les vins secs avant les vins doux. Oui, parfois les règles ne sont plus très claires. Par exemple, si vous avez un rouge léger et un blanc corsé, lequel devez-vous servir en premier ? C'est à vous de choisir.

Peut-être n'aimez-vous même pas les rouges. Il n'y a rien de mal à ne servir que des vins blancs.

Certaines personnes suivent une règle différente : il faut boire les meilleurs vins en dernier. Comme au théâtre, la fin doit être forte. C'est assez logique, mais jusqu'à un certain point. Après trois bouteilles, vos invités vont aimer n'importe quoi…

La quantité de vin à servir

Combien de bouteilles de chaque vin faut-il acheter ? Il y a tellement de variables – à quel point vos amis aiment le vin, le nombre de plats, la durée de la réception, si vous voulez un vin différent avec chaque plat – qu'il n'y a pas de réponse définitive. Cela dit, règle générale, on calcule une bouteille par personne. Le tableau ci-dessous vous donne le nombre de bouteilles à avoir selon le nombre d'invités.

13-1   Nombre de bouteilles pour une réception

Nombre de vins	NOMBRE DE BOUTEILLES POUR CHAQUE VIN				
	4 invités	6 invités	8 invités	10 invités	12 invités
2	2 bouteilles	3 bouteilles	4 bouteilles	5 bouteilles	6 bouteilles
3	1 bouteille	2 bouteilles	2 bouteilles	3 bouteilles	4 bouteilles
4	1 bouteille	1 bouteille	2 bouteilles	2 bouteilles	3 bouteilles
5	1 bouteille	1 bouteille	2 bouteilles	2 bouteilles	3 bouteilles

Les vins de dessert sont à part. Vous pouvez les servir au dessert ou *comme* dessert. La quantité servie étant plus petite, il faut considérer qu'une demi-bouteille de vin à dessert équivaut à une bouteille de vin ordinaire.

Offrir un vin

Vient toujours un moment où c'est vous l'invité, et vous devez alors offrir un vin à votre hôte. Il ne faut pas oublier de lui dire que le vin est un cadeau, et qu'il n'est pas obligé d'ouvrir la bouteille le soir même.

Si au contraire vous voulez apporter un vin qu'on servira, avertissez votre hôte à l'avance. De cette façon, vous pourrez choisir un vin qui convienne aux plats. Et si vous voulez essentiellement épater la galerie avec un vin magnifique, assurez-vous auparavant que les invités sont du genre à pouvoir apprécier un bon vin, et aussi qu'il n'y aura pas trop de monde.

Savoir déguster

Vous avez choisi les vins avec attention, les avez parfaitement accordés aux plats. Mais voilà que les invités vous offrent des bouteilles de vin. Que faire ? Dites « merci ». Vous n'êtes pas obligé de les ouvrir le soir même. Mais vous pouvez, bien sûr…

Les réunions mondaines

N'importe quelle fête où des gens se rencontrent en buvant doucement des cocktails est une réunion mondaine. Mais depuis quelques années, les cocktails cèdent souvent la place au vin ; on servira donc du vin sans hésiter, et à chaque occasion. Ce qu'il faut vraiment se demander aujourd'hui, c'est si on servira bel et bien des cocktails, ou si l'on servira seulement du vin, de la bière et des breuvages sans alcool.

L'ennui avec les cocktails, c'est qu'il faut quelqu'un pour les préparer. Mais c'est évidemment à vous de choisir.

Choisir les vins

On est souvent tiraillé entre servir avec fierté des vins excellents ou respecter un budget qui n'a pas été arrêté pour rien. C'est le moment de demander conseils à votre marchand.

Pensez aussi à vos invités. Préfèrent-ils le rouge ou le blanc ? Ils n'ont peut-être aucune préférence. Ils aiment peut-être le rosé. Même quand on connaît les goûts de nos invités, il est impossible de prévoir avec certitude ce qu'ils auront envie de boire à notre réception (le meilleur ami qui ne buvait que du rouge vient de découvrir le blanc), alors faites simplement de votre mieux.

Quand on ne connaît pas les goûts de nos invités, il vaut mieux avoir des bouteilles de rouges et de blancs. Les réunions mondaines demandent des vins qui sont faciles à boire et qui se marient bien avec les plats servis. Quelques suggestions :

- ♦ Sauvignon ou Pinot gris, des blancs faciles à boire
- ♦ Riesling, un blanc qui va bien avec la nourriture
- ♦ Beaujolais, un rouge léger et gouleyant.
- ♦ Pinot noir, un rouge qui va bien avec la nourriture.
- ♦ Tempranillo ou Côtes du Rhône, des vins rouges veloutés et pas trop corsés

Calculer le prix

La quantité de vin à acheter dépendra de la durée de la réception et du nombre d'invités. Supposons que vous allez recevoir vingt personnes, que la réception devrait durer trois heures. Si on admet que chaque invité boira environ 150 millilitres de vin chaque heure, on obtient l'équation suivante :

$$20 \times 3 \times 150 = 9\ 000\ ml$$
$$9\ 000\ ml/750 = 12\ bouteilles$$

Douze bouteilles, ça fait justement une caisse ! Vous pouvez en profiter pour avoir un rabais. Mais l'équation est-elle absolue ? Évidemment, non. Il faut ajuster un peu si vos invités boivent beaucoup, ou peu. Si vous tenez table ouverte, il est fort possible que certains invités ne restent pas trois heures. Planifier une soirée n'est pas une science exacte et il vaut mieux avoir trop de vin que pas assez. De toute façon, si vous avez bien choisi les vins (c'est-à-dire que vous les aimez), le surplus ne sera pas perdu.

Pour les grandes réceptions, il peut être avantageux d'acheter des bouteilles plus grosses que les bouteilles ordinaires, des magnums, par exemple. Ou encore un vinier, maintenant qu'on trouve aussi du bon vin vendu de cette façon. Le tableau ci-dessous vous aidera à mieux visualiser la quantité de vin contenue dans différentes grosseurs de bouteilles ou de viniers.

13-2   Portions offertes par différents contenants

Volume	portions de 150 ml	portions de 120 ml
187 ml	1	1
375 ml	2	3
750 ml	5	6
1 litre	6	8
1,5 litre	10	12
3 litres	20	25
5 litres	34	42

Les dégustations de vins

Une dégustation de vins n'est pas nécessairement un événement solennel où les invités examinent pompeusement les vins, crachent et murmurent des termes obscurs comme « macération carbonique ». Non, une dégustation peut être fort différente. Tout dépend de ce que vous voulez. Souhaitez-vous quelque chose de très ordonné et plutôt éducatif, ou une réunion informelle où les invités choisissent eux-mêmes de boire ce qui leur plaît ? Il est possible de combiner les deux approches, c'est à vous de décider.

Les dégustations classiques

La dégustation classique comporte une certaine structure. Il faut d'abord un chef, quelqu'un qui s'y connaît en vins, qui peut faciliter les discussions et répondre aux questions. Si vous ne pouvez pas être le chef, ce n'est pas difficile de trouver quelqu'un qui acceptera de jouer le rôle. Il suffit de téléphoner à un marchand de vins ou à votre restaurant préféré. Assurez-vous que la personne choisie a le sens de l'humour et accepte de s'adapter à votre style de réception.

Maintenant, qui inviter ? Vous pouvez vraiment inviter n'importe qui prêt à goûter des vins et à apprendre quelque chose, peu importe sa connaissance du sujet. Combien de vins servir ? C'est comme vous voulez, mais cinq ou six est l'idéal.

Savoir déguster

N'oubliez pas, quand vous achetez vos vins, que les portions pour une dégustation sont beaucoup plus petites : environ 60 ml, ce qui fait au moins douze portions pour une seule bouteille. Achetez-en un peu plus, au cas où un invité souhaiterait goûter deux fois…

Placez vos invités autour d'une table, avec devant chacun autant de verres vides qu'il y a de vins à goûter. Si vous n'avez pas assez de verres, vous pouvez en louer, ou vous contenter de un ou deux verres par invité. Si vous allez goûter des vins blancs et des vins rouges, donnez au moins deux verres. En tous les cas, il faut placer un pichet d'eau sur la table afin de rincer les verres entre chaque dégustation. Prévoyez aussi un seau pour y jeter l'eau (et le vin, si vous osez le recracher !)

Comme d'habitude, il vaut mieux respecter un certain ordre : les blancs avant les rouges, les légers avant les corsés, les secs avant les doux. C'est une bonne idée de suivre un système, par exemple :

- **La dégustation verticale** – on sert un seul vin, mais de différents millésimes. Par exemple, cinq bouteilles du Cabernet Sauvignon de Silver Oak, dans la vallée de Napa, de 1997 à 2001. Le but est de retrouver les similarités d'une année à l'autre, ainsi que les différences.
- **La dégustation horizontale** – non, il ne s'agit pas de boire les vins dans un lit. On sert le même type de vin, du même millésime et de la même région, mais de producteurs différents. Par exemple, des Pinot noir 2003 de la vallée de Willamette, en Oregon.
- **La dégustation à l'aveugle** – il s'agit de cacher les étiquettes, de cette façon personne n'est influencé par la réputation d'un producteur, d'une région ou d'un millésime. N'hésitez pas à inclure un vin de table bon marché, et regardez ce que les gens en pensent !

Message dans **la bouteille**

On peut très bien manger pendant une dégustation. Ce peut être quelque chose de simple, comme des biscuits secs sans sel, afin que les invités puissent se nettoyer les papilles gustatives entre deux vins. Lors d'une dégustation classique, par contre, il n'est pas question de manger. Mais on peut très bien organiser une dégustation de vins et de nourriture, et regarder comment différents aliments – salés, gras, acides – influencent le goût des vins.

Les dégustations informelles

Certaines personnes préfèrent les réceptions détendues aux dégustations structurées. On peut très bien organiser une réception décontractée et à la fois offrir des vins nouveaux aux invités. Une façon simple (et économique) d'y arriver consiste à demander à chacun d'apporter une bouteille de vin et d'en parler un peu. Selon l'invité, vous apprendrez quelque chose de sérieux ou pas.

Donnez un verre à chaque invité et placez des pichets d'eau et des seaux à différents endroits. Au moment de goûter un vin, demandez à celui qui l'a apporté d'en parler et de dire pourquoi il l'a choisi.

C'est amusant d'avoir un thème dans ce genre de soirée, et de demander aux invités d'apporter un vin en rapport avec le thème. Quelques exemples de thèmes et de vins :

- ♦ **Le Derby du Kentucky :** Merlot de Leaping Horse, Chardonnay de Equus Run Vineyard, Pinot Noir de Two Paddocks
- ♦ **La soirée des** *Academy Awards* **:** Marylin Merlot, Syrah Diamond Series de Francis Coppola
- ♦ **Un anniversaire :** Iron Horse Wedding, Cupid Chardonnay

Les jours fériés et les vins

Les vins à boire les jours fériés ne sont pas du tout les mêmes que ceux pour des réunions de famille. Au départ, il y a des plats traditionnels qui accompagnent les jours de fête et ils ne vont pas toujours bien avec le vin : poulet frit le 4 juillet, tacos pour la fête nationale mexicaine, pois à hile noir le jour de l'an.

Les pique-niques

Vous avez déjà remarqué qu'on mange souvent dehors les jours de fête ? Un vin sérieux n'est malheureusement pas aussi bon quand on s'amuse au soleil autour d'une piscine, ou quand on court après un ballon. Il vaut mieux choisir un vin simple qui se boit frais :

♦ Un blanc fruité.
♦ Un rosé sec et bien refroidi.
♦ Un rouge léger et refroidi lui aussi.

Les vins pour l'Action de Grâce

Trouver un vin qui se marie bien avec la dinde n'est pas difficile, c'est tout ce qui vient avec la dinde qui peut compliquer le choix : gelée aux canneberges et aux noix, farce aux pommes et aux saucisses, patates douces à l'orange et aux amandes, tarte au fromage et à la citrouille… Tous ces plats sont probablement servis depuis des générations dans votre famille et vous n'allez certainement pas y renoncer.

Parfois, il vaut mieux ne pas s'inquiéter et simplement choisir un vin qui nous plaît. Il n'ira peut-être pas avec tous les plats, mais quel vin le pourrait ? Si par hasard le vin ne va pas du tout avec la nourriture, commencez par manger, et buvez le vin ensuite. Il y a toujours une solution. Si vous voulez des suggestions précises, en voilà quelques-unes :

♦ Champagne   ♦ Rosé
♦ Chenin   ♦ Beaujolais
♦ Riesling   ♦ Pinot noir
♦ Gewurztraminer

Après la réception

La réception est terminée. Des assiettes et des verres sales traînent partout. Les nappes sont tachées de vin. Il reste du vin au fond des bouteilles. Du vin? Oui, mais le boire n'est pas toujours la meilleure chose à faire. Il est déjà beaucoup moins bon que quelques heures plus tôt. Sa jeunesse et sa vigueur disparaissent avec chaque minute qui passe, emportées par l'air et la chaleur. Il est impossible de stopper complètement le vieillissement prématuré du vin, mais il est possible de le ralentir. Commencez par reboucher les bouteilles et les mettre au frigo. Le froid va ralentir la réaction chimique qui dégrade le vin. Faites la même chose avec les rouges et les blancs.

Une bouteille à demi pleine de vin est aussi à demi pleine d'air. Pour enlever l'air, mettez des billes dans la bouteille jusqu'à ce que le niveau de vin ait atteint le goulot. Puis bouchez la bouteille et mettez-la au frigo.

In vino veritas

On peut acheter des systèmes qui permettent de pomper l'air hors de la bouteille et d'autres qui remplacent l'air par un gaz. Certains systèmes utilisent de l'azote, qui n'est pas tout à fait inerte. Il vaut mieux utiliser un système comme *Supremo*, qui utilise de l'argon et qui permet de conserver le vin jusqu'à une semaine.

Même le meilleur système ne permet pas de conserver le vin indéfiniment. Ce n'est généralement qu'une question de jours avant qu'un vin soit terne et plat. Cela dit, certains vins sont plus résistants que d'autres. Les vins faits pour vieillir, par exemple, comme les rouges très tanniques, se conservent un peu plus longtemps après avoir été exposés à l'air. Quant aux blancs, ils se conservent encore moins longtemps que les rouges.

Le grand nettoyage

Si vous découvrez des taches de vin sur une nappe, un tapis ou une chemise, ne désespérez pas. On trouve sur Internet des milliers de conseils pour enlever une tache, mais il y a essentiellement deux choses qui fonctionnent :

1. *Wine-Away* : C'est un produit à base de fruits vendu en atomiseur. Avant de laver vos vêtements, faites-les tremper dans de l'eau contenant du Wine-Away. Enlève aussi les taches sur les tapis.
2. *Une recette du département de viticulture et d'œnologie de l'université de Davis* : Badigeonnez vos vêtements de la solution suivante avant de les faire tremper et de les nettoyer : une part d'eau oxygénée et une part de savon à vaisselle liquide *Dawn*.

Maintenant, en ce qui concerne les verres, si vous les nettoyez à la main, utilisez le moins de savon possible, l'eau la plus chaude possible et rincer abondamment. Il existe des éponges conçues spécialement pour laver les verres. Si vous utilisez une machine à laver, ne lavez que les verres (ne mettez pas des assiettes ou des casseroles en même temps) et n'utilisez pas de savon. En plus de laisser une odeur, le savon peut abîmer vos verres s'ils sont en cristal. Le cristal, étant poreux, absorbe aussi beaucoup plus facilement les saveurs et les odeurs.

CHAPITRE 14

Les vins au restaurant : à vous de jouer

Combien de PDG importants sont devenus de véritables poules mouillées devant une carte des vins? Étrangement, beaucoup! Mais ce n'est pas votre style. Certes, ce n'est pas facile de choisir le vin idéal, et vous n'êtes pas millionnaire, et tout le monde vous regarde, mais quand vous aurez lu ce chapitre, vous pourrez commander le bon vin sans hésitation, avec panache et sans vous ruiner.

Embouteillé par Éditions AdA Inc.

Les restaurants et les vins

Les restaurants ont tous une certaine manière de faire, une certaine « attitude » que l'on sent dès que l'on fait une réservation, et qui se poursuit jusqu'au moment de payer la note. Cette attitude concerne aussi les vins.

La carte des vins

La carte exprime d'emblée l'attitude d'un restaurant à l'égard des vins – et le genre d'expérience que vous risquez d'avoir. Certains restaurants se contentent d'offrir un verre de rouge, de blanc et de rosé. Ce n'est pas mauvais en soi, il faut simplement s'ajuster. Quant au petit vin venant tout droit de la mère patrie offert par le restaurant étranger, il y a de fortes chances pour qu'il vous laisse un bon souvenir.

D'un autre côté, certains restaurants vous tendent un cahier si gros qu'il faut une certaine force pour le soulever. Cela prouve que le restaurant prend les vins au sérieux, et vous êtes certain de trouver *quelque chose* parmi les centaines de vins offerts. Mais on peut aussi trouver le choix trop grand…

In vino veritas

Plus de 3 300 restaurants dans le monde ont reçu un prix du *Wine Spectator* pour le choix de leurs vins. Parmi les considérations : les régions représentées, les accords avec le menu, et, bien sûr, le nombre de vins offerts. Les troisièmes prix (*Award of Excellence*) offrent au moins 75 vins, les seconds (*Best of Award of Excellence*) au moins 350, et les premiers (*Grand Award*) au moins 1 000.

Ce n'est pas seulement le nombre, mais le choix qui compte. Certains restaurants n'offrent que des vins très connus et très populaires. On sait à quoi s'attendre, mais ce n'est pas très excitant.

Les restaurants qui pensent vraiment à leurs clients offrent plutôt des vins populaires et des vins peu connus, même si leur carte des vins est limitée. De cette façon vous pouvez choisir selon votre envie ; à savoir découvrir un nouveau vin ou boire quelque chose de familier.

Le serveur

Certains restaurants ont un sommelier, c'est-à-dire un employé qui s'occupe exclusivement des vins. C'est lui qui établit la carte et qui en général sert le vin. Les restaurants qui ont un sommelier (les plus chers, normalement) ne prennent pas les vins à la légère. Les sommeliers ont la réputation d'être prétentieux, mais c'est rarement le cas. Ce sont des professionnels sérieux, qui connaissent leur métier et qui peuvent vous conseiller en tenant compte de vos préférences, de ce que vous avez commandé et de votre budget. Un sommelier vous aidera à choisir sans effort.

Si le restaurant n'a pas de sommelier, vous devez vous en remettre au serveur. S'il a reçu une formation, il pourra vous parler des vins, mais si ce n'est pas le cas, vous devrez choisir tout seul.

Il n'y a pas que sa connaissance ou son ignorance des vins qui compte. Sa manière d'agir reflète aussi l'attitude du restaurant en ce qui concerne les vins. Ouvre-t-il la bouteille et sert-il le vin selon les règles? Oublie-t-il de remplir votre verre quand il le faut? Certains serveurs remplissent plutôt votre verre sans arrêt, alors qu'il est encore presque plein – et la bouteille est vide avant même d'avoir terminé l'entrée, vous forçant bien sûr à acheter une autre bouteille.

Les verres

Si vous commandiez un steak de 30 $ et qu'on vous donnait des ustensiles en plastique, vous ne seriez pas très content. Et pourtant beaucoup de restaurants font la même chose en vous servant un vin dispendieux dans des verres bon marché.

La plupart des verres dans les restaurants sont trop petits ou trop épais. Parfois, les verres n'ont même pas de pied, ce qui peut aller pour certains styles de restaurants, mais pas pour un restaurant qui prend le vin au sérieux et qui respecte ses clients.

Commander au verre

Quelle merveilleuse idée! En achetant au verre, on peut enfin essayer de nouveaux vins sans hésiter et sans dépenser une fortune. Mais regardez comment le restaurant s'occupe des bouteilles qui sont ouvertes.

Dès qu'une bouteille est débouchée, le vin commence à s'altérer. Il y a une grande différence entre un restaurant qui a un système dispendieux pour conserver le vin et un restaurant qui laisse la bouteille ouverte sur le comptoir en attendant les clients du lendemain. Bien sûr, un restaurant peut aussi conserver son vin comme il le faut sans avoir un système compliqué.

Message dans
la **bouteille**

En achetant un seul verre de vin, vous pouvez goûter un vin avant de commander toute une bouteille. En général, la bouteille sera déjà ouverte. Ce n'est pas tous les restaurants qui permettent de commander un seul verre, mais beaucoup le font, au grand plaisir des clients.

N'hésitez pas à demander quand la bouteille a été ouverte, et à changer votre choix si la bouteille est ouverte depuis plus d'une journée. C'est parfaitement acceptable.

Décortiquer la carte des vins

Les cartes ne sont pas toutes organisées de la même façon, et certaines sont plus précises que d'autres. En fait, la seule chose qu'on est sûr d'y trouver, ce sont les prix.

Les classifications de base

En général, les vins sont séparés entre rouges, blancs, effervescents et vins de dessert. Ce n'est pas la classification la plus utile, mais elle est pratique si vous ne connaissez pas bien tous ces vins européens qui ne mentionnent pas les cépages. Un Saint-Émilion Château Canon La Gaffelière, par exemple, c'est un rouge. Ce système vous aidera aussi si vous apercevez un vin issu d'un cépage inhabituel dont vous n'avez jamais entendu parler. Par exemple Lemberger (un rouge aussi).

Dans la catégorie des vins de dessert, comme les Sauternes et les portos, on trouve parfois aussi des digestifs comme du scotch ou des liqueurs.

La classification par régions ou cépages

Certaines cartes plus détaillées sont subdivisées par pays, régions ou cépages. Dans les rouges, par exemple, vous trouverez : France, Italie, États-Unis, etc. ou encore des régions comme Bordeaux, Campanie, Californie, et ainsi de suite. Si la carte est subdivisée par cépages, vous verrez, sous les blancs par exemple : Chardonnay, Sauvignon, Pinot gris, etc.

Les cartes stylées

Pour un néophyte, les termes *corsé*, *frais*, *sec*, *léger* sont parfois plus utiles que la mention d'une région ou d'un cépage. C'est la raison pour laquelle beaucoup de cartes sont organisées par style de vin, avec des rubriques comme « secs et frais » offrant un Pinot Grigio à côté d'un Sancerre et d'un Chablis. Un Barolo italien et un Cabernet Sauvignon de Californie figureront tous les deux sous « vins rouges corsés ». Ce type de classification permet d'avoir une idée des vins sans connaître leur origine ou leur cépage.

La classification par ordre ascendant

Certaines cartes organisent les vins d'après une certaine progression, par exemple des plus légers au plus corsés. Un Beaujolais sera placé au début de la liste, un Chianti au milieu et un Cabernet Sauvignon à la fin. Une autre méthode consiste à classer les vins par prix, en commençant par les plus chers ou les moins chers ; système fort utile pour ceux qui s'inquiètent du prix – ou du qu'en dira-t-on (qui veut commander le vin le moins cher quand il brille en tête de liste !)

Fruits mûrs

Combien de bouteilles commander pour un groupe ?

Normalement, on commande l'équivalent d'une demi-bouteille par personne, mais évidemment cela dépend des personnes. Si vous ne connaissez pas les préférences des gens avec vous, il vaut mieux commander du rouge et du blanc.

Comment choisir un vin

Avez-vous déjà eu un dîner au restaurant gâché pour n'avoir pas choisi le bon vin ? Non, sans doute. Il vous est sûrement arrivé de commander un vin qui n'allait pas avec les plats, mais ça n'a pas été un drame. Au pire, vous avez bu le vin une fois le repas terminé. Le premier conseil est donc le suivant : ne vous en faites pas.

Première méthode : choisir un vin « sympathique »

Certains vins vont bien avec presque n'importe quoi, des arachides aux poissons. Il est donc logique, si personne ne commande la même chose, de prendre un vin qui se marie avec tout.

Si vous voulez un rouge, choisissez un Pinot noir ; et si vous voulez un blanc, prenez un Riesling. Ces deux vins vont avec tout. On trouve de très bons Pinot noir de Californie ou d'Oregon, et bien sûr de Bourgogne. En ce qui concerne le Riesling, choisissez le meilleur offert par le restaurant, un bon Riesling de New York, du Canada, d'Allemagne ou d'Alsace.

Message dans la bouteille

Ce n'est pas toujours facile de commander un Riesling, car il faut les connaître : il y en a de très doux comme de très secs. Regardez l'étiquette ; si le vin est sec, la chose est souvent mentionnée (« dry » en anglais, « trocken » en allemand). Le Riesling est parfois nommé Johannisberg Riesling, Rhine Riesling ou White Riesling. En ce qui concerne le Riesling Italico et le Riesling Sylvaner, ce sont des cépages différents.

Seconde méthode : étudier la carte à l'avance

La façon la plus sûre de commander sans hésiter et d'épater vos amis avec vos connaissances et votre savoir-faire, c'est d'obtenir une copie de la carte des vins quelques jours à l'avance. Vous pourrez ainsi décider tranquillement dans votre salon des vins que vous allez commander. Vous pourrez aussi apprendre à prononcer « Herxheimer Himmelreich Garten Riesling Spätlese trocken ».

Aujourd'hui, plusieurs restaurants ont un site Internet sur lequel on peut consulter la carte des vins, en entier ou en partie. Si le restaurant qui vous intéresse n'a pas de site, vous pouvez demander qu'il vous télécopie sa carte des vins. La majorité des restaurants le feront avec plaisir, à condition que vous ne les dérangiez pas pendant les heures de pointe. Sinon, allez simplement vous-même au restaurant et consultez la carte sur place.

Faites attention si vous voulez commander une vieille bouteille. Premièrement, elle sera dispendieuse. Ensuite, si elle est encore disponible, c'est peut-être parce que personne avant vous n'a été assez bête pour l'acheter.

Savoir déguster

Troisième méthode : demandez de l'aide !

Il n'y a pas de honte à demander de l'aide. Au contraire, cela démontre une certaine assurance.

C'est bien sûr au sommelier qu'il faut demander. Et ne croyez pas qu'un sommelier, c'est un Français de soixante-dix ans en grande tenue qui vous regarde avec dédain. La plupart des sommeliers sont jeunes et branchés. On trouve aussi beaucoup de femmes.

Jadis, les sommeliers portaient autour du cou une petite tasse en argent attachée au bout d'un ruban, appelée «taste-vin». La tradition provenait des maîtres de chais bourguignons qui se servaient du taste-vin pour goûter les vins dans les caves sombres – la texture du taste-vin reflète en effet la lumière et permet de voir le vin.

In vino veritas

Les sommeliers sont davantage des guides que des professeurs. Ils vous demanderont les styles de vin que vous aimez, ce que vous allez manger, si vous voulez essayer quelque chose de nouveau. Ils sentiront en vous parlant combien vous avez l'intention de dépenser et la quantité de vin que vous voulez boire.

Les sommeliers connaissent parfaitement la carte, car c'est souvent eux-mêmes qui l'ont préparée. Ils ont non seulement choisi les vins, mais négocié les achats, organisé leur entreposage, écrit les commentaires, entraîné les serveurs. Ce sont des gens enthousiastes qui aiment partager leur amour des vins. Parfois, ils ont réussi à mettre la main sur des vins qu'on ne trouve pas en magasin. Et c'est vous qui en profitez.

Le cérémonial

Le vin a une longue histoire, aussi ce n'est pas surprenant que certaines traditions entourent la consommation d'une bouteille. En particulier dans les restaurants.

La présentation du bouchon

Avant l'invention des étiquettes, il n'y avait pas moyen de savoir avec certitude d'où provenait une bouteille. La nature humaine étant ce qu'elle est, certains restaurateurs faisaient donc passer des vins bon marché pour de grands vins, ternissant ainsi la réputation des grands châteaux. C'est pour corriger cette situation que les châteaux se sont mis à écrire leur nom sur les bouchons. Les restaurateurs ont donc commencé à présenter les bouchons à leurs clients, pour leur permettre de vérifier l'origine des bouteilles.

La pratique n'a pas été abandonnée, même si le besoin a disparu. Que faut-il faire avec le bouchon que pose devant vous le sommelier? Ce que vous voulez. Vous pouvez ne rien faire, ou bien l'examiner, le sentir. Vous pouvez aussi le mettre dans votre poche et le garder comme souvenir. De toute façon, le bouchon ne vous apprendra rien de plus que le vin lui-même.

Un bouchon sec et friable ou au contraire complètement mouillé signifie parfois que de l'air est entré en contact avec le vin, et que le vin est détérioré. Une gorgée vous dira si c'est le cas. Parfois des cristaux tartriques se sont formés sur la partie du bouchon en contact avec le vin. Ils ne présentent aucun danger et n'ont aucun effet sur le goût.

Savoir déguster

Ce cérémonial va sans doute peu à peu disparaître, à mesure que de plus en plus de bouteilles seront fermées avec des bouchons dévissables. À moins qu'il y ait un numéro de loterie dans le bouchon, il n'y a aura plus de raison de le présenter au client.

La dégustation

Vous avez sans doute vu le rituel de la dégustation des centaines de fois, ce pas de deux entre le serveur et le client. Mais que se passe-t-il au juste ? Avant les techniques modernes de fabrication, le vin était souvent corrompu, et il fallait s'assurer du vin avant de l'accepter. C'est encore la raison du rituel. Ce n'est pas pour voir si vous l'aimez, si vous vous y connaissez en vin, ou pour vous faire passer pour un péquenaud. Il s'agit simplement de vous montrer la bouteille et de vous faire goûter le vin pour que vous puissiez vous assurer que tout va bien, et aussi que c'est bien celui que vous avez commandé.

Le rituel est le suivant. Le serveur commence par vous montrer la bouteille. Si ce n'est pas le vin que vous avez commandé, dites-le ! S'il ne reste plus du vin que vous voulez, le serveur doit d'abord vous proposer un autre vin, du même prix environ.

Le serveur coupe la coiffe et retire le bouchon, qu'il pose sur la table devant vous. Vous savez déjà quoi faire ici.

Le serveur verse un peu de vin dans votre verre. Examinez-le devant un fond blanc ou très pâle, comme la nappe ou une serviette.

Si vous êtes satisfait de sa robe – bonne couleur, aucun sédiment –, faites-le tourner et prenez une bonne respiration.

Bon parfum? Si oui, c'est le temps d'y goûter. Gardez-le un peu dans votre bouche et faites tourner votre langue avant de le boire.

Maintenant le dernier acte. Si le vin est acceptable, hochez la tête, et le serveur versera du vin à tout le monde.

Ce n'est pas plus compliqué que cela.

Message dans **la bouteille**

Si vous commandez un autre vin, le serveur apportera des verres propres, et le même rituel recommencera. Si vous commandez une autre bouteille du même vin, le serveur apportera un verre pour vous permettre d'y goûter, si vous le désirez, mais il n'apportera probablement pas un nouveau verre à tout le monde. Cela dit, c'est agréable s'il le fait.

Refuser un vin

Si le vin est mauvais, par exemple s'il sent le vieux sous-sol humide et que vous trouvez son goût étrange, il faut refuser la bouteille.

Dites simplement : « Je crains que le vin soit gâté. Je préfèrerais retourner la bouteille ». Ce n'est pas plus compliqué que cela. Le serveur sentira le vin, peut-être le goûtera-t-il, puis il ira chercher une autre bouteille. Même si vous êtes le seul à trouver le vin mauvais, il remplacera probablement la bouteille.

Ne vous sentez pas mal en pensant que vous faites perdre de l'argent au restaurateur ; celui-ci retournera simplement le mauvais vin au distributeur.

Essayer avant de commander

Le rituel de la dégustation sert seulement à vérifier si le vin est correct, pas si vous l'aimez. Mais cela ne serait-il pas fantastique si vous pouviez justement goûter un vin avant de le commander ?

Un restaurant n'ouvrira jamais une bouteille simplement pour que vous y goûtiez – ce serait perdre du vin et de l'argent s'il ne vous plaît pas

– mais si le vin est aussi disponible au verre, c'est une autre histoire, et le restaurant vous donnera peut-être un tout petit échantillon. Sinon, vous n'avez qu'à acheter un verre pour essayer. Mais, cela dit, ne vaut-il mieux pas tout simplement prendre un risque et vivre dangereusement…

Apporter son propre vin

Certains des meilleurs restaurants pour déguster du vin ne vendent absolument aucun vin. C'est qu'ils vous permettent d'apporter vos propres bouteilles. On ne fait pas payer la majoration sur le vin, mais par contre il faut parfois payer des frais de service (plus précisément, l'ouverture de la bouteille et l'utilisation des verres), lesquels varient beaucoup d'un restaurant à l'autre et sont facturés pour chaque bouteille.

Il arrive qu'on souhaite boire son propre vin dans un restaurant qui a pourtant une carte des vins, soit parce qu'on a une belle cave, soit parce qu'on a simplement une bouteille spéciale à déguster. Il vaut mieux téléphoner au restaurant et leur demander si c'est possible, mais la plupart accepteront si vous leur dites, par exemple, que vous conservez la bouteille depuis dix ans pour fêter un anniversaire de mariage… Surtout, n'apportez pas une bouteille qui est déjà sur leur carte. Et attendez-vous à payer des frais de service assez élevés et à compenser de cette façon le vin que vous auriez normalement acheté sur place.

N'oubliez pas, une fois le repas terminé, de donner un pourboire selon ce que la facture aurait été si vous aviez acheté le vin au restaurant.

En avoir pour son argent

Soyons francs, le prix est une des premières considérations quand on choisit un vin. Un millionnaire peut commander n'importe quoi – et commander de nouveau si le vin ne lui plaît pas. Mais vous n'êtes pas millionnaire… Il faut donc rechercher la meilleure affaire possible.

C'est la faute à Mozart… Selon une étude anglaise, lorsque les restaurants font jouer de la musique classique, les clients commandent des vins plus chers. Apparemment, Beethoven, Mahler et Vivaldi donnent aux gens l'impression d'être plus sophistiqués.

Le prix d'une bouteille

En règle générale, une bouteille vendue 10 $ par le grossiste coûtera 15 $ en magasin, et entre 20 $ et 30 $ au restaurant. Mais la majoration varie selon le prix du vin et les restaurants se prennent une part plus importante sur les vins chers et les vins bon marché. Les vins bon marché rapportent beaucoup d'argent aux restaurants. Les clients ne font pas tellement attention au vin, ils veulent simplement payer peu.

Quant aux vins chers, ils sont achetés par des gens riches ou dînant aux frais de leur compagnie – donc ne se préoccupant pas trop du prix. Ce sont les vins entre les deux qui sont le moins majorés, et c'est donc parmi eux qu'on trouve les meilleures affaires.

Certains restaurants, surtout ceux qui ont le vin à cœur, se contentent d'ajouter environ 10 $ à chaque bouteille. De cette façon, leurs clients peuvent boire plus de vin, et plus de grands vins. Les restaurants se font quand même de l'argent, et gagnent une bonne clientèle.

Les restaurants offrent parfois de déguster une série de vins différents, environ 60 ml de chacun. Les quatre à six vins offerts ont parfois quelque chose en commun : par exemple ce sont tous des rouges italiens, ou des blancs assez boisés, ou des vins avec des noms bizarres. Le but est évidemment de permettre aux clients de goûter plusieurs vins sans se ruiner.

Encore des conseils d'économie

Personne ne veut passer pour radin, mais il serait absurde de dépenser plus qu'il ne le faut. Il y a moyen d'y arriver :

- *À moins d'avoir déjà essayé le vin maison (et de l'aimer), commandez autre chose.* Le vin maison est en général le moins dispendieux que le restaurant ait trouvé, et celui qui a la majoration la plus élevée.
- *Achetez à la bouteille, et non au verre.* Une bouteille contient entre quatre et six verres (selon la quantité de vin dans les verres). Si vous achetez au verre, après trois verres vous aurez déjà dépensé le prix d'une bouteille.
- *Commandez un vin qui soit de la même région que les spécialités du restaurant.* Un bon restaurant italien, par exemple, aura sûrement un bon choix de vins italiens – et à bon prix.
- *N'achetez pas des vins de cépage à la mode.* Les Chardonnay, Cabernet Sauvignon et Merlot sont chers présentement, parce qu'ils sont à la mode. Choisissez plutôt un Chenin, un Pinot gris ou un Malbec.
- *Essayez des vins provenant de régions où les terrains ne sont pas trop chers (ce qui fait grimper les prix des vins), comme l'Amérique du Sud.*

CHAPITRE 15

Les vins effervescents

Chaque nouvelle année est accueillie par des bulles de champagne. Il sert à baptiser les navires et à fêter les nouveaux mariés. Il est de toutes les célébrations : naissances, couronnements, fusions de sociétés. En fait, le vin effervescent – champagne ou non – est synonyme de célébration. Mais, de plus en plus, on en boit tous les jours, simplement parce que c'est bon. Il y a différents styles, différentes marques, et ils proviennent parfois de pays fort éloignés de la France. Un connaisseur sait quel choisir pour chaque occasion.

Embouteillé par Éditions AdA Inc.

Champagne et vins mousseux

Qui se préoccupe de savoir si un vin est appelé du champagne ou du vin mousseux? Les Français! Le nom est protégé par un traité international : techniquement, seul un vin fabriqué en Champagne peut s'appeler champagne. Mais le traité n'a pas été signé par les États-Unis.

Aux États-Unis, le mot champagne est un nom commun désignant n'importe quel vin mousseux ou pétillant. Il y a cent ans, Korbel appela ses vins du champagne, et les autres producteurs firent comme lui. Ce n'est que depuis quelques décennies que la France cherche à protéger le nom « champagne », aussi la plupart des producteurs et des consommateurs américains, y compris les connaisseurs, continuent à appeler champagne n'importe quel vin effervescent.

Les bulles

Le champagne, ce n'est pas uniquement un nom, c'est un vin adoré dans le monde entier qui tire ses bulles d'un processus à la fois long et exigeant une main d'oeuvre importante. La technique, appelée *méthode champenoise,* peut être décrite en six étapes :

1. Le raisin fermente trois semaines au bout desquelles on obtient un vin tranquille.
2. Le producteur mélange différents vins pour obtenir le vin désiré, appelé *cuvée.*
3. Le vin est embouteillé et déposé en cave. Une seconde fermentation a lieu qui dure environ neuf semaines. C'est elle qui produit le gaz carbonique – c'est-à-dire les bulles.
4. On laisse ensuite vieillir le vin de neuf mois à plusieurs années.
5. Les bouteilles, qui sont couchées, sont peu à peu renversées pour se retrouver à l'envers : c'est ce qu'on appelle le remuage. L'opération permet de concentrer les sédiments dans le goulot, d'où ils pourront être enlevés facilement.

6. On refroidit le goulot et on soutire les sédiments (gelés) : c'est le dégorgement. On ajoute ensuite du sucre pour que le vin ait la douceur souhaitée : c'est le dosage. Puis on rebouche les bouteilles.

Une autre méthode, semblable à la méthode champenoise, consiste à éliminer les opérations du remuage et du dégorgement, et à transférer plutôt le vin, une fois la seconde fermentation terminée, dans des cuves pressurisées où il est filtré. Pour savoir quel processus a été utilisé, il faut lire les petits caractères sur l'étiquette. « Fermented in this bottle » [fermenté dans cette bouteille] signifie qu'on a suivi la méthode champenoise ; « fermented in the bottle » [fermenté dans la bouteille] signifie qu'on a transféré le vin dans des cuves.

Savoir déguster

Des bulles bon marché

La méthode champenoise coûte cher, d'où le prix d'une bouteille. Vous pouvez être certain qu'un vin effervescent à 5 $ n'a pas été fabriqué de la même manière. On a probablement suivit la méthode Charmat (dit aussi de cuves fermées), dans laquelle la seconde fermentation a lieu dans de grandes cuves pressurisées. Cette méthode permet de produire une grande quantité de vin en très peu de temps (le vin peut être prêt seulement quelques semaines après les vendanges). Voici ce qui se passe :

1. On met le vin dans des cuves fermées pressurisées et on y ajoute du sucre et des levures.
2. La fermentation a lieu et produit du gaz carbonique et de l'alcool. Le résultat est un vin effervescent avec un taux d'alcool plus élevé que le vin tranquille du début.
3. On filtre le vin sous pression.
4. On ajoute du sucre pour obtenir le goût recherché, et on embouteille.

Une méthode encore moins dispendieuse consiste à simplement injecter du gaz carbonique dans le vin – comme on le fait pour les boissons gazeuses. L'étiquette porte alors la mention : « gazéifié ».

Savoir déguster

On peut deviner quelle méthode a été utilisée en regardant bien les bulles. La méthode champenoise produit de toutes petites bulles qui montent à la surface en formant des lignes continues. Les méthodes moins dispendieuses produisent des bulles plus grosses qui se forment un peu au hasard et qui ne durent pas aussi longtemps. Quant à la gazéification, elle produit des bulles qui ne sont pas vraiment intégrées au vin et qui disparaissent aussi vite que celles d'une cannette de boisson gazeuse.

Les cépages

Le vrai champagne n'utilise que trois cépages : Pinot meunier, Pinot noir et Chardonnay. Le premier donne du fruité et de la jeunesse au vin, le second de la richesse, du volume et lui permet de vieillir, le troisième apporte sa légèreté.

C'est au producteur d'assembler les trois cépages dans les meilleures proportions possibles, en utilisant les vins de différents vignobles et de différentes années. Les champagnes n'ont donc pas tous le même goût.

Les producteurs de vins effervescents produits selon d'autres méthodes sont libres d'utiliser les cépages qu'ils veulent. En général, les vins fermentés en cuve sont plus fruités que les champagnes.

L'histoire du champagne

Le champagne tel que nous le connaissons n'apparaît qu'au milieu du 17e siècle. Avant son invention, la Champagne produisait essentiellement des vins tranquilles, d'ailleurs très appréciés par la noblesse. Mais les étés sont courts en Champagne, et les hivers froids. Il faut récolter le raisin tard dans la saison si on veut qu'il soit assez mûr, et, à l'époque, il manquait ensuite de temps pour compléter la fermentation, car elle était stoppée par la venue de l'hiver.

On mettait donc le vin en bouteille alors que le sucre n'avait pas été complètement transformé en alcool. Lorsque le printemps arrivait, la fermentation reprenait, cette fois dans la bouteille. Fermentation qui produisait du gaz carbonique et faisait exploser nombre de bouteilles – laissant les autres avec des bulles. À cette époque, les bulles étaient considérées comme un défaut.

Dom Pérignon, le célèbre moine-vigneron bénédictin, souvent surnommé l'inventeur du champagne, passa beaucoup de temps à essayer d'empêcher la formation des bulles. Il n'y réussit jamais, et, à la place, élabora les principes de base du champagne effervescent, lesquels n'ont pas changé depuis.

- ◆ Il utilisa différents cépages de différents vignobles dans ses assemblages.
- ◆ Il inventa un procédé pour obtenir un jus blanc avec du raisin noir.
- ◆ Il améliora les techniques de clarification.
- ◆ Il utilisa des bouteilles plus épaisses pour éviter qu'elles explosent.

Quand il mourut, en 1715, le champagne effervescent représentait seulement 10 % de la production de la région, mais il était de plus en plus le vin préféré des familles royales en France et en Angleterre. Le poids, la grosseur et la forme des bouteilles de champagne, ainsi que la grosseur des bouchons, furent fixés par une ordonnance du roi en 1735. Deux maisons datent du début du 18e siècle : Ruinart, fondée en 1729, et Moët, fondée en 1743. Au 19e siècle, l'industrie du champagne fonctionnait déjà à plein régime.

Le problème des sédiments fut résolu par la jeune madame Clicquot, qui prit la direction de la maison de son mari lorsque celui-ci mourut en 1805. Elle fit découper des trous dans la table de sa salle à dîner afin d'y mettre les bouteilles à l'envers dans un angle de 45 degré. Après avoir tourné et changé peu à peu la position des bouteilles, les sédiments se retrouvèrent dans le goulot.

In vino veritas

Les maisons de champagne

Les plus grandes maisons sont appelées « Grandes Marques ». Vingt-quatre d'entre elles font partie d'une association les obligeant à suivre certaines normes. Les maisons les plus connues sont :

- Bollinger
- Charles Heidsieck
- Krug
- Laurent-Perrier
- Moët et Chandon
- G. H. Mumm
- Perrier-Jouët

- Pol Roger
- Pommery et Greno
- Louis Roederer
- Ruinart
- Taittinger
- Veuve Clicquot-Ponsardin

En 1974, la maison Moët et Chandon ouvrit une maison de production en Californie, et fut rapidement imitée par d'autres producteurs français. On y fait du vin selon la méthode champenoise, en utilisant les mêmes cépages qu'en France. C'est le cas du Domaine Carneros (qui appartient à Taittinger), du Domaine Chandon (Moët et Chandon), de Mumm Cuvée Napa (G. H. Mumm), de Piper Sonoma (Piper-Heidsieck) et de Roederer Estate (Louis Roederer).

In vino veritas

Madame Lilly Bollinger, la jeune veuve qui prit la direction de la maison Bollinger à la mort de son mari, prononça les paroles suivantes : «Je ne bois du champagne que lorsque je suis contente ou triste. Parfois, j'en bois aussi quand je suis seule. Si j'ai de la compagnie, servir du champagne est une obligation ! J'en sirote si je manque d'appétit, et j'en bois franchement si j'ai faim. Sinon, je n'y touche jamais – à moins d'avoir soif. »

Le champagne des « récoltants-manipulants »

Bien que les grandes maisons possèdent souvent des vignobles importants, elles doivent quand même acheter la plus grande partie de leur raisin aux 20 000 vignerons champenois. Ces petits producteurs possèdent collectivement 90 % des vignobles et font de plus en plus leurs propres champagnes. Environ 130 de ces champagnes de récoltants-manipulants sont disponibles aux États-Unis (sur les 3 747 vendus en France). Vous n'avez probablement jamais entendu parler d'eux (ils ne peuvent pas se payer de la publicité comme les grandes marques), et pourtant ils offrent des champagnes de grande qualité à très bons prix.

Comment les reconnaître ? Il suffit de regarder au bas de l'étiquette, dans le coin droit. Il y a toujours deux lettres suivies d'un numéro. Les lettres RM ou SR indiquent que le vin est produit par un récoltant-manipulant. Les lettres qu'on peut trouver sont les suivantes :

♦ *NM (Négociant-Manipulant)* – Il s'agit d'une grande maison, qui achète de grosses quantités de raisin à des producteurs indépendants.

♦ *RM (Récoltant-Manipulant)* – Il s'agit d'un vigneron qui fabrique et commercialise son propre vin.

♦ *SR (Société de Récoltants)* – Signifie essentiellement la même chose que RM, mais ici plusieurs vignerons utilisent les mêmes installations, tout en produisant chacun leur vin.

♦ *CM (Coopérative-Manipulant)* – Il s'agit d'une coopérative de vignerons qui embouteillent ensemble leurs vins. Une part du raisin peut avoir été acheté.

♦ *RC (Récoltant-Coopérative)* – Signifie qu'un vigneron envoie son raisin à une coopérative pour en faire du vin. Le vin peut être mélangé à d'autres vins de la coopérative.

Choisir son champagne

Chaque maison a son style, selon l'assemblage effectué, le vignoble, la tradition. Le but d'une maison est de produire un vin semblable chaque année. Ainsi, quand vous adoptez une marque, vous êtes certain de retrouver toujours le même goût.

Les millésimes

On fait du champagne tous les ans, mais on ne fait du champagne millésimé que les meilleures années, lorsque le raisin est exceptionnel. Les maisons n'utilisent alors que le raisin de l'année (ou presque). Normalement, le champagne est un assemblage de plusieurs années, d'où l'uniformité d'une année à l'autre.

In vino veritas

Pour avoir le droit d'inscrire un millésime sur une bouteille de champagne, au moins 80 % du raisin doit provenir de l'année indiquée. On doit aussi le laisser vieillir au moins trois ans. Dans les faits, il est souvent gardé en cave plus longtemps.

Les champagnes non millésimés (appelés en anglais *nonvintage*, ou NV) représentent au moins 80 % de la production des maisons de champagnes. Ils sont en général plus légers, plus frais, moins complexes que les vins millésimés.

Des champagnes secs et des champagnes doux

Si le champagne était comme la plupart des autres vins, le raisin serait cueilli alors qu'il est parfaitement mûr. Hélas, ce n'est pas le cas ! Le raisin est loin d'être parfaitement mûr. Les producteurs sont donc obligés d'ajouter du sucre pour permettre aux levures de fabriquer assez d'alcool. Il va sans dire que si un producteur en ajoute beaucoup, le vin sera plus doux. On ajoute aussi du sucre à la fin du processus, juste avant l'embouteillage final. Le taux de sucre est une caractéristique importante d'un champagne. Il y a six niveaux :

- **Extra Brut** (dit aussi **Brut Sauvage, Ultra Brut, Brut Intégral, Brut Zéro**) – C'est le plus sec. Il est assez rare.
- **Brut** – Le style le plus populaire. Considéré comme le mieux équilibré.
- **Extra Sec** (ou **Extra Dry**) – Sec à demi-sec.
- **Sec** – Demi-sec.

♦ **Demi-Sec** – Doux.

♦ **Doux** – *Très* doux.

Rosé, Blanc de noir et Blanc de blanc

Du champagne rosé, l'idéal pour les escapades romantiques ! Il y a deux façons de faire du rosé : soit le producteur laisse les peaux dans le moût un certain temps durant la première fermentation, soit il ajoute un peu de vin issu de Pinot noir. Certaines personnes s'imaginent que c'est un vin doux (peut-être par association avec les rosés californiens), mais le champagne rosé est un vin sec. On en produit des millésimés et des non millésimés.

Le Blanc de noir, légèrement rosé, est élaboré avec un seul cépage : le Pinot noir (plus rarement le Pinot meunier). L'expression signifie qu'on tire un vin blanc de raisin noir. C'est un champagne plus riche que les champagnes contenant du Chardonnay.

Le Blanc de blanc, au contraire, est élaboré uniquement avec du Chardonnay. Il est plus léger et plus délicat.

Les grosseurs de bouteilles

Avez-vous déjà remarqué ces bouteilles de champagne énormes dans les magasins ou les restaurants ? Et bien, ce ne sont pas des supports publicitaires. Ce sont de vraies bouteilles, avec du vrai champagne. Il existe dix grosseurs différentes :

Tableau 15-1 **Nom et capacité des bouteilles de champagne**

Capacité	Équivalent	Portion	Nom
187 ml	un quart de bouteille	1	quart
375 ml	une demi-bouteille	2	demie
750 ml	une bouteille	4	bouteille
1,5 l	2 bouteilles	8	magnum
3 l	4 bouteilles	17	jéroboam
4,5 l	6 bouteilles	24	réhoboam

Capacité	Équivalent	Portion	Nom
6 l	8 bouteilles	34	mathusalem
9 l	12 bouteilles (une caisse)	50	salmanazar
12 l	16 bouteilles	68	balthazar
15 l	20 bouteilles	112	nabuchodonosor

Seulement les bouteilles de 375, 750 et 1 500 millilitres contiennent du champagne dont la seconde fermentation a eu lieu dans la bouteille. Et on ne voit plus beaucoup de Salmanazar, de Balthazar et de Nabuchodonosor – il faut avoir beaucoup d'invités pour les finir !

Savoir déguster

Les quarts de bouteille sont pratiques, mais, bien qu'elles utilisent les bouchons standard, elles ne conservent pas le vin aussi bien. Il vaut mieux les boire le plus vite possible.

Les autres vins mousseux

Un vin mousseux produit ailleurs qu'en Champagne n'est pas nécessairement moins bon. Il est simplement différent. Certains vins mousseux sont fabriqués en suivant exactement la même méthode et en utilisant les mêmes cépages. Ils seront différents à cause de l'influence du terroir, et parce que les producteurs n'auront sans doute pas fait exactement les mêmes mélanges. Cela dit, il est arrivé même à des experts de ne pas pouvoir différencier un vin fait en Champagne d'un bon vin fait ailleurs.

Français, mais pas du champagne

La vallée de la Loire produit de très bons mousseux, qui ne peuvent évidemment pas porter le nom de champagne (même si la Champagne n'est pas loin). Les producteurs utilisent les mêmes cépages qu'en Champagne et les vins sont à la fois crémeux et rafraîchissants.

Quant aux producteurs de l'est du pays, comme l'Alsace, ils mêlent le Pinot noir, le Pinot blanc et le Pinot gris, ce qui donne des vins trèscoulants. Les mousseux hors de Champagne portent généralement la mention « Vins mousseux ».

L'Espagne

On les appelait auparavant les « champagnes espagnols », mais en 1970 l'Union Européenne a banni l'utilisation du terme champagne pour les vins fabriqués hors de Champagne. Les mousseux espagnols prirent alors le nom de *cava*, ce qui signifie « cellier » en catalan.

Les producteurs de cava suivent une méthode traditionnelle et ne peuvent pas utiliser n'importe quel cépage. Parmi les cépages autorisés, on trouve le Chardonnay et le Pinot noir, utilisés pour les grands vins, mais surtout le Macabeo, le Xarello et le Parellada, trois cépages indigènes.

Les scientifiques de l'université de Séville peuvent différencier le champagne du cava à tous les coups, en mesurant la concentration de certains métaux avec un spectromètre atomique. Les métaux proviennent du sol où fut cultivé le raisin, et la technique, toute récente, servira peut-être un jour à combattre les fraudes.

In vino veritas

Les cavas sont en général des vins légers, vifs et peu dispendieux. Essayez les vins suivants :

- Freixenet Cordon Negro Brut – 10 $
- Segura Viudas Aria Brut —12 $
- Mont-Marcal Brut – 12 $
- Codorniu Brut – 12 $
- Paul Cheneau – 10 $
- Fleur de Nuit – 7 $

L'Italie

Le choix est si vaste… En commençant par le Prosecco, élaboré en Vénétie (au nord-est du pays) avec le cépage du même nom. Le Prosecco peut être légèrement effervescent (*frizzante*) ou très effervescent (*spumante*). C'est un vin coulant, sec et peu dispendieux. Il est très populaire aujourd'hui et de plus en plus de restaurants l'incluent sur leur carte.

Il y a aussi l'Asti (appelé jadis Asti spumante), à base de Muscat et encore plus populaire. La seconde fermentation a lieu dans des cuves pressurisées selon une méthode semblable à la méthode Charmat. Les vins sont doux ou demi-doux. Vient ensuite son cousin, le Moscato d'Asti. Contrairement à l'Asti, c'est un *frizzante*; il est aussi plus doux, moins alcoolisé et son bouchon est le même que pour les vins tranquilles. Les deux doivent être bus jeunes et frais.

Quant au Lambrusco, c'est un *frizzante* que les Américains connaissent surtout en version rosé demi-doux, mais il existe aussi en blanc sec.

In vino veritas

L'Allemagne n'est peut-être pas reconnue pour ses vins effervescents, mais elle en produit un grand nombre. Appelés *Sekt* et consommés sur place pour la plupart, ils sont élaborés suivant la méthode Charmat. Les meilleurs sont issus du Riesling. Si un seul cépage a été utilisé, son nom apparaîtra sur l'étiquette.

Les États-Unis

On produit des vins effervescents dans presque tous les États, mais surtout en Californie et dans l'État de New York. En Californie, les meilleurs proviennent de Sonoma et de Mendocino, deux comtés au climat frais. Et ce ne sont pas seulement les maisons françaises qui font des bons vins. Essayez les vins de Gloria Ferrer, S. Anderson, Iron Horse et Schramsberg.

Les producteurs de New York, bien que moins connus, font des vins effervescents depuis les années 1860, époque où ils recrutèrent des Français spécialisés dans la fabrication de champagne. Essayez les vins suivants :

- Château Frank Brut (New York) – 28 $
- Argyle Brut (Oregon) – 40 $
- Gruet Brut (Nouveau-Mexique) – 14 $

Conserver et servir le champagne

On ne sait jamais quand on aura besoin d'une bouteille de champagne. À tout moment, un ami peut cogner à votre porte, et vous raconter qu'il se marie, ou qu'il divorce, ou qu'il va recevoir une promotion, ou une augmentation, ou un diplôme, etc. Il faut célébrer. Ou encore, vous revenez du bureau, où vous vous êtes engueulé avec le patron. Vous avez besoin d'un remontant : toujours du champagne. C'est le vin universel, et il faut avoir une réserve.

La conservation

Le champagne est sensible à la lumière et à la température. Comme les autres vins, il faut le conserver dans un endroit sombre, frais, sans grande fluctuation de température. Inutile d'acheter un système dispendieux, un sous-sol suffira si la température tourne autour de 10 °C. Un champagne est prêt à boire dès qu'il est mis en vente, mais si les conditions sont bonnes, vous pouvez garder une bouteille trois ou quatre ans.

S'il le faut, n'hésitez pas à conserver une bouteille au frigo quelques semaines – cela ne lui fera aucun mal.

La meilleure température pour servir le champagne, c'est 7 °C. Quatre heures au frigo fera l'affaire, mais vous pouvez refroidir une bouteille en vingt minutes si vous la plongez dans de l'eau remplie de glaçons (c'est plus rapide s'il y a de l'eau, et pas seulement des glaçons). Si vous n'avez pas de seau, utilisez l'évier.

Message dans la **bouteille**

Ouvrir une bouteille

Premièrement, si vous faites sauter le bouchon, vous perdrez des bulles. Il faut plutôt le retirer lentement et sans bruit. De cette façon, vous risquez aussi beaucoup moins de tuer quelqu'un. Après tout, il y a 5 kilos de pression au centimètre dans la bouteille! La bonne manière de s'y prendre est la suivante :

1. Retirez la coiffe qui recouvre le bouchon.
2. Posez la bouteille sur une surface plane et stable (c'est mieux que de la tenir dans vos mains, et peut-être la pointer vers quelqu'un).
3. Mettez une serviette sur le bouchon et tenez-le bien. Desserrez le muselet de fer avec votre main libre et enlevez-le.
4. Continuez à tenir le bouchon à travers la serviette, et placez maintenant votre main libre sur la bouteille, de manière à avoir une bonne poigne.
5. Tournez la bouteille, pas le bouchon. Vous sentirez le bouchon se desserrer peu à peu. Poussez sur le bouchon tout en l'enlevant, pour éviter qu'il ne saute.
6. Une fois le bouchon complètement sorti, gardez-le quelques secondes sur le goulot, pour éviter que du champagne ne s'échappe.
7. Versez!

Versez lentement. À cause des bulles, le niveau monte rapidement dans les verres, et vous pourriez perdre du précieux champagne si vous ne faites pas attention.

Les verres

Maintenant que le rétro est à la mode, on voit partout les verres évasés, type verres à sorbet, populaires dans les années 50. Achetez-en si vous voulez, mais ne vous en servez pas pour le champagne. Servez toujours le champagne dans des verres tulipes à long pied. La forme favorise le flot des bulles et évite qu'elles ne s'échappent.

Certaines personnes refroidissent les verres, c'est non seulement inutile, mais à éviter, car la buée causée par le froid ne permet plus de voir les bulles.

Un champagne servi dans un verre de cristal fait plus de bulles que s'il est servi dans un verre ordinaire, à cause de la surface rugueuse du cristal. Si vous voulez avoir l'effet du cristal sans avoir à en acheter, faites comme les restaurants : gravez un x au fond de vos verres avec un couteau. De cette façon, les bulles peuvent s'accrocher, comme elles le font dans les verres en cristal.

In vino veritas

Un dernier mot sur les verres. S'il y a un résidu de savon dans les verres, le gaz carbonique du champagne risque de réagir avec lui, et faire une mousse désagréable et tenace. Faites donc attention de bien les rincer quand vous les nettoyez. Quant à la poussière, elle détruit les bulles.

Les restes de champagne

Si vous n'avez pas bu toute votre bouteille de champagne, ce qui ne risque pas d'arriver souvent, vous devez refermer la bouteille de manière à ne pas perdre l'effervescence. Le meilleur moyen est d'utiliser un appareil spécial pour boucher les bouteilles de champagne. Vendu en magasin, il s'agit d'un bouchon retenu fermement à l'aide d'un ressort. Sinon, vous pouvez toujours recouvrir le goulot de deux films plastiques de type « Saranwrap » maintenus par un élastique.

Les meilleures bouteilles de champagne peuvent se conserver un jour ou deux au frigo en les rebouchant simplement avec un bouchon de liège. Le gaz carbonique, inerte et lourd, flottera sur le vin et empêchera les bulles de s'échapper ainsi que l'oxygène d'entrer en contact avec le vin.

Message dans la bouteille

Malheur ! Votre champagne d'hier a perdu toutes ses bulles ! Vous pouvez essayer de le réveiller en mettant un raisin dans la bouteille, ou encore un trombone au fond de vos verres. Si ça ne fonctionne pas, consolez-vous en vous disant que, même sans bulle, le champagne est très bon dans les recettes.

Cocktails à base de champagne

Le champagne est évidemment magnifique tel quel il est. Les arômes sont captivants, le goût délicieux, la texture comme de la crème, les bulles excitantes, et la finale… pétillante ! Tout ce qu'il faut pour apprécier le champagne, c'est un verre. Mais il fait aussi de très bons cocktails.

Si vous avez acheté une bouteille de vin effervescent bon marché, et qu'il est vraiment trop doux, mettez un peu de jus de lime au fond de vos verres avant d'y verser le vin. La lime ajoutera l'acidité nécessaire et rendra le vin moins sucré.

Cocktail au champagne classique

Un morceau de sucre, de l'Angostura bitters, champagne

Placez le morceau de sucre au fond d'une flûte. Ajoutez deux traits d'Angostura et complétez avec du champagne. Garnissez avec un zeste de citron.

Cocktail au poire

15 ml de vodka, 15 ml de nectar de poire, champagne

Versez le nectar et la vodka dans une flûte et complétez avec du champagne.

Champagne «Tropical rain»

15 ml de liqueur de melon, 15 ml de rhum de noix de coco, champagne

Versez la liqueur et le rhum dans une flûte. Versez lentement le champagne en penchant le verre de manière à ce que la liqueur, qui est verte, reste au fond du verre. Garnissez avec une cerise.

Cocktail «Campaign trail»

7 ml de grenadine, 7 ml de curaçao bleu, champagne

Remplissez une flûte de champagne brut. Versez la grenadine de manière à ce qu'elle coule au fond du verre. Ajoutez lentement le curaçao pour qu'il forme une couche sur le dessus du champagne.

Questions pour un champion

On ne sait jamais quand on passera à un jeu télévisé. Alors lisez les renseignements qui suivent, et tâchez de vous en souvenir!

♦ Une bouteille de mousseux a environ 49 millions de bulles.
♦ Le diamètre moyen d'une bulle est de 0,5 mm.
♦ On posait jadis une pellicule de plomb sur la mince feuille de métal qui recouvre le muselet. C'était pour empêcher les souris d'aller manger le bouchon.
♦ La dépression au fond d'une bouteille de champagne s'appelle une pointe.

Voilà, maintenant vous pouvez impressionner vos amis.

CHAPITRE 16

Les vins de dessert et les vins fortifiés

Pour paraphraser Shakespeare : «Ce que nous nommons vin de dessert, sous un autre nom, serait toujours aussi doux au goût». Aux États-Unis, on appelle vins de dessert tous les vins fortifiés, qu'ils soient doux ou qu'ils soient secs. En Australie, on appelle les vins doux des «stickies». Ailleurs au monde, un vin de dessert est simplement un vin doux. Quoi qu'il en soit, les vins de dessert et les vins fortifiés sont extrêmement populaires en ce moment.

Embouteillé par Éditions AdA Inc.

L'histoire des vins doux

La popularité des vins doux a toujours été cyclique. Certains d'entre eux sont le résultat d'un accident qu'on pourrait appeler naturel, d'autres d'un accident commercial. Mais peu importe leur origine, ils sont très populaires aujourd'hui.

À Rome, les vins préférés étaient des vins blancs doux élaborés avec un raisin qui avait séché sur la vigne ou encore sur des nattes en paille, ce qui concentrait leurs saveurs et donnait des vins non seulement plus doux et plus forts, mais assez résistants pour être expédiés dans d'autres régions.

In vino veritas

Les vins de paille ne sont pas tous doux. Loin de là! Les Amarone, par exemple, appelés aussi Recioto della Valpolicella Amarone, sont secs, car le moût a été fermenté jusqu'au bout. *Amarone* signifie d'ailleurs « très amer ».

Au Moyen-Âge, Venise et Gênes exportaient vers le nord de l'Europe des vins doux élaborés à partir de raisin séché. Et n'oublions pas le Tokay de Hongrie, ou le Constantia d'Afrique du Sud, qui furent sur toutes les tables royales d'Europe.

Les vendanges tardives

La légende raconte qu'en 1775, le messager envoyé à Schloss Johannisberg, dans le Rheingau allemand, pour donner l'ordre de commencer les vendanges fut retardé en chemin par des voleurs. Quand il arriva enfin, le raisin d'un certain vignoble était pourri, mais on décida de le vendanger quand même, et il donna un vin doux magnifique. En fait, il semble qu'on faisait des vins de vendanges tardives un siècle plus tôt un peu partout en Europe, mais l'histoire est jolie.

On dit les vendanges tardives car le raisin est récolté très tard, alors que son taux de sucre a depuis longtemps dépassé ce qu'il faut pour faire du vin ordinaire. Ces semaines supplémentaires qu'on lui accorde augmentent certes son taux de sucre, mais aussi les risques de tout perdre par la pluie, la pourriture ou les oiseaux. Le raisin donnera un vin ou très doux, ou très alcoolisé, ou les deux à la fois.

Très riches, au goût mielleux, les vins de vendanges tardives sont généralement issus de Riesling, car le Riesling peut aisément obtenir des taux de sucre élevés, sans pour autant perdre son acidité. D'où des vins très doux, mais pas lourds ou donnant la nausée. L'acidité permet aussi aux vins de vieillir. Les autres cépages couramment utilisés sont le Sauvignon, le Gewurztraminer, le Sémillon et le Zinfandel.

La pourriture noble

Si les Allemands ont une légende pour expliquer la découverte des vins de vendanges tardives, les Français en ont une pour expliquer l'existence des Sauternes. Apparemment, un châtelain demanda un jour à ses ouvriers de ne pas vendanger avant son retour de voyage. Quand il revint, un peu tard, le raisin était hideux, tout rabougri par un champignon, mais il fut vendangé quand même, et le vin fut si magnifique qu'il ordonna de toujours vendanger désormais après l'apparition du champignon.

Ce champignon, *botrytis cinerea*, qui cause la pourriture dite noble, permet à l'eau de s'évaporer du raisin et donc au jus d'être plus concentré et plus sucré.

Botrytis cinerea est un champignon capricieux. S'il fait trop chaud et trop sec, il ne se développe pas, et le vin est doux mais beaucoup moins complexe. Parfois aussi, dans le pire des cas, il cause une pourriture différente, la pourriture grise, et le raisin est ruiné.

Savoir déguster

Plusieurs cépages peuvent profiter de la pourriture noble : Riesling, Chenin, Gewurztraminer, Sauvignon, Sémillon, Furmint, etc. Trois régions sont particulièrement célèbres pour leurs vins issus de raisin botrytisé.

- **Sauternes** Les vins de Sauternes sont issus principalement de Sémillon, mais contiennent souvent du Sauvignon, et parfois du Muscadelle. On ne fait pas des Sauternes doux chaque année. Quand la pourriture noble n'a pas lieu, les producteurs décident parfois de fabriquer à la place un vin sec vendu sous l'appellation Bordeaux.
- **Allemagne** Les Beerenauslese et les Trockenbeerenauslese sont issus de Riesling.
- **Hongrie** Le Tokay (ou Tokaj) provient des vignobles entourant la ville de Tokaj. Il est issu principalement de Furmint.

In vino veritas

Le Château d'Yquem est un Sauternes pas comme les autres. Les vendanges, qui peuvent durer huit ou neuf semaines, sont si sélectives qu'on tire un seul verre de vin par vigne. Vous savez maintenant, en partie, pourquoi c'est un vin si extraordinaire, et si dispendieux.

Les vins de glace

Mais qui a bien pu avoir l'idée de faire du vin avec du raisin gelé? Il a fallu que la Providence s'en mêle. Le premier vin de glace date de l'hiver 1794, lorsque des vignerons de la région allemande de Franconie, qui avaient du raisin gelé, décidèrent de le presser quand même, ce qui donna un jus au taux de sucre fabuleusement élevé.

Quand on écrase du raisin gelé, le jus est séparé de la glace contenue dans le raisin, avec les pépins et la peau. On obtient un jus extrêmement concentré. Pour vous donner une idée, un raisin qui donnerait normalement un jus avec un taux de sucre de 22 % donnera un jus avec un taux de sucre de 50 % ou plus s'il est gelé.

Pour obtenir un raisin bien gelé, on le laisse sur la vigne jusqu'en hiver. Mais le procédé est risqué, car si la saison est trop chaude et le raisin ne gèle pas, un producteur peut perdre toute sa récolte. Les vendanges se font à la main, tôt le matin, alors que le taux d'acidité est à son plus haut. Un raisin gelé ne donne que très peu de jus – une des raisons pour lesquelles les vins de glace sont si chers.

Les producteurs

L'Allemagne et l'Autriche ont une longue tradition dans la production de vins de glace (*Eiswein*, en allemand), mais depuis une dizaine d'année, le plus gros producteur est le Canada, dont les vins ne sont pas seulement issus du Riesling, mais aussi de cépages moins connus, comme le Vidal blanc ou le Vignoles. Une des raisons de son succès, c'est que les hivers y sont beaucoup plus prévisibles.

Comme en Allemagne ou en Autriche, la fabrication du vin de glace au Canada est strictement réglementée : taux de sucre, température durant les vendanges, fermentation, il y a des standards à suivre. Les États-Unis produisent aussi des vins de glace, en particulier dans les États de Washington, de New York (région de Finger Lakes), et dans tous ceux qui bordent les Grands Lacs, comme le Michigan ou l'Ohio. Par contre aux États-Unis, il n'existe aucune réglementation particulière.

Certains producteurs ont une façon un peu différente d'obtenir du raisin gelé : ils le mettent au congélateur. Évidemment, le vin est moins cher.

Servir un vin de glace

Les vins de glace et les vins doux de vendanges tardives se vendent en demi-bouteille et sont assez dispendieux : entre 60 $ et 200 $ pour plusieurs d'entres eux. Heureusement, on en verse moins dans les verres – environ 70 ml. Servez-les frais et dans des verres à pied.

Le Porto

Les origines de ce vin fortifié fameux remontent aux guerres commerciales du 17e siècle entre l'Angleterre et la France. Les Anglais adoraient le Bordeaux, mais des taxes élevées et des interdictions les forcèrent à l'abandonner et à chercher du vin ailleurs. Ils trouvèrent des vins qui leur plaisaient dans la vallée du Douro, au Portugal. Pour être certains que les vins atteindraient l'Angleterre en bonne condition, les marchands y ajoutaient du Brandy.

Puis, en 1678, un marchand de Liverpool envoya ses fils au Portugal pour y trouver des vins. Ils découvrirent dans un monastère juché dans les montagnes près du Douro, un vin préparé par un abbé qui ajoutait du Brandy *pendant* la fermentation, et non après. L'alcool stoppait la fermentation et donnait un vin doux très alcoolisé. Ce fut le début du Porto, du moins selon la légende.

Les origines du nom

Les marchands anglais ouvrirent des maisons de commerce dans la ville d'Oporto, afin d'expédier les vins en Angleterre (c'est la raison pour laquelle tant de portos ont des noms anglais) et, peu à peu, les vins prirent le nom de Porto. Le nom de porto sur l'étiquette garantissait, théoriquement, qu'il s'agissait de vrai porto.

Fruits mûrs

Quels sont les meilleurs producteurs ?

Les meilleures maisons d'origine anglaise sont Cockburn, Sandeman, Croft, Taylor, Syington, Dow, Graham et Warre. La maison Ferreira est la grande dame du Porto. Fonseca et Quinta do Noval sont deux bonnes maisons aussi.

In vino veritas

On fabrique des vins dans le même style que le Porto un peu partout dans le monde, en Californie, dans l'État de Washington, au Canada, en Afrique du Sud, en Australie. Si un producteur, hors du Portugal, écrit porto sur l'étiquette, il doit mentionner la région de production. Ces « portos » sont généralement fabriqués avec les cépages du coin, et non avec les cépages traditionnels du vrai Porto.

Selon la réglementation portugaise, quatre-vingts cépages différents peuvent entrer dans le Porto. Dans les faits, cependant, on en n'utilise qu'une poignée. Les plus fréquents sont :

♦ Tinta Roriz (identique au Tempranillo)
♦ Touriga Nacional
♦ Tinta Barroca
♦ Tinto Cao
♦ Touriga Francesca
♦ Bastardo
♦ Mourisco

La majorité des portos sont rouges et doux, mais il existe un nombre impressionnant de styles, selon la qualité du vin au départ, la durée du vieillissement en fût, et s'il s'agit d'un assemblage de plusieurs années ou non.

Certains vins sont vieillis dans des fûts quelques années, où ils réagiront avec l'oxygène passant entre les douves. D'autres sont vieillis en bouteilles, avec par conséquent un vieillissement beaucoup plus lent, puisque la quantité d'oxygène y est minuscule. Certains portos sont des assemblages de vins vieillis en fûts et de vins vieillis en bouteilles.

Les différents portos

Vintage

Ce sont les plus grands portos, millésimés et vieillis en bouteilles. Lorsqu'ils sont embouteillés, après seulement deux ans de fût, ils sont encore extrêmement tanniques ; c'est en bouteille qu'ils perdront leur amertume et développeront tout leur moelleux. Mais sans oxygène, le processus est long : au moins 20 ans ! Et il peut continuer à s'améliorer encore pendant des décennies.

Ce qui distingue vraiment un Porto millésimé des autres, toutefois, c'est le raisin. On n'utilise que le raisin des meilleurs vignobles, et encore, que si l'année a été très bonne ; ainsi, on fabrique du Porto millésimé que trois années sur dix en moyenne.

Ce type de Porto n'étant pas clarifié (aucun filtrage ni collage), il doit obligatoirement être décanté, afin de le débarrasser de ses sédiments. Et il vaut toujours mieux finir la bouteille.

In vino veritas

Les portos Single Quinta Vintage sont apparus dans les années 80. Il s'agit de portos issus du raisin d'une seule année et d'un seul vignoble (« quinta » signifie vignoble). Ils sont produits les années ne permettant pas de faire un Vintage, mais néanmoins avec du raisin de très haute qualité.

Late-Bottled Vintage (LBV)

Ce type de porto est sans doute le meilleur après le Vintage. Les bouteilles sont millésimées et le vin est issu du meilleur raisin d'un producteur, cependant l'année de vendange n'a pas été exceptionnelle. Conservés cinq à six ans en fûts, pour les vieillir rapidement, ils sont prêts à boire dès qu'ils sont vendus.

Tawny

Les vins demeurent jusqu'à 40 ans en fûts, jusqu'à prendre une teinte mordorée (« tawny »). Ils sont prêts à boire immédiatement et se conservent quelques semaines après ouverture de la bouteille.

L'étiquette porte souvent une mention d'âge, soit 10, 20, 30 ou 40 ans. Mais il s'agit en fait d'une moyenne, car les Tawny sont des assemblages de vins vieux, plus complexes, et de vins jeunes, plus fruités, sauf pour les *colheita* (« millésime », en portugais), qui sont des Tawny élaborés avec le raisin d'une seule année.

Ruby

C'est un des portos les moins dispendieux. Embouteillé après seulement deux ou trois ans en fûts, il a une robe rubis foncé et ne se conserve pas très longtemps. Les mentions « reserve » et « special reserve » indiquent que le vin a été vieilli plus longtemps.

Élaborés avec des vins d'années différentes, les portos Vintage Character sont des Ruby issus de meilleur raisin. Le terme Vintage Character n'apparaît cependant pas sur l'étiquette. Ils portent des noms commerciaux comme Bin 27, Six Grapes ou Boardroom.

Message dans **la bouteille**

White Port (porto blanc)

Le porto blanc est produit selon la même méthode que les autres portos, mais en utilisant des cépages blancs, principalement le malvasia et le donzelinho. Certains sont plus secs (résultat d'une fermentation plus longue) et se boivent comme apéritifs.

Le xérès

Le xérès, que les Anglais appellent *sherry*, est un vin fortifié mal connu et sous-estimé produit en Espagne dans la région du même nom. Les xérès secs sont issus de Palomino, alors que les doux sont issus de Moscatel et de Pedro Jimenex. La méthode employée est assez complexe.

Une levure capricieuse

Au départ, il y a trois types de xérès, selon qu'une levure appelée *flor* se développe ou non sur le vin de base mis en baril. Ce ne sont pas tous les vins qui sont susceptibles de voir naître la levure, et celle-ci ne se développe que si la température et l'humidité sont idéales. La levure, en plus d'ajouter du piquant au vin, forme une croûte à la surface qui empêche tout contact avec l'air. Si la levure se développe comme il faut, le vin est sec et coulant : c'est le *fino*.

Si par contre la levure cesse brusquement – et mystérieusement – de se développer, le résultat est un vin sec et plus complexe appelé *paolo cortado*. Seulement un baril sur cent produit ce type de xérès.

Si la levure ne se développe pas du tout, le vin vieillit au contact de l'air et conserve un goût riche de raisin : c'est l'*oloroso*.

Fortifier et assembler

Après avoir fortifié le vin avec un brandy incolore, on procède à l'assemblage. Le xérès n'étant en général pas millésimé, les producteurs lui donnent une qualité uniforme en assemblant des vins de différentes années – y compris parfois des vins vieux de cent ans – selon le procédé de la *solera*.

Ce procédé consiste à empiler jusqu'à quatorze étages de barils, les années les plus récentes étant placées en haut. Les producteurs soutirent le quart ou le tiers du vin contenu dans les barils du premier étage, les plus vieux, et le mettent en bouteilles ; puis ils remplacent le vin soutiré par du vin pris dans les barils de l'étage supérieur, qui reçoivent à leur tour du vin de l'étage plus haut, et ainsi de suite. Le résultat est un produit semblable d'une année à l'autre.

In vino veritas

Le Manzanilla est un fino extra-sec. Délicat et léger, il est un peu salé, sans doute parce qu'il est élaboré dans une ville au bord de la mer. L'Amontillado est un vieux fino, riche, ambré, qui goûte les noix.

Les différents xérès

Le vieillissement change parfois complètement le caractère d'un xérès, qui alors n'a plus vraiment les caractéristiques d'un fino, d'un oloroso ou d'un palo cortado. Il existe aussi des xérès qui ont été sucrés.

Les xérès suivants sont tous doux :

- **Paul-Cream** – un fino légèrement sucré
- **Cream Sherry** – un oloroso très sucré
- **Brown Sherry** – un oloroso foncé et très doux

Le madère

Le madère est indestructible. La plupart des vins ne supportent pas la chaleur et le mouvement, et s'altèrent en quelques jours une fois la bouteille ouverte, mais pas le madère. La chaleur, d'ailleurs, intervient dans sa fabrication.

Madère est une île portugaise située dans l'Atlantique, au large des côtes d'Afrique du Nord, qui était parfaitement située pour devenir un port important. Les bateaux en destination d'Amérique du Sud ou d'Asie y prenaient leurs cargaisons de vins, des vins dans lesquels ont avaient ajouté de l'alcool de canne à sucre pour qu'ils supportent le voyage.

Peu à peu, on se rendit compte que les vins étaient meilleurs après avoir voyagé, et que ceux qui avaient effectué un aller-retour étaient même meilleurs que ceux qui avaient effectué un aller simple !

On se mit à placer le vin dans les cales uniquement pour qu'il développe toute sa saveur, mais il fallut bientôt trouver une méthode moins dispendieuse, et les vignerons trouvèrent la solution : la chaleur.

Le madère est généralement fabriqué avec du vin blanc. Après la fermentation, le vin est placé au moins trois mois dans des cuves ou des chambres chauffées, ou encore au soleil. En plus d'oxyder le vin, la méthode permet aux sucres d'être caramélisés par la chaleur. Le vin prend alors une teinte ambrée.

Les différents madères tirent leur nom des cépages utilisés :

- **Sercial** – c'est le plus sec ; il est piquant et acide.
- **Verhelho** – demi-sec ; il a un goût de noix.
- **Bual** (ou **Boal**) – demi-doux, c'est un madère riche au goût de raisin.
- **Malvasia** (ou **Malmsy**) – doux et concentré.

Les deux premiers font de bons apéritifs. Les deux derniers sont idéals comme vins de dessert. Parfois, le cépage n'est pas indiqué, et l'étiquette porte les mentions sec, demi-sec, demi-doux ou doux.

CHAPITRE 17

Le cellier

Inutile d'être millionnaire, ou d'être moine et d'avoir une énorme cave, pour conserver des bouteilles de vin. Un cellier pour le vin n'est qu'un endroit réservé au vin. Vous décidez de son importance, de sa location et vous y mettez les bouteilles que vous voulez. C'est un endroit très personnel, et le cellier d'un amateur incapable de garder une bouteille plus d'une semaine sera évidemment bien différent de celui qui a décidé «d'investir» dans les vins. C'est à vous de créer le cellier idéal, le cellier adapté à vos besoins.

Pourquoi avoir un cellier?

Environ 95 % des vins doivent être bus l'année de leur mise en vente. La plupart d'entre eux étant aussi bus quelques heures ou quelques minutes après avoir été achetés, personne n'a besoin d'un cellier pour ce genre de vin. Mais si vous avez l'habitude d'acheter un grand nombre bouteilles, ou si vous achetez des vins de garde, vous avez intérêt à avoir un cellier. L'idée n'est pas d'accumuler le plus de bouteilles possibles, mais d'augmenter votre appréciation générale du vin, tout en conservant adéquatement votre précieuse marchandise.

Si vous avez encore de la difficulté à vous décider, jetez un coup d'œil sur les six raisons principales pour avoir un cellier.

- **L'économie d'argent** – on peut acheter des vins de garde quand ils sont jeunes et moins chers.
- **La commodité** – plus besoin d'aller au magasin chaque fois qu'on a envie de boire du vin.
- **Le choix** – on peut avoir chez soi une bouteille pour chaque occasion.
- **La culture** – on apprend des tas de choses sur le vin quand on assemble une collection.
- **Le prestige** – ça impressionne les amis.
- **Le profit** – si on achète avec discernement, on peut faire de l'argent.

Vous et le vin

Si vous conservez quelques bouteilles toujours au même endroit, dans un placard par exemple, on peut dire que vous avez un cellier. Mais les conditions ne sont peut-être pas les meilleures. Avant d'investir dans un cellier plus adéquat, posez-vous les questions suivantes, elles vous aideront à choisir ce qu'il vous faut :

- Quels types de vin achetez-vous? Des rouges de longue garde, des blancs légers, les deux?

- Quand vous achetez une belle bouteille, vous la buvez le jour même ou vous la gardez pour une occasion spéciale ?
- Vous aimez parcourir les magasins vous-même, ou préférez-vous laisser une autre personne s'en charger ?
- Vous achetez du vin pour votre propre plaisir, ou pour le partager avec des amis ?

Le cellier

Un cellier peut être la reproduction d'une vraie cave à vins, ou quelque chose de beaucoup plus simple. Tout ce qui compte, c'est que les conditions soient bonnes pour le vin.

Les caractéristiques d'un bon cellier

D'abord, la température doit être d'environ 12 °C. Le froid ralentit le processus de vieillissement, alors que la chaleur l'accélère. Si vous conservez des vins de garde dans un endroit trop chaud, et que vous avez de la chance, ils seront prêts à boire après seulement un an au lieu de plusieurs. Mais ce qui risque plutôt d'arriver, c'est qu'ils seront gâtés, les blancs seront bruns et oxydés, et les rouges madérisés.

Une température trop froide n'est pas aussi néfaste pour le vin, mais il faut éviter les variations continuelles de température. En se réchauffant, un vin prend de l'expansion et peut pousser un peu le bouchon. Quand ensuite il se refroidit, il se contracte et aspire de l'air dans la bouteille.

Savoir déguster

Il ne faut pas conserver le vin dans un réfrigérateur ordinaire, car la température y change plusieurs fois par jour. Un réfrigérateur ordinaire n'est pas conçu pour maintenir une température stable. De plus, le compresseur fait beaucoup de vibrations.

Le cellier doit être obscur, car la lumière modifie les caractéristiques biochimiques du vin au fil du temps. Les blancs en bouteilles incolores sont particulièrement vulnérables. L'humidité ambiante doit être suffisante pour éviter qu'une certaine quantité d'eau ne s'évapore des bouteilles, et il ne doit pas y avoir de vibrations, car les matières en suspension peuvent alors précipiter trop rapidement. Il ne faut pas que les bouteilles soient en contact avec des odeurs trop fortes, car le vin respire par le bouchon et pourrait absorber des odeurs désagréables.

N'oubliez pas de coucher les bouteilles qui ont un bouchon en liège, sinon le bouchon risque de sécher et de laisser passer l'air.

Les réfrigérateurs à vins

Les plus petits réfrigérateurs à vins ne sont pas plus gros qu'une télévision et permettent pour une centaine de dollars d'avoir l'humidité et la température idéales. Il suffit d'avoir une prise électrique. Évidemment, qui dit petit modèle, dit peu de place à l'intérieur – de six à vingt bouteilles – mais c'est un début. Vous pouvez toujours acheter un réfrigérateur plus gros un peu plus tard. Comme vous vous en doutez, les gros modèles coûtent beaucoup plus cher et peuvent être assez sophistiqués. Pour quelques milliers de dollars, on trouve des modèles qui ont une capacité de 700 bouteilles, des casiers en acajou, un système de refroidissement contrôlé par ordinateur et des portes-fenêtres. L'avantage du réfrigérateur, c'est qu'on peut l'apporter avec soi si on déménage.

Il existe aussi des modèles encastrés, si vous manquez d'espace. Certaines personnes troqueraient volontiers leur lave-vaisselle contre un réfrigérateur à vins.

Les celliers construits sur mesure

Alors vous voulez vous construire un cellier ? Ce n'est pas les experts qui manquent pour vous conseiller. Que vous ayez l'intention de construire un espace modeste ou une vraie pièce pour conserver et déguster vos vins, d'engager des ouvriers ou de tout faire vous-même, voici quelques conseils à suivre, offerts par des gens qui l'ont fait avant vous :

- Le système de refroidissement ne doit pas réduire l'humidité ambiante, si importante pour l'intégrité des bouchons. Un système de réfrigération ordinaire ou un climatiseur ne fait pas l'affaire.
- Utilisez pour les casiers le meilleur bois possible, qui ne gauchira pas sous l'effet de l'humidité et qui n'a pas besoin de teinture. Du séquoia, par exemple.
- Choisissez des casiers ouverts sur les côtés, afin que l'air puisse circuler autour des bouteilles et maintenir une température uniforme.
- Installez une seule lampe, et non pas plusieurs, afin de ne pas réchauffer le vin inutilement.
- N'oubliez pas d'avoir des casiers pouvant contenir des grosses bouteilles, comme des magnums ou des jéroboams. Laissez aussi un espace pour les caisses.
- Le plancher doit résister à l'humidité. Un revêtement de briques, de pierres ou de carreaux est parfait.
- Installez une porte d'extérieur, isolée et comportant des bourrelets contre les courants d'air.
- Utilisez un film plastique pour empêcher l'humidité du cellier de s'échapper (vers l'extérieur plus sec).

Message dans la **bouteille**

Vous pouvez toujours acheter des casiers préfabriqués (ou à monter soi-même). Peu dispendieux, on en trouve en bois, en acier inoxydable ou en treillis métallique. Ceux en métal sont moins chers, mais le métal transmet la chaleur et le froid. Choisissez plutôt des casiers en bois dur, qui ne gauchissent pas et n'émettent aucun parfum volatil, et si c'est trop cher, des casiers en bois mou, comme en pin ou en sapin.

Les celliers improvisés

Même sans disposer d'un sous-sol toujours frais et humide, ou d'un château anglais, vous pouvez entreposer du vin chez vous sans faire de dépenses importantes. C'est un peu risqué, certes, mais vous réduirez les risques en suivant les conseils suivants :

- Commencez par choisir des vins qui se conservent, comme des rouges très tanniques et bien équilibrés (en particulier si vous pensez les garder plusieurs années).
- La température doit être fraîche et constante. Un local à 18°C fait parfaitement l'affaire, mais une chambre à coucher qui passe de 18°C le matin à 28°C l'après-midi ne l'est pas. Et oubliez la cuisine.
- L'humidité ne doit pas être trop élevée. L'idéal se situe entre 55 % et 75 %. Plus de 95 %, et vous risquez d'avoir de la moisissure sur vos bouteilles et des étiquettes détériorées.
- Choisissez un endroit sombre et calme.

In vino veritas

Si vous avez l'impression que votre vin s'évapore, surveillez l'*ullage*, c'est-à-dire l'espace dans la bouteille entre le bouchon et le vin. S'il augmente au fil des jours, le vin s'évapore. Le problème est parfois causé par un manque d'humidité dans le cellier. Si c'est le cas, une solution simple est d'y installer un petit humidificateur pour la maison.

Peu importe à quoi doit ressembler votre cellier, surestimez la quantité de vin que vous pensez acheter et faites-le grand.

Commencer sa collection

Peu de gens se lèvent un beau matin et se disent : « Aujourd'hui, je commence une collection de vins ». Non, la collection apparaît mine de rien. Vous achetez plusieurs bouteilles d'un vin qui vous plaît, vous mettez de côté quelques belles bouteilles pour plus tard, vous vous faites livrer une caisse, et vous voilà avec une collection. Puisque apparemment vous avez l'espace et les conditions adéquates, aussi bien en profiter et acheter encore plus de vin !

Ce n'est pas une mauvaise idée de planifier vos achats. Bien entendu, vous allez sûrement modifier votre plan avec le temps (tout comme vos résolutions du nouvel an), mais vous aurez un but, une certaine organisation, et vous saurez exactement combien d'argent vous pouvez mettre de côté pour votre nouveau passe-temps.

Gérer le calendrier de vos dégustations

Ne commettez pas l'erreur de n'acheter que des bouteilles prêtes à boire, que vous devez toutes boire en peu de temps, laissant ensuite votre cellier complètement vide. Il faut au contraire acheter tous les types de vins : des vins de moyenne garde, des vins de longue garde et des vins à boire rapidement.

Les vins à boire rapidement sont en quelque sorte vos vins maison. Ce sont les vins que vous buvez en revenant du travail, quand vous recevez des amis à la bonne franquette ou simplement quand vous avez une envie soudaine de vin. Ils ne sont pas faits pour vieillir. Ce sont normalement les moins chers du cellier.

Le temps corrige rarement les défauts d'un vin. En général, il les augmente. Un vin gras et mou ne sera pas plus acide ou mieux charpenté parce qu'on l'a laissé vieillir. Et un vin trop boisé ne gagnera aucun fruit avec le temps.

Savoir déguster

Les vins de moyenne garde se conservent entre trois et dix ans. Ils sont parfaitement bons au moment où vous les achetez, mais ils seront peut-être encore meilleurs après avoir séjourné quelques années dans votre cellier. Vous ne les boirez probablement pas avec la même nonchalance, vu le prix que vous les aurez payés.

Les vins de longue garde, quant à eux, sont les vins qui *doivent* vieillir si vous voulez en profiter. Vous pouvez faire des économies en les achetant dès leur sortie, mais ils représenteront toujours vos vins les plus chers.

Les vins de garde

Contrairement aux vins à boire rapidement, qui ne peuvent que décliner avec le temps (et que vous devriez mettre dans un endroit bien visible, pour ne pas les oublier), les vins qui suivent peuvent se conserver long-temps et ont tout intérêt à l'être.

Savoir déguster

Si vous achetez une bouteille de vin dans un magasin et que vous voulez savoir combien de temps vous pouvez la conserver avant de la boire, demandez au vendeur. Sinon, allez voir le site du producteur, on trouve parfois des informations sur la conservation de leurs vins. Il est évidemment impossible de savoir avec précision comment vieillira un vin, mais les informations plus bas vous donneront une idée générale.

Cabernet Sauvignon

Les vins issus de Cabernet Sauvignon sont faits pour vieillir. Le nombre d'années dépend essentiellement de la qualité du vin, et certains vins de Bordeaux ou de la vallée de Napa, par exemple, peuvent se garder des décennies. Évitez les mauvaises années, un vin médiocre ne pouvant pas magiquement s'améliorer avec le temps. Si on peut garder les grands vins très longtemps, il vaut mieux boire les vins légers après deux ou trois ans.

Merlot

Les Merlots ne sont pas tous simples et fruités. Il s'agit d'un cépage noble, après tout! Certains Merlots sont aussi robustes et corsés qu'un Cabernet Sauvignon, tout en étant plus veloutés. Un Merlot peu dispendieux devrait être bu rapidement, mais un grand Merlot peut se conserver entre cinq et vingt-cinq ans, parfois plus.

Nebbiolo

Les vins issus de Nebbiolo, particulièrement les Barolos et les Barbarescos du nord de l'Italie, ont tout intérêt à vieillir quelques années, le temps les rendant plus complexes. Les Barolos peuvent se garder entre quinze et quarante ans, les Barbarescos un peu moins.

Pinot noir

Les Pinots noirs ne sont pas tous identiques. Ce sont des vins qui sont délicats à produire et il n'est pas toujours facile de prédire combien d'années une bouteille se gardera. Les meilleurs Bourgognes peuvent être sublimes après des dizaines d'années, mais les vins de Californie, d'Oregon ou de Nouvelle-Zélande, par exemple, atteignent leur sommet après sept à dix ans.

Syrah

Les vins issus de Syrah, en tout ou en partie, peuvent généralement se conserver un certain nombre d'années. Les vins de Côte Rôtie, par exemple, dans la vallée du Rhône, dans lesquels le Syrah est le cépage principal, se conservent dix ans ou plus. Quant aux vins de l'Hermitage, intenses et tanniques dans leur jeunesse, ils peuvent se conserver entre quinze et quarante ans.

Riesling

De tous les vins blancs, ceux issus du Riesling ont le plus grand potentiel de garde. Les meilleurs vins allemands sont fantastiques après plusieurs décennies en cave. En fait, les jeunes vins sont souvent austères et il vaut mieux attendre avant de les boire. En ce qui concerne les Riesling hors d'Allemagne, on peut en général les conserver de deux à dix ans.

Chardonnay

Les Chardonnay sont très variables, mais les grandes bouteilles se conservent assez longtemps. Fiez-vous au prix : les bouteilles peu dispendieuses doivent se boire rapidement, les autres devraient être conservées deux ou trois ans avant d'être ouvertes.

Les vins de dessert

Les vins de dessert, particulièrement les vins fortifiés, peuvent se conserver très longtemps. Certains portos Vintage, tanniques, très alcoolisés et bien équilibrés en acidité, atteignent facilement cent ans. Quant aux vins de glace, Sauternes et vins de vendanges tardives, ils se conservent plusieurs années.

Message dans **la bouteille**

Il faut goûter au vin pour savoir s'il a encore besoin de vieillir. Mais alors comment faire si on a une seule bouteille ? Une façon simple, bien qu'assez incertaine, consiste à regarder le prix. Si vous avez payé une bouteille plus de 30 $, stockez-la ; sinon, buvez-la sans attendre.

L'équilibre d'un vin

Les vins que vous achetez devraient toujours être bien équilibrés, mais c'est particulièrement vrai pour ceux que vous choisissez de conserver, car le temps accentue les défauts. Considérez les points suivants :

- ◆ **L'alcool** – Si vous trouvez que le vin goûte trop l'alcool, laissez tomber ; en vieillissant, il goûtera l'alcool encore plus.
- ◆ **L'acidité** – C'est l'épine dorsale d'un vin, mais, encore une fois, il faut faire attention et ne pas choisir un vin à l'acidité trop prononcée. Avec le temps, les arômes de fruits et les tanins s'estompent, mais pas l'acidité, qui alors se perçoit davantage.
- ◆ **Le boisé** – Le goût de chêne ne va pas s'atténuer avec le temps non plus. Après quelques années, il peut écraser les autres éléments du vin.
- ◆ **Les tanins** – Les tanins, eux, s'estompent définitivement avec les années, mais s'il y en a trop au départ, il y en aura peut-être encore trop plus tard (au détriment du fruité).

Élargir sa collection

Vos goûts et votre porte-monnaie dicteront vos achats. Ces deux éléments, qui sans doute changeront avec les années, peuvent sembler évidents, mais faites attention. Goûtez toujours un vin avant d'en acheter toute une caisse. Plus d'une personne s'est laissée emporter par l'excitation du moment, et s'est retrouvée avec douze bouteilles d'un vin qui finalement lui plaisait assez peu.

Quant à l'argent, un collectionneur passionné dépense toujours plus que prévu. Achetez assez de bouteilles pour votre consommation quotidienne et pour les occasions spéciales, mais n'achetez pas plus de bouteilles que votre cellier peut en contenir.

Acheter par région

Après un certain temps, vous aurez envie de goûter de meilleurs vins, et différents de ceux auxquels vous êtes habitué. Adoptez une vision globale. Chaque région produit des vins particuliers. En goûtant différents vins de la Rioja, produits par différents producteurs, vous aurez une idée de ce que l'Espagne a à offrir. En goûtant des Riesling d'Allemagne, d'Alsace et de New York, vous verrez les différences et les similarités entre eux.

Et si vous avez déjà une préférence pour les vins d'une certaine région, n'hésitez pas à essayer tous les vins offerts. Les vins d'Italie, de Bourgogne (avec ses centaines d'appellations), ou de Californie peuvent facilement occuper toute une vie.

Acheter par millésime

Si l'influence des différentes années sur les vins vous intéresse, achetez plusieurs millésimes de la même appellation, par exemple des Cabernet de Napa ou des Barolo du Piémont.

En goûtant différents millésimes d'un même vin (le vin particulier d'un producteur), vous verrez l'influence du climat ; en goûtant des vins de différents producteurs, mais tous de la même année, vous verrez l'influence de la technique.

Où acheter de belles bouteilles

Les bouteilles de vin achetées à des prix fous par les collectionneurs ne viennent pas des magasins. Néanmoins, en ce qui vous concerne, le magasin de vins est encore le meilleur endroit pour acheter votre vin.

Les bons marchands sont au courant des nouveautés et peuvent vous indiquer les meilleurs vins. Ils peuvent aussi vous aider à trouver une bouteille qu'ils n'ont pas en stock.

Aussi, tout comme les médecins, beaucoup d'entre eux se spécialisent. Alors si vous êtes intéressé essentiellement par les vins français ou italiens, par exemple, il y a sans doute un marchand quelque part qui a la même passion que vous.

Les ventes aux enchères

Les bouteilles très vieilles ou très rares, qui ne sont plus en circulation depuis des années, sont généralement vendues par enchères. La plupart des gens qui assistent aux ventes aux enchères sont plutôt riches, et, comme tout le monde, ils se laissent souvent avoir par la ferveur des enchères. C'est une des raisons pour lesquelles les maisons de ventes aux enchères préfèrent avoir un public en chair et en os plutôt que de recevoir des offres par téléphone, télécopieur ou courriel.

Si vous voulez participer à une vente aux enchères, et surtout si c'est votre première fois, vous avez tout intérêt à faire quelques recherches pour diminuer le risque de vous faire avoir. Renseignez-vous sur la valeur réelle du vin qui vous intéresse, et sur place faites attention aux vins dont le prix semble trop bas. Aussi, allez seulement aux ventes organisées par des maisons sérieuses.

Moins de monde assiste en personne aux ventes aux enchères qu'auparavant. Les prix s'emballent donc plus rarement. Pour attirer le chaland, les maisons offrent maintenant des déjeuners extravagants dans des restaurants quatre étoiles, des échantillons de certains vins en vente ou plus simplement un peu de champagne.

In vino veritas

Plusieurs maisons importantes de ventes aux enchères ont un site Internet, entre autres :

- ♦ Morrell & Company (*www.morrellwineauctions.com*)
- ♦ Acker Merrall & Condit (*www.ackerwines.com*)
- ♦ WineBid.com (*www.winebid.com*)
- ♦ Christie's (*www.christies.com*)
- ♦ Sotheby's (*www.sothebys.com*)
- ♦ Brentwood Wine Company (*www.brentwoodwine.com*)
- ♦ Chicago Wine Company (*www.tcwc.com*)
- ♦ MagnumWines (*www.magnumwines.com*)
- ♦ Bonhams & Butterfields (*www.butterfields.com*)
- ♦ Zachys Wine Online (*www.zachys.com*)

Tout comme sur le site Internet eBay, certains vins ont un prix minimum. Demandez si c'est le cas. Renseignez-vous aussi sur les frais d'expédition, les frais d'assurance et les responsabilités légales de la compagnie. Les maisons sérieuses, y compris sur Internet, donnent cette information d'emblée.

Message dans **la bouteille**

Acheter directement du producteur

Inutile de se déplacer pour acheter directement d'un producteur, il suffit de passer une commande (à condition que ce soit légal où vous habitez). Commencez par être sur leur liste de diffusion afin de recevoir l'information nécessaire sur leurs vins. Ce n'est pas compliqué. À moins bien sûr d'être intéressé par une maison produisant un vin en très petite quantité, un de ces vins cultes : être sur leur liste de diffusion est alors un signe de prestige ! C'est d'ailleurs la seule façon d'obtenir une de leurs bouteilles, à moins de payer une fortune au restaurant. Et même si vous réussissez à être sur leur liste, vous n'avez droit en général qu'à un certain nombre de bouteilles.

Une autre option est d'acheter un vin à terme, via un magasin ou directement chez le producteur. Vous achetez le vin avant même qu'il soit embouteillé, et vous recevez vos bouteilles quand il est mis en vente. L'un des avantages, c'est que vous achetez le vin moins cher... du moins vous l'espérez. Quelquefois le prix en magasin est le même, et vous avez payé plus tôt pour rien, parfois depuis plus d'un an !

Acheter un vin à terme est surtout utile quand le vin est si populaire, et produit en si petite quantité, que toutes les bouteilles risquent d'être vendues à l'avance, sans rien laisser pour les magasins. La vente à terme concerne surtout les vins de Bordeaux et les Cabernet Sauvignon californiens.

In vino veritas

Il serait logique de penser que contourner les intermédiaires et acheter directement du producteur permet de sauver de l'argent. Ce n'est pas le cas. Les producteurs ne souhaitent pas déplaire à leurs distributeurs en baissant les prix du vin vendu sur place. Vous paierez en fait moins cher dans les grandes solderies.

Les consultants en vins

Certains consultants se spécialisent dans la construction de celliers, d'autres ne font qu'acheter pour vous des bouteilles difficiles à trouver, grâce à leurs contacts. Quel luxe que de laisser quelqu'un s'occuper de tout ! Malheureusement, ce n'est pas donné, et la plupart des gens s'en passent.

Adhérer à un club d'achats de vins est une autre solution. Une fois par mois, vous choisissez dans une liste bien garnie les vins que vous voulez. À vous de vous concentrer sur une région ou d'essayer des vins d'un peu partout.

La recherche

Peu importe comment vous achetez vos vins, vous devez connaître de sources indépendantes leur valeur marchande, sinon vous risquez de payer beaucoup trop. Il suffit de consulter Internet.

Quatre fois par an, le magazine *Wine Spectator* (*www.winespectator.com*) publie sur Internet un index des prix moyens payés dans les ventes aux enchères pour les vins courants, avec en plus des comparaisons de prix et des données sur l'évolution d'un trimestre à l'autre. En plus de vous donner le prix des vins courants, le site vous aide à déterminer la valeur marchande des vieux millésimes.

Le site *www.wine-searcher.com* vous permet quant à lui de connaître la disponibilité et le prix d'un vin vendu en magasin. Vous tapez le nom, le producteur et l'année d'un vin et vous obtenez la liste des magasins où il est disponible et le prix demandé par chacun. Il y a deux services, un gratuit et un payant. Le service gratuit ne cherche que parmi les magasins commanditaires du site. Le service payant cherche parmi tous les magasins inscrits sur leur liste (plus de 4 000), en vous donnant d'abord les meilleurs prix.

Investir dans le vin

La plupart des gens achètent du vin pour le boire, ils ne font pas d'argent avec leur collection, ils la consomment! Mais certaines bouteilles prennent tant de valeur avec le temps qu'investir est tentant. Seules les très grandes bouteilles peuvent constituer un bon investissement; la majorité des autres vins vous rapporteront moins que si vous aviez placé votre argent ailleurs.

Par exemple, si vous vendez 200 $, en 2005, une bouteille de vin français payée 10 $ en 1970, cela représente un rendement de 8,9 %. C'est très bon. Mais c'est sans compter ce que conserver la bouteille 35 ans vous a coûté, ou l'occasion manquée de la boire.

Ce genre d'investissement comporte aussi des risques sérieux. Une mauvaise critique peut dévaluer un vin, ou une panne de courrant (si vous en dépendez) peut ruiner votre collection.

Gérer son cellier

Votre collection change chaque fois que vous buvez une bouteille ou que vous en ajoutez une. Il faut donc avoir une certaine organisation, et pour savoir quels vins sont dans votre cellier, peut-être même tenir un journal.

Message dans **la bouteille**

Vérifiez la température de votre cellier de temps à autre. En y plaçant, pendant une semaine, un thermomètre qui enregistre les températures minimum et maximum (l'appareil coûte environ 30 $), vous saurez si tout va bien. Un écart de plus de 3° C signifie qu'il y a un problème.

L'organisation

Avant tout, buvez vos vins avant qu'ils ne soient trop vieux! Si vous ne faites pas attention, vous pourriez découvrir dans votre cellier une caisse de vins à boire très jeunes vieille de cinq ans... Placez les vins à boire rapidement quelque part de bien visible.

Vous pouvez aussi indiquer sur chaque bouteille quelque chose comme : « À boire avant le … ». On trouve même des étiquettes spécialement conçues à cette intention dans les magasins.

Si vous avez beaucoup de bouteilles, vous devez tenir un inventaire. Pour chaque bouteille, notez le jour où vous l'avez acheté, son prix, le jour où vous l'avez bue, et quelques commentaires. Vous pouvez aussi tenir un inventaire par ordinateur. Il existe sur Internet plusieurs programmes bon marché téléchargeables, conçus spécialement pour tenir un inventaire de vins. On trouve aussi des logiciels pour ordinateurs de poche, ce qui est encore plus pratique.

Réapprovisionner le cellier

Chaque fois que vous buvez une bouteille, vous diminuez votre stock. Regardez combien de bouteilles vous buvez par semaine, et achetez en conséquence. Si vous buvez environ trois bouteilles par semaine, par exemple, vous aurez une caisse à acheter tous les mois.

N'hésitez pas à acheter plus de vins que vous n'en buvez. Pensez aux amis.

CHAPITRE 18

Le vin et la santé

Le vin est associé à une bonne santé depuis des milliers d'années; on s'en servait déjà comme médicament il y a plus de 4 000 ans, comme le prouvent d'anciennes tablettes d'argile. Hippocrate le conseillait en cas de fièvres, pour désinfecter les plaies et comme supplément alimentaire. Le médecin de Louis XIV, en 1680, prescrivait au roi ce qui pour lui était la plus salutaire des boissons : du Bourgogne. Et au 19e siècle, les buveurs de vins échappèrent au choléra, selon les chercheurs parce que le vin tuait la bactérie. Aujourd'hui encore, la médecine s'intéresse au vin, et cherche à comprendre les secrets de son interaction avec le corps humain

Embouteillé par Éditions AdA Inc.

Le paradoxe français

En 1991, l'émission *60 minutes* apprit à 33,7 millions de téléspectateurs américains qu'il se passait quelque chose d'étonnant en France. Les Français mangeaient des aliments très gras, remplis de cholestérol, comme du fromage, du beurre, des œufs, des tripes, et souffraient pourtant beaucoup moins que les Américains de maladies coronariennes. « Ils font visiblement quelque chose que ne font pas les Américains, dit à un moment le journaliste. La chose est confirmée : l'alcool, et surtout le vin rouge, réduit les risques d'avoir une maladie coronarienne. »

On appela le phénomène « le paradoxe français », et un mois après le reportage, les ventes de vins rouges avaient augmenté de 40 % aux États-Unis. Les Américains commencèrent à voir le vin comme un médicament, plutôt que comme une toxine. On entreprit des recherches pour comprendre l'effet du vin sur le cœur, les poumons, le cerveau, les os et la santé en général.

Les recherches durent toujours, mais apparemment c'est juste ; selon des études conduites un peu partout dans le monde, une consommation modérée d'alcool réduit de 20 % à 40 % les risques d'avoir une maladie coronarienne.

Le vin vs les autres alcools

On ne sait pas encore si les effets bénéfiques du vin rouge proviennent d'éléments qui lui sont propres ou simplement de l'alcool. Certaines études ont montré que les effets du vin avaient lieu même sans alcool ; d'autres études ont montré que la bière et les alcools forts avaient eux aussi un effet bénéfique.

Selon les chercheurs, la différence provient peut-être essentiellement de la façon de consommer l'alcool :

- On boit surtout le vin en mangeant, et non quand on a l'estomac vide.
- On boit le vin plus lentement que les autres alcools.

♦ On boit en général un de peu vin toute la semaine, alors que les autres alcools sont souvent consommés en grande quantité d'un seul coup, pendant le week-end par exemple.

Les buveurs de vin ont donc une absorption différente de l'alcool : elle est lente et s'étend sur une longue période. D'où, peut-être, un effet particulier sur la santé.

Les résultats des recherches

On demeure souvent un peu perdu devant les résultats de tant de recherches : les données sont compliquées, incomplètes et parfois carrément contradictoires. On est au moins certain d'une chose : trop d'alcool est mauvais pour la santé, en particulier pour le foie et la tension artérielle (risque d'hypertension). Mais une consommation modérée est apparemment bénéfique.

Qu'est-ce qu'une consommation « modérée » ?

Pour le gouvernement américain, « modéré » signifie deux verres par jour pour les hommes, et un verre par jour pour les femmes. Un verre équivaut à 150 ml de vin, 350 ml de bière ou 45 ml d'alcool fort (comme du scotch ou de la vodka). Les gouvernements d'autres pays ont parfois une définition plus libérale.

Fruits mûrs

Maladies coronariennes et congestion cérébrale

Les personnes qui boivent modérément ont moins de maladies coronariennes que les personnes qui boivent beaucoup ou ne boivent pas. La source de l'alcool, que ce soit un grand Bordeaux ou une bière, n'a semble-t-il aucune importance. L'alcool augmente la quantité de HDL, le bon cholestérol qui agit comme un détergent. Le HDL entraîne l'excès de graisse contenu dans le sang vers le foie, où il est métabolisé.

L'alcool empêche aussi le sang de former des caillots, et donc il diminue les incidences de congestion cérébrale.

Diabète

Des études ont démontré que le diabète est moins courrant chez les gens qui boivent modérément. La Harvard School of Public Health, par exemple, a mené une étude auprès de 100 000 femmes, suivies pendant 14 ans. L'étude a démontré, en tenant compte de l'existence de diabète dans la famille et de l'utilisation du tabac, que le nombre de femmes touchées par le diabète était 58 % moins élevé parmi celles qui buvaient avec modération et régulièrement que chez celles qui ne buvaient jamais. Il était 20 % moins élevé chez celles qui buvaient très peu ou au contraire beaucoup. Les résultats concernent des femmes buvant de la bière ou du vin (pas des alcools forts).

Alzheimer et démence sénile

Selon des recherches effectuées un peu partout dans le monde, les personnes âgées qui boivent avec modération ont de meilleurs résultats dans les tests de mémoire et les tests cognitifs que ceux qui ne boivent pas.

Au Danemark, une étude a démontré que les gens buvant au moins un verre de vin par semaine sont moins souvent atteints de démence sénile que les gens ne buvant pas de vin. Aucune différence n'a été remarquée entre les gens buvant de la bière ou des alcools forts et ceux n'en buvant pas.

Masse osseuse

On croyait auparavant que l'alcool diminuait la masse osseuse des femmes, provoquant l'ostéoporose. Mais de récentes études ont prouvé le contraire. Au cours d'une étude comparant les effets de l'alcool et des oestrogènes de synthèse sur les os des femmes âgées, il est apparu que les femmes buvant modérément avaient la masse osseuse la plus importante, suivies des femmes buvant peu, et finalement des femmes ne buvant pas.

En outre, une étude menée en Angleterre et réalisée sur des jumeaux a démontré que les individus buvant avec modération avaient une masse osseuse plus importante que leur jumeau buvant très peu.

Longévité

Suite à des sondages effectués pendant neuf ans sur 500 000 personnes par l'American Cancer Society, il est apparu que le risque de mourir, toutes causes confondues, est plus grand chez les gens qui ne boivent jamais ou boivent beaucoup (six verres ou plus par jour) que chez les gens qui boivent modérément. Chez ces derniers (buvant d'un demi-verre à deux verres par jour), la mortalité était inférieure de 21 %.

Habitudes de consommation

Apparemment, la manière de boire tout autant que la quantité conditionne les effets sur la santé. La majorité des effets biologiques de l'alcool ne durant que 24 heures, il faut boire une petite quantité chaque jour si on souhaite en tirer un bénéfice, et non boire beaucoup un jour ou deux par semaine.

Il y a des moments où boire n'est jamais recommandé, par exemple quand on conduit. Les femmes enceintes, aussi, ne devraient jamais boire, même si le syndrome d'intoxication fœtale à l'alcool est causé par une consommation très importante d'alcool.

Savoir
déguster

Une étude récente menée par l'Université de London auprès des fonctionnaires a démontré que boire fréquemment était meilleur pour les fonctions cognitives que boire seulement au cours d'occasions spéciales. Selon une autre étude, menée par le Centre médical de Worcester, au

Massachusetts, le risque d'avoir une maladie cardio-vasculaire est 17 % moins élevé chez les hommes qui boivent une fois par mois, 39 % moins élevé chez ceux qui boivent une fois par semaine, et 44 % moins élevé chez ceux qui boivent chaque jour.

On ne sait pas encore pourquoi, cependant boire en mangeant est bénéfique aussi, semble-t-il.

Les antioxydants

L'alcool n'est pas le seul élément bénéfique du vin, et la plupart des recherches actuelles étudient le rôle des antioxydants. Les tumeurs et les caillots sont en partie causés par l'oxydation du cholestérol dans le sang, et les antioxydants, justement, empêchent cette oxydation.

In vino veritas

Les antioxydants du vin proviennent du raisin. Mais on en trouve aussi dans les oignons, les poireaux, l'ail, les échalotes, le brocoli, les épinards, les myrtilles, les fraises, le thé et le chocolat.

Dans le vin, les antioxydants se présentent sous la forme de composés phénoliques, par exemple les tanins et les flavonoïdes. On trouve vingt fois plus de flavonoïdes dans le vin rouge que dans les légumes.

Mais l'antioxydant qui occupe le plus les chercheurs en ce moment, c'est le resvératrol, produit par le raisin en situation de stress, comme une attaque de champignon, et concentré dans la peau. Le vin rouge étant fermenté avec la peau du raisin, il contient plus de resvératrols que le vin blanc ; il est donc meilleur pour la santé que le vin blanc ou que les autres alcools.

Un raisin poussant dans un climat froid et humide, et devant lutter pour survivre, produit plus de resvératrols qu'un raisin poussant dans un climat chaud, tout comme les cépages plus délicats, comme le Pinot noir, produisent plus de resvératrols que les autres.

Le vin et le poids

Renoncer au vin – et aux autres alcools – aide-t-il à perdre du poids ? Les avis sont partagés. Le vin a beaucoup de calories (100 par verre), il serait donc logique de croire que oui. Et pourtant, une étude américaine importante a révélé que les gens suivant un régime et ne buvant aucun alcool ne maigrissaient pas davantage que ceux qui continuaient à boire.

Les calories du vin proviennent surtout de l'alcool, les sucres ayant été convertis pendant la fermentation. Évidemment, les vins de dessert, à la fois doux et alcoolisés, ont plus de calories que les vins ordinaires, tout comme les vins légèrement sucrés, comme les Riesling et les Zinfandel.

En ce qui concerne les vins ordinaires, plus le pourcentage d'alcool est élevé, plus le nombre de calories est élevé. Pour savoir combien de calories contient un verre de vin, par exemple, il suffit de multiplier le pourcentage d'alcool par la quantité de vin (en onces), puis multiplier encore par 1,6. Exemple : 13 x 5 (onces) x 1,6 = 104 calories.

Évidemment, il y a plusieurs choses à considérer si vous voulez connaître l'effet du vin sur votre régime :

- ♦ La quantité que vous buvez.
- ♦ Si le vin que vous buvez remplace de la nourriture, ou si vous buvez du vin en plus.
- ♦ Comment votre corps transforme l'alcool (prédisposition génétique).
- ♦ Ce que vous mangez.
- ♦ Si vous faites de l'exercice.

Le vin et les hydrates de carbone

Les producteurs américains peuvent désormais indiquer le nombre de calories et d'hydrates de carbone sur les étiquettes, au grand bonheur de certains producteurs, car les régimes faibles en hydrates de carbone sont populaires depuis un moment, et le vin en contient très peu. C'est le taux des sucres résiduels qui détermine la quantité d'hydrates de carbone. Le tableau ci-dessous donne la quantité d'hydrates de carbone dans certains breuvages.

Tableau 18-1 Breuvages et hydrates de carbone

Breuvages	Quantité	Hydrates de carbone (en grammes)
Vin rouge	1 verre	0,4 – 2,3
Vin blanc	1 verre	0,8 – 1,0
Vin de dessert	60 ml	7
Bière	1 bouteille	9 – 12
Bière légère	1 bouteille	3 – 8
Alcools forts	45 ml	0 – 0,1
Cola	1 cannette	40
Cola diète	1 cannette	0,3

L'ivresse

Alors, vous avez pris un verre de trop ? Estomac barbouillé, mains qui tremblent, affreux mal de tête, manque d'équilibre, envie de vomir… ce sont les signes certains que vous avez exagéré. En attendant que vous recommenciez, même si vous avez promis de ne pas le faire, il ne serait pas inutile que vous sachiez comment votre corps réagit à l'alcool.

Le vin et le corps humain

Environ 20 % de l'alcool est absorbé par l'estomac, le reste étant absorbé, en majeure partie, par le petit intestin. L'alcool absorbé est dirigé vers le foie, où des enzymes le décomposent. Mais le foie ne peut transformer qu'environ un verre par heure. Si vous buvez davantage, le surplus d'alcool demeure dans le sang et les tissus, en attendant que le foie puisse s'en occuper.

L'alcool qui n'est pas métabolisé peut se mesurer dans les urines ou l'haleine : c'est le taux d'alcoolémie (c'est-à-dire la concentration d'alcool dans le sang). Il est à son maximum de 30 à 45 minutes après avoir bu, et mesuré généralement en pourcentage. La plupart des États considèrent qu'à partir de 0,8 % un individu est légalement saoul.

In vino veritas

L'alcool et les sexes

Les hommes et les femmes ne métabolisent pas l'alcool de la même façon, même un homme et une femme du même poids.

♦ *Le corps d'une femme contient moins d'eau que celui d'un homme –* 52 % au lieu de 61 %. L'alcool se dilue donc plus facilement chez les hommes.

♦ *Les femmes ont moins de déshydrogénase,* l'enzyme qui décompose l'alcool. Les femmes transforment donc l'alcool plus lentement.

♦ *Les hormones femelles ont une influence.* Une femme pré-menstruée s'enivre plus rapidement, et les pilules contraceptives, tout comme certains médicament à base d'estrogènes, ralentissent la vitesse avec laquelle l'alcool est éliminé.

La gueule de bois

La gueule de bois est la réaction du corps à un empoisonnement par l'alcool et à un état de manque. Elle commence entre huit et douze heures après le dernier verre. Bien qu'elle varie d'une personne à l'autre, sa sévérité dépend essentiellement de la quantité d'alcool consommé. Les symptômes peuvent se limiter à de la fatigue et à une grande soif, ou inclure maux de tête, nausée, vomissements et dépression.

La consommation massive d'alcool rapetisse le cerveau ! C'est plus qu'une gueule de bois ! En vieillissant, le volume du cerveau diminue naturellement, mais une consommation massive d'alcool augmente le processus, en plus d'endommager le lobe frontal – la partie qui s'occupe des fonctions cognitives.

Il n'y a pas grand-chose à faire contre une gueule de bois, sinon attendre et boire beaucoup d'eau. Par contre, on peut la prévenir ! (Boire moins est une évidence).

♦ Avant de boire, mangez quelque chose de gras. L'absorption de l'alcool sera retardée.
♦ Buvez un verre d'eau entre chaque verre de vin. L'eau réduira l'intoxication.
♦ Grignotez toujours quelque chose tout en buvant.
♦ Avant de vous coucher, mangez quelque chose de salé, pour remplacer le sel emporté par l'alcool. Et buvez beaucoup d'eau.

Les maux de tête

Il vous est sans doute déjà arrivé de déguster un bon verre de rouge, appréciant sa maturité et sa texture veloutée, quand soudain, paf ! un mal de tête ! Mais d'où vient-il ?

Ayant entendu parler des sulfites, vous les déclarez toute de suite coupables. D'ailleurs, l'étiquette ne mentionne-t-elle pas en grosses lettres : « contient des sulfites » ?

Détendez-vous – si vous le pouvez malgré la douleur – les sulfites n'y sont probablement pour rien. Seulement un pourcent de la population est allergique aux sulfites, en gros les personnes souffrant d'asthme et celles prenant des médicaments à base de stéroïdes. Si c'est votre cas, les sulfites risquent de provoquer aussi d'autres symptômes : rougeurs, douleurs abdominales ou difficulté à respirer.

Message dans **la bouteille**

Les sulfites

Le vin, comme beaucoup d'aliments, contient naturellement une certaine proportion de sulfites. Les sulfites sont une forme de souffre, et le souffre, sous une forme ou sous une autre, se retrouve en grande quantité dans tout être vivant. Les producteurs ajoutent des sulfites au vin pour empêcher la croissance de bactéries et pour ralentir le processus d'oxydation. C'est une pratique ancienne, et courante dans tous les pays ; ce n'est qu'aux États-Unis que l'étiquette d'un vin doit mettre en garde contre les sulfites. Mais c'est le même vin partout.

Les quantités de sulfites ajoutées, calculées en parties par million (ppm), sont très petites : on permet jusqu'à 350 ppm, bien que la plupart des vins en contiennent plutôt entre 25 et 150 ppm. Certains aliments peuvent légalement en contenir 6 000 ppm ! Règle générale, les vins bon marché en contiennent davantage que les autres, et les blancs en contiennent davantage que les rouges.

Selon la loi américaine, l'étiquette d'un vin doit mettre en garde contre les sulfites si leur quantité est de 10 ppm ou plus. Et un vin peut se dire « sans sulfites » si leur quantité est de 1 ppm ou moins. Les vins sans sulfites doivent d'ailleurs se boire rapidement, car ils ne se conservent pas.

On ajoute plus de sulfites aux vins blancs tout simplement parce que dans leur cas, le moût fermente sans les peaux, et donc sans acquérir beaucoup de tanins. Or, les tanins, en plus de donner de la couleur aux vins, sont des agents de conservation naturels.

Qui est le coupable?

Si on suppose que ce ne sont pas les sulfites qui ont causé votre mal de tête, alors qu'est-ce que c'est? Il y a plus d'un suspect, et il n'est pas facile de trouver le coupable.

- **Les histamines** – Il s'agit de substances chimiques présentes dans les aliments vieillis et fermentés, comme le vin, le fromage ou le salami. On en trouve aussi naturellement dans les aubergines. Les histamines dilatent les vaisseaux sanguins du cerveau. Les vins rouges en ont généralement davantage.
- **Les tyramines** – Substances chimiques présentes dans les aliments fabriqués avec des levures, comme le fromage ou le yogourt; les aliments fermentés, comme le vin, la bière ou la sauce soya; ainsi que le chocolat, la vanille, les noix et les fèves. Les tyramines compriment les vaisseaux sanguins du cerveau.
- **Les substances organoleptiques** – Ces composés organiques, sous-produits de la fermentation, donnent à un vin son goût caractéristique. Il y en a des centaines présentes dans une bouteille, en quantités variables. Malheureusement, quand vous buvez du vin et que ces substances entrent dans le sang, le système immunitaire les considère comme étant des poisons et libère des cytokines (les mêmes molécules servant à combattre la fièvre). En règle générale, les boissons foncées (vin rouge, bourbon,...) en contiennent davantage que les boissons pâles (vin blanc, vodka,...).
- **Les prostaglandines** – Ces substances sont produites naturellement dans le corps et provoquent de la douleur. La dilatation des artères commande leur libération. Eux aussi seraient responsables des maux de tête.
- **La sensibilité à certains éléments** – Certaines personnes sont sensibles au bois. D'autres le sont à certains composés chimiques présents dans le sol d'un vignoble. Voilà pourquoi on peut boire un Cabernet Sauvignon de la vallée de Napa sans problème et avoir des maux de tête avec un Cabernet Sauvignon d'Australie.

Les petits problèmes

Les vrais amateurs de vin essaient de boire du vin tous les jours – malgré les problèmes que cela peut poser. Les maux de tête représentent un problème assez sérieux, mais il y en a d'autres qui sont par bonheur plus faciles à corriger.

Les dents colorées

Même si vous ne buvez pas des centaines de vins par semaine comme un dégustateur professionnel, il vous arrive peut-être d'avoir les dents violettes. Normalement, la couleur part quand vous vous brossez les dents ; mais si vous buvez beaucoup de rouges, il se peut que la couleur ne parte plus totalement. La meilleure solution consiste à se faire blanchir les dents par un dentiste. Mais vous pouvez aussi essayer les mesures suivantes, à la fois pour prévenir et pour guérir.

- ♦ Après avoir bu du vin, attendez environ une heure avant de vous brosser les dents. Le vin en effet est très acide et l'acidité rend les dents plus fragiles ; vous risquez d'endommager l'émail si vous n'attendez pas un peu.
- ♦ Buvez de l'eau entre deux gorgées de vin, afin d'éliminer un peu l'acide.
- ♦ Avant de vous brosser les dents, rincez-vous la bouche avec du bicarbonate de soude.
- ♦ Rincez-vous la bouche avec une solution au fluor deux ou trois heures avant de boire.

Pas d'alcool, s'il vous plaît

Comment faire quand on aime vraiment le goût du vin, mais qu'on ne doit pas boire d'alcool ? On n'a guère le choix que de se rabattre sur le vin non alcoolisé. Aucun amateur sérieux n'a jamais pris du vin non alcoolisé pour du vrai vin, mais certains producteurs ont des produits assez décents. C'est à vous de voir si leur goût vous plaît.

Les vins sont fermentés normalement, avant d'être désalcoolisés selon un procédé qui varie d'un producteur à l'autre. Ils sont ensuite reconstitués avec du jus de raisin ou de l'eau, puis embouteillés.

Il faut garder à l'esprit qu'un vin non alcoolisé très souvent n'est pas tout à fait sans alcool. Lisez l'étiquette et vous verrez que le vin en contient généralement 0,5 %.

Le plomb

Du vrai cristal, c'est beau. Et le vin est particulièrement élégant dans un verre ou une carafe en cristal. Mais avec le temps, le vin peut absorber du plomb. Il n'y a pas de problème à utiliser des verres en cristal une soirée, mais il ne faut pas laisser un vin décanter des semaines (un xérès par exemple) dans une carafe en cristal.

Avant d'utiliser une nouvelle pièce en cristal, trempez-la dans du vinaigre pendant 24 heures, puis rincez-la. Et n'utilisez jamais de savons forts, ils risqueraient de faire libérer encore plus de plomb.

CHAPITRE 19

Visiter un producteur

Pour comprendre un sujet, rien de mieux que d'aller directement à la source. Pour le vin, cela signifie voir les cuves de fermentation, déambuler parmi les vignes sous le soleil qui mûrit le raisin, et, avec un peu de chance (ou de planification), écouter un vigneron vous parler de sa dernière cuvée. Cela signifie aussi, bien sûr, goûter des vins sur leur lieu même de production.

Embouteillé par Éditions AdA Inc.

Les différents types de producteurs

Il y a 3 726 producteurs aux États-Unis, et de nouveaux apparaissent constamment, car les Américains s'intéressent de plus en plus aux vins. On en trouve dans tous les États. Il y en a 1 700 rien qu'en Californie, dont plus de 200 à Napa. On en trouve en nombre important ailleurs aussi :

- Washington : 323
- Oregon : 228
- New York : 203
- Ohio : 100
- Pennsylvanie : 99
- Virginie : 97
- Texas : 91
- Michigan : 90

Qui dit plusieurs, dit diversité. Certaines entreprises sont énormes, d'autres sont des affaires de famille. Certaines sont cotées à la bourse, d'autres appartiennent à une célébrité. La majorité des vins américains sont issus de *Vitis vinifera,* mais certains producteurs utilisent des hybrides, ou encore d'autres fruits. L'entreprise est parfois installée au milieu d'un beau paysage, d'où on peut admirer un beau panorama ; parfois aussi ses installations sont au fond d'un parc industriel.

Chaque entreprise – et chaque propriétaire – a son histoire. Parfois c'est le propriétaire qui vous la racontera, parfois c'est un employé. Les gens qui font du vin sont passionnés par le vin et ne demandent pas mieux que de vous en parler. Il n'y a vraiment rien qui peut remplacer une visite chez un producteur.

Planifier le voyage

Il y a tellement de producteurs, le plus difficile est d'en choisir un. Tout d'abord, où voulez-vous aller ? Voulez-vous partir une seule journée, pas trop loin de chez vous, ou voulez-vous au contraire centrer un long voyage autour du vin, et peut-être visiter les vignobles du Bordelais, de Napa Valley ou de la Toscane ?

Une fois l'endroit choisi, il vous reste à choisir le producteur. Si le but de votre voyage est l'Arizona ou le Tennessee, votre choix sera plus limité

– et plus facile – que si vous visitez la Californie ou l'État de Washington. Si vous ne savez pas quel choisir, pensez aux types de vin que vous aimez. Si vous aimez les Cabernet Sauvignon par exemple, visitez un producteur de Cabernet. Et si vous aimez les vins d'un producteur particulier, n'hésitez plus, allez lui rendre visite ! Vous ne risquez pas d'être déçu si vous choisissez selon vos goûts. Si vous pensez visiter plusieurs producteurs, choisissez des gros et des petits.

En Australie, la plupart des producteurs accueillent les visiteurs. Là-bas, la salle de dégustation est appelée « cellar doors » [portes de cellier]. Vous ne manquerez pas de vins à déguster, car les producteurs australiens font en général un nombre étonnant de vins différents.

In vino veritas

Quand partir ?

Le moment de l'année est un point important à considérer. En été, les vignes sont vertes et les panoramas sont magnifiques. Malheureusement, il y a beaucoup de touristes, et il fait parfois très chaud. Durant l'hiver, et en particulier dans les régions les plus populaires, il n'y a pas autant de visiteurs, mais par contre les vignes n'ont pas de feuilles.

En automne, c'est le temps des vendanges, et tous les employés sont au travail. L'endroit n'est pas aussi tranquille que d'habitude, il est animé, excitant. Bref, chaque saison a ses avantages et ses inconvénients.

Notez aussi qu'il y a généralement moins de monde les jours de semaine, ainsi que le matin (quoi… vous n'avez pas envie de boire un petit verre de Zinfandel en sautant du lit ?).

Planifier sa visite

Votre voyage sera plus agréable si vous y pensez à l'avance.
◆ **Ne soyez pas trop ambitieux** – Trois à cinq visites en une journée, c'est déjà beaucoup. Plutôt que de vous presser chez un producteur

pour pouvoir passer à un autre plus rapidement, prenez votre temps. Préparez un itinéraire qui vous laissera le temps de visiter le vignoble et de parler avec les employés. Pensez aussi à visiter des producteurs qui ne sont pas trop loin l'un de l'autre, pour ne pas perdre de temps sur la route.

♦ **Téléphonez aux producteurs pour vous renseigner au sujet de leur salle de dégustation** – Ce ne sont pas tous les producteurs qui ont une salle de dégustation. Et si c'est le cas, il faut parfois un rendez-vous. Certains producteurs ferment aussi pour quelques mois chaque année. Même si vous connaissez les heures d'ouverture de la salle de dégustation d'un producteur, téléphonez pour confirmer; elles peuvent avoir changé.

♦ **Désignez un conducteur** – Conduire et boire du vin toute la journée ne vont pas très bien ensemble. Si personne dans votre groupe ne veut se sacrifier, pensez à la possibilité de louer une voiture avec chauffeur.

♦ **Habillez-vous convenablement** – Cela veut dire des souliers confortables pour les marches dans les vignobles, et des vêtements foncés, au cas où vous échapperiez du vin sur vous. Et ne mettez pas de parfum. Même si vous ne le sentez pas vous-même, vous risquez d'incommoder quelqu'un essayant de profiter du bouquet d'un vin.

♦ **Apportez une glaciaire** – Si vous achetez du vin, et qu'il fait chaud, vous pourrez y mettre vos bouteilles. Si vous jetez votre vin dans un coffre surchauffé, il risque de cuire – imaginez la déception.

♦ **Apportez un calepin** – Si vous ne notez pas le nom des vins qui vous plaisent, vous êtes certain d'oublier.

La salle de dégustation

Le nom le dit : c'est l'endroit où on peut déguster le vin. Ce peut être une petite pièce comme un édifice entier. C'est aussi là que vous serez accueilli officiellement par le personnel et que vous pourrez acheter du vin, peut-être aussi différents objets se rapportant au vin. Parfois, la salle n'est pas sur la même propriété que la maison de production, mais quelque part dans une ville voisine. Si la dégustation n'est pas gratuite, ce ne sera pas dispendieux (si vous goûtez à des vins spéciaux, par contre, vous devrez payer un peu plus). Certains producteurs déduisent les frais de dégustation de vos achats. Téléphonez auparavant pour savoir ce qui en est.

Si c'est votre première visite à un producteur, n'ayez aucune appréhension. La personne qui vous accueillera saura vous mettre à l'aise. Elle sera enthousiaste, vous racontera l'histoire de la maison et vous parlera des vins. Elle vous suggérera peut-être un certain ordre à suivre, ou encore elle vous donnera une carte détaillant pour chaque vin le cépage, le millésime, l'appellation, le taux d'alcool, avec en plus quelques commentaires de dégustation. Si vous choisissez vous-même vos vins, commencez par des blancs, puis des rouges, et enfin des vins doux.

Message dans
la **bouteille**

Vous n'êtes pas obligé de goûter à tous les vins offerts par un producteur. Si vous aimez un certain type de vin, par exemple les Chardonnay, vous pouvez très bien ne goûter qu'à ceux-là. De cette façon, vous verrez quelles sont les différences entre les différents producteurs et les différents millésimes, et vous apprendrez à mieux connaître un type de vin.

On ne versera qu'environ 30 millilitres dans votre verre. C'est peu, mais n'oubliez pas que vous allez goûter plusieurs vins. D'un autre côté, vous aurez peut-être envie de goûter un autre vin sans finir votre verre. Si c'est le cas, n'hésitez pas à jeter le fond de votre verre dans un seau ; les seaux sont là pour ça. Vous verrez aussi des pichets d'eau. C'est pour rincer votre verre entre deux vins ou deux types de vins (par exemple quand vous passerez des blancs aux rouges). Versez un peu d'eau dans votre verre, faites-la tourner, puis jetez-la dans un seau.

Vous pouvez aussi en boire pour vous rafraîchir le palais. Et si vous voyez des biscuits secs sur un comptoir, c'est aussi pour vous rafraîchir le palais.

Personne ne sera vexé si vous jetez du vin dans un seau, c'est non seulement acceptable, mais attendu. On ne peut pas savoir si c'est parce que vous détestez le vin ou simplement parce que vous ne voulez pas vous enivrer. S'il n'y a pas de seau, demandez-en un.

L'étiquette

On est souvent tenté de voir les dégustations comme de grandes fêtes. Hourra ! le vin coule à flots ! Néanmoins, il vaut mieux être un peu plus réservé. Non pas révérencieux, mais simplement respectueux des lieux, des gens qui vous servent le vin (souvent les propriétaires) et des autres visiteurs.

Le vin est mauvais

Si vous n'aimez pas un vin, ce qui va nécessairement arriver parfois, vous pouvez très bien le dire. Simplement, restez poli. Ne soyez jamais désobligeant ou acariâtre, même si vous détestez absolument le vin.

De quoi donc faut-il parler pendant la dégustation ? N'oubliez pas que vous n'avez pas à prouver au personnel ou aux autres visiteurs que vous vous y connaissez en vins. Poser des questions est la meilleure chose à faire. La plupart des employés en savent beaucoup sur les vins qu'ils vendent et ne demandent pas mieux que d'en parler. Demandez-leur par exemple :

- ♦ Quels cépages trouve-t-on dans leur vignoble ?
- ♦ Quels sont les vins vieillis en fût, et combien de temps restent-ils en fût ?
- ♦ Quelles ont été les meilleures années, et pourquoi ?
- ♦ Comment l'entreprise a-t-elle débuté ?
- ♦ Quels plats vont bien avec leurs vins ?
- ♦ Quels sont les vins les plus connus du producteur ?

Fruits mûrs

Le vigneron sera-t-il là pour répondre à vos questions ?

Cela dépend de la grosseur de l'entreprise, du temps de l'année, et simplement s'il est occupé à faire du vin. Vous avez plus de chance de le rencontrer dans les petites entreprises, quand il s'occupe de tout, y compris des dégustations. Si vous le rencontrez, achetez quelques bouteilles et demandez-lui de signer l'une d'elle.

Cracher est permis

Quand on visite plusieurs producteurs de vin en une journée, il faut évidemment faire attention à la quantité d'alcool qu'on boit. Pour en réduire la quantité et les effets, ce qui n'est pas difficile, suivez les conseils suivants :

♦ **N'essayez pas tous les vins** – Chaque membre de votre petit groupe peut essayer des vins différents. Si un vin est vraiment très bon, la personne qui y a goûté le dit aux autres, et tout le monde y goûte.

♦ **Ne finissez pas vos verres** – Une fois que vous avez bien goûté au vin, jetez le reste.

♦ **Vous pouvez goûter au vin sans l'avaler** – Oui, recracher le vin dans un seau est acceptable. Les membres de jury le font tout le temps. C'est un peu dégoûtant, mais vous pouvez choisir de le faire.

♦ **Buvez beaucoup d'eau** – Boire de l'eau compense l'effet déshydratant de l'alcool. Apportez des bouteilles d'eau et buvez-en régulièrement pendant votre excursion.

♦ **Mangez en chemin** – Prenez un bon petit-déjeuner et manger régulièrement pendant la journée, afin d'absorber l'alcool.

Si vous amenez vos enfants avec vous, planifiez des activités pour eux pendant vos dégustations, sinon ils vont s'ennuyer rapidement. Faites attention qu'ils ne renversent rien de fragile dans les salles de dégustation, et tenez-les loin des machines agricoles.

Savoir déguster

En redemander

Normalement, demander à goûter un vin une deuxième fois ne se fait pas. Mais si un vin vous intéresse vraiment, dites-le.

Si vous avez payé des frais de dégustation pour une personne, cela ne vous empêche pas de partager un verre avec quelqu'un. C'est une façon, entre autres, de réduire tous les deux votre consommation d'alcool.

Acheter ou ne pas acheter

Vous n'êtes pas du tout obligé d'acheter du vin dans la salle de dégustation, mais il y a souvent de bonnes raisons de le faire. Par exemple, si c'est un petit producteur, ses vins ne sont peut-être pas disponibles en magasin. La seule façon d'en acheter, c'est alors sur place ou par Internet.

Certains producteurs, même parmi les plus importants, limitent le nombre de bouteilles disponibles en magasin, en ce qui concerne certains vins spéciaux. Souvent, le seul endroit pour y goûter ou en acheter, c'est donc dans la salle de dégustation.

Message dans **la bouteille**

C'est apparemment illogique, mais un vin sera souvent moins cher dans un magasin de vins que chez le producteur. Certains magasins ont en effet des remises parce qu'ils achètent en très grande quantité. Cela leur permet de vendre moins cher que le prix suggéré par le producteur.

La majorité des producteurs vous accorderont un rabais si vous achetez une caisse, ou même une demi-caisse. Et vous n'êtes pas obligé de choisir 6 ou 12 bouteilles du même vin.

Les clubs de vin

La plupart des producteurs vous enverront des informations par la poste (ou par courrier électronique) régulièrement, si vous leur demandez. Vous saurez quels vins viennent de sortir et vous pourrez commander directement des bouteilles. Beaucoup ont aussi un club de vin. Les membres reçoivent pendant l'année une certaine quantité de bouteilles, en plus d'avoir certains avantages :

- ◆ Réception du vin avant sa sortie en magasin.
- ◆ Rabais sur le vin (ou autre marchandise vendue par le producteur).
- ◆ Invitations à des réceptions réservées aux membres.

Les régions viticoles

Une région viticole, c'est plus que du vin. C'est une cuisine particulière, de beaux panoramas, une atmosphère romantique. Quand vous planifiez vos visites aux producteurs, tâchez de ne pas l'oublier.

Pourquoi ne pas faire un pique-nique, avec du vin, sur une colline surplombant un vignoble ? Plusieurs producteurs, en effet, ont un espace à pique-nique. Téléphonez pour être sûr. Votre pique-nique peut évidemment être très simple ou très élaboré, c'est comme vous voulez. Et n'oubliez pas d'apporter des assiettes, une nappe, des serviettes, un gros couteau et une planche à découper, des ustensiles... et bien sûr des verres à vin et un tire-bouchon. Si vous oubliez les verres et le tire-bouchon, demandez au personnel, on vous prêtera sûrement des verres et on ouvrira la bouteille pour vous.

La règle la plus importante quand on fait un pique-nique chez un producteur : boire un de ses vins ! Le producteur vous a accueilli chez lui, ce serait vraiment de mauvais goût de boire le vin d'un autre.

Les régions viticoles attirent les gens qui aiment la bonne chair – et conséquemment les bons restaurants. Du petit restaurant sans prétention au restaurant trois étoiles, il y en a pour tous les goûts. Certains producteurs ont même leur propre restaurant.

Se rendre sur place

Si vous n'avez pas de voiture, vous pouvez faire appel à une agence qui arrangera un itinéraire juste pour vous. Vous pouvez aussi rejoindre un groupe et faire une visite guidée régulière. En gros, le choix est le suivant :

Savoir déguster

- ◆ **Une visite guidée ordinaire** – L'itinéraire est déjà établi et vous vous déplacez en autobus, avec d'autres touristes et un guide.
- ◆ **Un service de limousine** – Vous louez une limousine et vous suivez votre propre itinéraire. Parfois la compagnie a des chauffeurs qui s'y connaissent en vins et qui peuvent vous servir de guide.
- ◆ **Une visite guidée sur mesure** – L'agence vous aide à créer un itinéraire personnel et fournit un guide et une limousine (ou une fourgonnette).

Si vous voulez plutôt faire un long voyage dédié au vin, vous trouverez sans problème l'agence qu'il vous faut, peu importe la région du monde qui vous intéresse. Vous pouvez combiner la découverte du vin avec la cuisine, la bicyclette, la navigation de plaisance, la littérature, le choix est sans limite.

In vino veritas

Vous marier dans un vignoble, ça vous dirait ? C'est une idée qui rapporte gros à certains producteurs. Des milliers de couples aujourd'hui, et de partout dans le monde, se marient (ou renouvellent leurs vœux) parmi les vignes, transformant leur mariage en expérience à la fois romantique et culinaire.

Quelques souvenirs de visites

Chaque visite à un producteur est unique. Tout comme les vins eux-mêmes, chaque maison a son style, même s'il y a quand même des points communs (par exemple, vous pourrez toujours goûter aux vins). Les exemples suivants vous donneront une idée de quelques visites possibles.

Château Potelle Winery

Avez-vous déjà découvert un petit restaurant magnifique au milieu d'une grande ville comme Londres ou New York que personne ne semblait connaître ? Un endroit où les plats étaient exquis et l'ambiance romantique ? Si oui, alors vous savez comment on se sent on découvrant pour la première fois Château Potelle, à Napa. S'y rendre n'est pas simple. Vous croirez vous perdre plus d'une fois, mais une fois arrivé, vous ne regretterez pas tous les méandres de la route : la vue est extraordinaire. À 600 mètres, on voit toute la ville de Napa, les vignobles autour, les collines couvertes de séquoias.

Montez la côte tout près de l'établissement et stationnez votre voiture près de l'ancienne cabane transformée en salle de dégustation. Vous serez accueilli par Tony, le responsable des dégustations, un homme chaleureux, passionné et amusant. Pour 5 $, il vous fera goûter cinq vins de la maison, parmi une sélection de Chardonnay, Sauvignon, Cabernet Sauvignon et Zinfandel. Château Potelle produit aussi des vins « réserve » et des vins « maison » qui ne sont disponibles que sur place, comme un vin de vendanges tardives dans le style du porto, et un rosé qui fait penser aux vins de Provence. Un autre 5 $, et vous pouvez y goûter.

Il faut réserver si vous souhaitez visiter l'établissement. Votre guide sera la vigneronne elle-même, Marketta Fourmeaux, qui avec son mari Jean-Noël fonda Château Potelle. Tous les deux sont captivants et indéniablement Français. Ils vinrent en Californie pour la première fois en 1980, afin d'étudier pour le compte du gouvernement français les techniques de fabrication et de gestion californiennes. Ils tombèrent amoureux des collines de Napa et décidèrent de rester.

Cinq pourcent des producteurs à Napa offrent un espace pour pique-niquer, et Château Potelle en fait partie. Profitez-en et apportez quelque chose à manger.

Vous remarquerez peut-être les lettres VGS sur les bouteilles ; elles ont une signification toute particulière, en rapport avec la qualité du vin. Demandez aux propriétaires de vous expliquer, c'est fort intéressant.

Château Potelle Winery
3875 Mt Veeder Road
Napa, CA 94558
☎ 707-255-9440
🖱 *www.chateaupotelle.com*

Ouvert tous les jours
Été : De 11 h à 18 h
Hiver : De 11 h à 17 h

Savoir déguster

Une visite « VIP » de la Hess Collection Winery, à Napa, constitue une expérience inoubliable. Pour 500 $, quatre personnes ont droit à un dîner de cinq services (avec un vin différent à chaque service), une dégustation de vin en fût, une visite guidée de la collection d'œuvres d'art de la maison et un livre d'art sur la collection (un pour chaque invité).

Biltmore Estate Winery

Chose surprenante, le producteur de vin le plus visité des États-Unis est un producteur de la Caroline du Nord. L'établissement de vin lui-même fait partie d'un énorme domaine construit en 1895 par George Washington Vanderbilt ; et la seule façon de le voir, c'est d'acheter un billet pour la visite de tout le domaine, à 39 $ – ce que font 600 000 personnes par année.

Pensez très gros, pensez Disney World. Après avoir regardé un film de trois minutes dans le centre pour visiteurs, vous partez à la découverte des installations (sans guide). Le long des fûts et des cuves de fermentation, vous pouvez lire des informations sur le processus de vinification et l'histoire de l'établissement, fondé en mai 1985. Vous arrivez ensuite dans plusieurs salles de dégustation, où devant un des nombreux comptoirs vous choisissez les vins que vous voulez essayer. Sur la trentaine de vins que produit Biltmore Estate, environ une douzaine sont offerts chaque jour – vous pouvez les essayer tous si vous voulez. Pour 6 $, vous pouvez aussi essayer des vins effervescents et des vins spéciaux.

Environ 80 % du raisin utilisé par Biltmore Estate est acheté à d'autres viticulteurs, mais son Cabernet franc est issu uniquement de raisin cultivé sur place. Il faut l'essayer. Le personnel de dégustation est bien informé, et peut vous raconter beaucoup de choses intéressantes. Par exemple que la bernache du Canada était un problème sérieux. L'oiseau mangeait le raisin. Mais il se trouve que la bernache n'aime pas tous les cépages, elle déteste le Concord. Maintenant les vignes sont arrosées avec du jus de Concord, et il n'y a plus de problème.

Il y a souvent des séminaires, des démonstrations de cuisine ou des visites en coulisses inclus dans le prix du billet, et sur place, il y a un magasin bien garni et un restaurant où vous pouvez essayer les produits du domaine : bœuf, agneau et divers fruits.

Biltmore Estate Winery

Adresse postale :   Ouvert tous les jours
1 North Pack Square   Été : de 11 h à 19 h
Ashville, NC 28803   Hiver : de midi à 18 h
☎ 828-225-6280
🖰 *www.biltmore.com*

Blue Mountain Vineyards

Blue Mountain Vineyards se trouve au milieu des collines de la Pennsylvanie, à Lehigh Valley, loin de la civilisation et apparemment loin de tout. Pourtant, ce n'est qu'à 15 minutes de voiture de la ville d'Allentown. La première chose que vous apercevez en arrivant sur la propriété, située sur une colline, c'est un édifice rustique qui ressemble à une cabane et des vignes poussant en terrasse. Les propriétaires, Joe et Vickie Greff, habitent tout au haut de la colline.

Joe fait le vin et sa femme s'occupe de la salle de dégustation. C'est donc Vickie qui vous accueillera avec enthousiasme pour vous faire goûter les vins. Ils en produisent depuis 1993 et ils en sont assez fiers. Avec raison. Par exemple des bouteilles de leur Merlot et Cabernet Sauvignon ont été servies à un sommet présidentiel.

Les premières vignes qu'ils plantèrent, en 1986, étaient des hybrides français, mais le couple s'est rendu compte rapidement que les vignes de *Vitis vinifera* pouvaient pousser sans problème sur leur propriété. Vous pouvez essayer 18 vins différents sur place, et c'est gratuit. Tous les vins sont bons, mais ce sont surtout leurs rouges secs qui sont populaires. Vous pouvez déguster une bouteille sur leur grande terrasse extérieure. Ils vendent aussi du fromage et du pain, mais vous pouvez apporter votre propre nourriture et faire un pique-nique.

Joe et Vickie vous feront faire le tour du propriétaire avec plaisir, mais appelez avant si vous êtes nombreux. Normalement, il vaut mieux y aller un samedi ou un dimanche. Le couple met l'accent sur les événements spéciaux, comme des dégustations de vins en fût, des soirées allemandes, etc. Chaque dimanche, de 14 h à 17 h, il y a des divertissements : après-midi de blues, sangrias, etc. Le thème change régulièrement et les frais sont de 5 $.

Blue Mountain Vineyards possède quatre magasins dans l'est de la Pennsylvanie où vous pouvez essayer et acheter leurs vins.

Blue Mountain Vineyards
7627 Grape Vine Drive   Ouvert tous les jours
New Tripoli, PA 18066   De 11 h à 18 h
☎ 610-298-3068
🖱 www.bluemountainwine.com

Whitman Cellars

Whitman Cellars possède de superbes installations, mais elles ne sont pas situées au milieu d'un vignoble. D'ailleurs le producteur n'a pas de vignobles. Les installations sont situées dans une section de Walla Walla réservée aux industries légères, dans l'État de Washington. Whitman Cellars achète de certains viticulteurs des environs du raisin représentant des terroirs typiques. En tout, les vins de 19 vignobles sont conservés dans des fûts différents, en attendant de servir aux assemblages.

La maison fut fondée en 1998 par trois personnes : le propriétaire (un comptable de profession) John Edwards, et deux associés, Larry et Sally Thomason. Leur premier vin, un vin Meritage, était l'assemblage de deux barils de Merlot et d'un baril de Cabernet Sauvignon. La production a augmenté depuis, mais pas de beaucoup ; l'entreprise ne sort que 5 000 caisses par année.

La première chose que vous remarquez en entrant dans l'établissement, ce sont les chais derrière une grande fenêtre, droit devant vous. Le bar à dégustation est à droite. Pour être certain de pouvoir goûter à tous leurs vins, il vaut mieux y aller pendant le mois de mai, simplement parce qu'alors tous leurs vins sont prêts, et qu'on peut essayer un vin seulement dans la mesure où il en reste ! Vous pourrez toujours déguster leur Merlot, leur Cabernet Sauvignon, et leur assemblage appelé « Narcissa », mais vers la fin de l'année, il risque de ne plus y avoir de Viognier ou de Syrah. Ils font aussi un vin dans le style du porto, mais il n'est vendu qu'aux membres de leur club. S'il en reste, vous pouvez par contre y goûter. Il y a des frais de 5 $ pour goûter les vins, mais l'argent est remboursé si vous achetez quelque chose.

Pendant la dégustation, vous entendrez probablement jouer le magnifique petit piano à queue dont on se sert sûrement aussi pendant les réceptions. On peut justement tenir une réception privée dans leurs chais, où on peut facilement mettre 150 chaises pour un dîner.

Si vous voulez aussi visiter les installations et les chais, avertissez-les par téléphone quelques jours à l'avance. On se fera un plaisir de vous les montrer.

Whitman Cellars
1015 West Pine Street   Ouvert tous les jours
Walla Walla, WA 99362   De 11 h à 17 h
☎ 509-529-1142
🖱 *www.whitmancellars.com*

Warwick Wine Estate

Warwick Estate est situé à environ 45 minutes de Cape Town, en Afrique du Sud, sur les versants de Simonsberg Mountain, dans une région magnifique appelée Stellenbosch. Faites attention de ne pas manquer l'entrée, elle est à votre gauche sur la R44, dans la direction de Paarl.

Le domaine de Warwick date du 18e siècle. Il appartenait il y a 100 ans au colonel Alexander Gordon, qui commanda un régiment pendant la guerre des Boers. Après la guerre, il décida de s'y établir, afin de cultiver des fruits et d'élever des animaux. Il lui donna le nom de Warwick en souvenir de son régiment (qui venait du Warwickshire).

Savoir déguster

Stan Ratcliffe acheta la propriété en 1964. Il commença par planter du Cabernet Sauvignon. Bien que située dans la région viticole du pays, la propriété n'avait aucune vigne auparavant. Plus tard, il se maria, et sa femme commença à étudier l'œnologie. Depuis 1985, l'entreprise tourne à plein, et le Cabernet Sauvignon est encore un de leurs vins les plus importants. C'est Mike, le fils de Stan, qui dirige aujourd'hui l'entreprise.

La salle de dégustation est perchée sur une terrasse en bois, au bout d'un chemin pavé. La terrasse, d'où on a une vue magnifique sur un barrage au loin, est complètement à l'ombre. C'est l'endroit parfait pour déguster les vins tranquillement, tout en écoutant les oiseaux.

La salle elle-même est très petite, mais chaleureuse. C'est une dame appelée Nerina van Zyl qui s'en occupe. Tout le monde est sympathique et détendu, et l'on vous donne l'impression que vous pourriez y passer toute la journée. La dégustation est gratuite, à moins de faire partie d'un groupe de six personnes ou plus. Si c'est le cas, téléphonez au préalable, car il n'y a pas beaucoup de places assises. Les vins offerts vont de blancs vifs, comme un Sauvignon et un Chardonnay, à des rouges corsés et fruités. Ils produisent aussi un Pinotage et un Cabernet franc, et deux assemblages populaires : Three Cape Ladies et Trilogy.

Warwick Wine Estate
P.O.Box 2
Muldersvlei
Afrique du Sud
☎ 27 21 884 4410
🖰 *www.warwickwine.co.za*

Ouvert tous les jours
(mais le dimanche
seulement d'octobre à avril)
De 11 h à 17 h

Louis Guntrum

La maison a été fondée en 1648 par Louis Guntrum. Elle est dirigée depuis par la même famille, soit onze générations qui s'y sont succédées.

L'établissement lui-même a changé de place plusieurs fois à cause des guerres. Celui qu'on peut visiter aujourd'hui, sur les bords du Rhin, en Allemagne, a été choisi en 1923 par la huitième génération. C'est exactement là que les troupes du général Patton ont traversé le fleuve, en 1945, et d'ailleurs la propriété est devenue pour un temps leur quartier général.

Louis Guntrum est entre deux villages, Nierstein et Oppenheim, à environ 40 kilomètres de Francfort. Il n'y a pas d'heures régulières pour visiter, mais si vous les avez prévenus par téléphone, on sera fera un plaisir de vous montrer les installations et le vignoble, et de vous faire goûter aux vins. L'établissement peut accueillir jusqu'à trente personnes.

Il ne manque pas de places de stationnement. Vous serez accueilli soit par Angelika Hamm, responsable des relations publiques, soit par Rudiger Steck, maître de chai, ou peut-être par le propriétaire lui-même, Louis Konstantin Guntrum. On vous montrera le vignoble et la cave à vins, dont certaines parties datent de 1648. La cave est assez impressionnante : 800 mètres de tunnels voûtés, pleins de cuves en acier inoxydable et de fûts de toutes les grosseurs.

On vous fera ensuite déguster les vins gratuitement. Ils en produisent beaucoup : Riesling sec, Pinot gris, Pinot blanc, jusqu'aux Auslese issus de Riesling et de Sylvaner. On vous fera peut-être même goûter un Eiswein.

Louis Guntrum
Rheinallee 62, 55283   Visites sur rendez-vous
Nierstein, Allemagne
☎ 011-49-6133-9717-0
🖰 *www.guntrum.de*

CHAPITRE 20

Se renseigner sur les vins

Le monde du vin est vaste! Quand on cherche de l'information sur les vins, on ne sait pas toujours par où commencer. Parfois, les informations que l'on trouve sont contradictoires. Alors qui croire? Dans ce dernier chapitre, vous trouverez des sources sûres qui vous permettront d'approfondir votre connaissance des vins.

Qui croire?

Robert Parker n'est pas le seul critique. En fait, il y a des millions de gens, entre autres sur Internet, qui donnent leur opinion sur les vins. Tout le monde a le droit de le faire, il n'est pas nécessaire d'avoir un diplôme en œnologie. Toutefois, certaines personnes ont des années d'expérience de dégustation, et leur opinion a plus de poids. Si en plus ils écrivent d'une façon claire et agréable, on peut vraiment apprendre beaucoup de choses. C'est le cas des critiques suivants :

♦ Dorothy J. Gaiter and John Brecher, *Wall Street Journal*
♦ Jancis Robinson, (*www.jancisrobinson.com*)
♦ James Halliday, (*www.winepros.com*)
♦ Clive Coates, (*www.clive-coates.com*)
♦ Robin Garr, (*www.wineloverspage.com*)
♦ Allen Meadows, (*www.burghound.com*)
♦ Stephen Tanzer, International Wine Cellar, (*http://wineaccess.com/expert/tanzer*)
♦ Jerry Mead, (*www.wines.com/winetrader*)
♦ Natalie MacLean, (*www.nataliemaclean.com*)
♦ Jennifer Rosen, (*www.vinchotzi.com*)
♦ Andrea Immer, (*www.andreaimmer.com*)

Magazines, bulletins et sites Internet

Si vous aimez la cuisine, vous lisez un magazine sur la cuisine. Pour le vin, c'est le même principe. Le choix est très grand. Il y a des magazines américains comme le *Wine Spectator*, des magazines internationaux comme *Decanter*, et des magazines régionaux qui s'intéressent aux vins d'une seule région. Il y aussi des bulletins spécialisés. *Wine Country International* est un magazine trimestriel ayant pour but d'augmenter la connaissance et l'appréciation du vin, autant chez les experts que chez les débutants. *Swirl Wine News* est un bulletin bimestriel qui couvre les vins et des sujets tournant autour du vin (comme les restaurants).

Mais il n'y a pas que des magazines que vous pouvez tenir dans vos mains, il y a des centaines de sites Internet sur le vin, et la plupart des critiques mentionnés ci-haut ont des bulletins en ligne (quotidiens, hebdomadaires, mensuels ou bimestriels) auxquels ont peut s'abonner, parfois gratuitement.

Message dans **la bouteille**

Si vous aimez non seulement boire du vin mais en faire vous-même dans votre sous-sol ou votre cuisine, jetez un coup d'œil sur le magazine Wine-Maker. Vous y trouverez des recettes et des conseils pour améliorer votre vin (*www.winemakermag.com*).

Ce ne sont pas les sites Internet sur le vin qui manquent, il faudrait tout un livre pour compiler ceux que l'on trouve aujourd'hui, et un deuxième pour compiler les nouveaux apparus une semaine plus tard. En voici quand même quelques-uns :

- **Benson Marketing Group** (*www.bensonmarketing.com*). Tous les jours des nouvelles de partout au monde provenant d'agences de presses et de journaux.
- **IntoWine.com** (*www.intowine.com*). Une introduction sur le vin et des articles touchant le vin et la santé, la conservation du vin, etc.
- **Wineanswers.com** (*www.wineanswers.com*). Un site amusant avec des quiz, des tableaux et des informations sur le vin.
- **The Wine Skinny** (*www.wineskinny.com*). Des critiques, des recettes, des idées de réceptions, etc.
- **Free the Grapes!** (*www.freethegrapes.com*). Le site d'une organisation populaire qui souhaite libéraliser entièrement la vente de vin par la poste.
- **Wine on the Web** (*www.wineontheweb.com*). Magazine international avec un babillard, des nouvelles et des articles.
- **About.com** (*http://wine.about.com*). Série de liens vers des articles couvrant tous les sujets liés au vin.
- **Tasting Wine** (*www.tasting-wine.com*). Information sur l'art de la dégustation : étiquette, événements et glossaire.

Consultez aussi :

♦ *www.magazinevinsetvignobles.com* Site québécois très complet sur le vin.
♦ *www.vinquebec.com* Comme le site le dit lui-même, « magazine d'information sur les vins disponibles au Québec et en Ontario ».
♦ *www.saq.com* Le site de la SAQ. Tous les vins en magasin, des renseignements et des activités à venir.

Voyager pour déguster

Imaginez boire un verre de Fiano di Avellino sur les bords de la Méditerranée, ou descendre le Rhin en buvant un Riesling et en contemplant de vieux châteaux du 13e siècle. Le vin permet de faire l'expérience d'un lieu à travers le goût. Si le terroir est si important, quoi de mieux que de boire un vin chez lui, dans sa patrie ?

Mais si l'imaginer est une chose, le faire en est une autre. Ne craignez rien, il existe de nombreuses compagnies qui s'occupent de tout.

À pied ou à vélo

Il y a plusieurs avantages à visiter une région viticole à pied ou à vélo. L'un d'eux, bien sûr, c'est qu'on brûle sur la route toutes les calories absorbées en chemin. Vous pouvez aussi découvrir des endroits qui sont impossibles à voir autrement. C'est une façon unique de rencontrer les gens et de découvrir leur culture.

Butterfield & Robinson (*www.butterfield.com*) et Backroads (*www.backroads.com*) offrent à eux deux des voyages organisés partout dans le monde sur différents thèmes, entre autres le vin.

Message dans **la bouteille**

Si vous êtes dans un restaurant à l'étranger, et que vous connaissez mal les vins du pays, choisissez le meilleur vin local. La cuisine et les vins d'une région se marient en général parfaitement. En Campanie, par exemple, vous pouvez choisir un Greco di Tufo ; dans la vallée de la Loire, un Sancerre.

Les croisières

Certaines compagnies offrent des croisières spécialement conçues pour les amateurs de vin. Silversea Cruises (*www.silversea.com*), par exemple, offrent des croisières associant activités sur le bateau et excursions sur terre : lectures, dégustations, visites de vignobles et de maisons de production, toujours sous la conduite d'experts. Sur les navires de la compagnie Crystal Cruises (*www.crystalcruises.com*), des chefs en vue préparent leurs meilleures recettes et vous enseignent leurs méthodes, et des experts en vin vous proposent des dégustations.

Combien coûte le vin dans les restaurants à l'étranger ?

Fruits mûrs

Tout dépend du type de restaurant. Si vous êtes dans un restaurant quatre étoiles, vous paierez environ deux ou trois fois le prix en magasin, comme aux États-Unis. Mais si vous êtes dans un petit restaurant, par exemple un petit restaurant de campagne, qui n'offre que les vins de la région (souvent les meilleurs), la majoration sera minuscule et vous paierez à peine plus cher que si vous aviez acheté le vin en magasin.

Les rivières

Il n'y pas que sur les océans qu'on peut naviguer et boire du vin, on peut le faire aussi sur les rivières. En France, par exemple, la campagne qui borde les rivières est d'une beauté surprenante, pleine de contrastes. Rien n'est plus agréable que de l'admirer à bord d'une péniche confortable. French Country Waterways (*www.fcwl.com*) offre des itinéraires en Bourgogne, en Alsace, en Champagne et dans la vallée de la Loire.

Si vous préférez les États-Unis, vous pouvez visiter les régions viticoles de la Californie dans un yacht de luxe de neuf cabines, le long des rivières et des baies tranquilles. Les voyages sont offerts par American Safari Cruises (*www.amsafari.com*).

Le vin et le golf

Si vous aimez le golf et le vin, vous n'avez pas besoin de choisir entre les deux au moment des vacances. De la Californie à la France, en passant par la Nouvelle-Zélande, on trouve des terrains de golf aménagés au milieu de vignobles. Voici trois exemples américains :

♦ **Wente Vineyards, à Livermore (Californie)**, (*www.wentevineyards. com*). Un terrain de golf, dessiné par Greg Norman, déroule ses parcours au milieu des vignes. Sa dénivellation est de 60 mètres.
♦ **Chardonnay Golf Club, à Napa Valley (Californie)**, (*www. chardonnaygolfclub.com*). Club semi-privé possédant 200 hectares et 27 trous dispersés parmi des vignes de Chardonnay et de Merlot.
♦ **Château Élan Winery & Resort, à Braselton (Georgia)**, (*www. chateauelanatlanta.com*). Comprend trois parcours de niveau championnat, un vignoble de 80 hectares, une auberge de style français et des villas.

Voyages de luxe parmi les vignobles

Si les bateaux de croisières et les yachts ne vous satisfont pas, il y a d'autres moyens de visiter des vignobles dans le luxe. INTRAV (*www.intrav. com*), par exemple, offre un circuit de 19 jours en Australie et en Nouvelle-Zélande. Les invités sont transportés d'un vignoble à l'autre en avion privé (un DC-3), et ne passent la nuit, on s'en doute, que dans des hôtels de luxe.

Abercrombie & Kent (*www.abercrombiekent.com*), est une compagnie spécialisée dans les voyages de luxe sur mesure. La compagnie, qui a commencé par organiser des safaris en Afrique, peut arranger des voyages escortés ou non dans plus de cent pays.

Boire et manger

Plusieurs compagnies organisent des circuits centrés sur la nourriture et les vins. Château Food and Wine Company, par exemple, vous amène dîner en Provence et en Italie dans les meilleurs restaurants, et que des restaurants avec une longue carte des vins. Et, en plus, on ne dort que dans des châteaux (*www.chateaufoodandwinetours.com*).

Le même type de voyage est disponible en Australie et en Nouvelle-Zélande, avec hébergement dans des lieux historiques, via Wine and Food Tours and Travel (*www.wine-region-tours.com*).

Pour ceux qui veulent apprendre à mieux cuisiner, Vinarian (*www.vinarian.com*) offre des cours de cuisine privés ou en groupe, ainsi que des classes de dégustations, en Toscane. On apprend à préparer le meilleur de la cuisine toscane et on visite les meilleurs producteurs de vin de la région.

Quelques conseils

Peut-être que vous aviez en tête des visites un peu plus modestes. Si vous n'avez pas envie de vous envoler à l'autre bout du monde pour visiter un producteur, si même vous voulez vous déplacer le moins possible, vous n'avez qu'à faire un saut chez le producteur le plus près de chez vous. Il y en a sûrement un pas trop loin. Si vous avez besoin d'aide pour trouver un producteur aux États-Unis, consultez le site web suivant : *www.weekendwinery.com*. Les producteurs sont classés par États, certains États étant eux-mêmes subdivisés en régions (quand il y a trop de producteurs) ; vous pouvez cliquer ensuite sur le nom d'un producteur pour aller voir son site. Le site est particulièrement utile pour planifier les arrêts d'un long voyage en voiture.

Boire en bonne compagnie

Le vin est fait pour être partagé. On apprécie le vin davantage, et on apprend mieux sur le vin, lorsqu'on le boit au milieu d'un groupe, que ce soit un groupe d'amis ou un groupe d'inconnus.

Mais où trouver un groupe, si nos amis ne sont pas tous des amateurs de vins ? Le magasin de vins est un bon endroit pour commencer. Plusieurs marchands organisent des dégustations, soit dans le magasin même, soit ailleurs (certains États ne permettent pas de boire dans le magasin). Parfois gratuites, les dégustations représentent une façon simple et rapide de se joindre à un groupe d'amateurs.

Certains restaurants de quartier organisent aussi des activités autour du vin. Il y en a de plusieurs styles :

- Des dîners, avec un vigneron présentant ses vins.
- Des dégustations présidées par quelqu'un qui s'y connaît (un sommelier, un critique en vins, un marchand).
- Des présentations sur le mariage du vin et des mets.
- Des réceptions décontractées avec du vin et des hors d'œuvres.

Il y a des activités tournant autour du vin dans toutes les villes : collectes de fonds, dîners, festivals, ventes aux enchères, cours, dégustations en magasin, programmes offerts par un producteur. Pour savoir ce qui se passe où vous êtes, consultez le site *www.localwineevents.com*. Le site relève les activités qui ont lieu non seulement aux États-Unis, mais aussi dans plusieurs autres pays.

Les groupes d'amateurs

Qui se ressemble s'assemble, et certaines personnes aimant rendre les choses officielles, il y a des associations pour les amateurs de vin comme pour les amateurs de n'importe quoi.

L'American Institute of Wine and Food (*www.aiwf.com*) est un bon exemple. Comptant plus de 6 000 membres répartis en 29 sections et fondée en 1981 par Julia Child et Robert Mondavi, l'organisation a pour but de faire mieux comprendre et apprécier le vin et la nourriture. Les membres peuvent assister à des séminaires ou participer à diverses activités. Ils reçoivent aussi des informations sur les futures ventes aux enchères.

Women for Winesense (*www.womenforwinesense.com*) fut fondée par des femmes vignerons qui souhaitaient avant tout intervenir dans un débat d'actualité : la modération et ses bienfaits. L'organisation a dix sections et offrent des programmes de dégustation.

Si vous souhaitez vous joindre à un club, rien n'est plus simple. Il suffit de regarder sur Internet pour en trouver un dans votre région. La plupart tiennent des réunions assez informelles où vous pouvez essayer quelques bouteilles tout en peaufinant vos connaissances sur le vin. Un club cependant qui y met toute la pompe des grandes cérémonies, tout en s'amusant bien sûr, c'est la «Commanderie des vinophiles du Canada». C'est que c'est plus qu'un club, c'est une confrérie! On y reçoit les nouveaux membres selon un rituel qui ressemble à celui des francs-maçons et on porte un costume ancien en savourant les belles bouteilles.

In vino veritas

Les dégustations à domicile

Le principe est le même que pour la lingerie ou les contenants en plastique : vous invitez des amis chez vous, vous écoutez tous ensemble un représentant décrivant ses produits, puis vous achetez ce qui vous plaît. The Traveling Vineyard (*www.thetravellingvineyard.com*) est une compagnie offrant justement ce genre de service pour les vins, il suffit de leur téléphoner.

Le marché du vin

Pour peu qu'on habite un endroit où la vente d'alcool est permise, et qu'on ait l'âge légal, acheter du vin est normalement assez simple : il suffit d'aller au magasin de vins ou au supermarché le plus près.

Mais on peut aussi le faire par Internet. Les marchands, les producteurs, les maisons de ventes aux enchères ont des sites qu'il est facile de consulter; et ils offrent parfois une sélection qu'il serait malaisé de présenter dans un seul magasin. Allez faire un tour sur les sites suivants :

- *www.wine.com*
- *www.winelibrary.com*

- *www.klwines.com*
- *www.winechateau.com*
- *www.thewinebuyer.com*
- *www.primewine.com*

Les accessoires

Pour bien profiter du vin, il faut quelques accessoires. Comme des verres, un tire-bouchon, un sac (si vous apportez une bouteille au restaurant). La popularité du vin a aussi donné naissance à une foule de gadgets : planche à fromage faite avec une bouteille de vin aplatie, breloques qu'on attache au pied de son verre pour éviter qu'une autre personne boive notre vin par inadvertance,…

Ce genre de gadgets est aussi omniprésent dans les centres commerciaux que les gadgets pour animaux. Il n'y a rien de mal à cela! Mais si vous voulez des accessoires vraiment utiles, il vaut mieux regarder dans les catalogues. Aux États-Unis, deux compagnies sont spécialisées dans les accessoires pour le vin : Wine Enthusiast (*www.wineenthusiast.com*) et International Wine Accessories (*www.iwawine.com*). Ce qu'ils vendent : verres, casiers, armoires à vin, tire-bouchons, réfrigérateurs, carafes, sacs, systèmes pour préserver le vin et décorations pour la maison.

Message dans **la bouteille**

Riedel, l'un des plus grands fabricants de verrerie en cristal (la compagnie vient d'ailleurs d'acquérir une autre maison fameuse, Spiegelau), offre des séries de verres à bons prix. La série « Vinium », par exemple, n'est pas trop chère. Si un de vos invités casse un verre, vous ne vous sentirez pas ruiné.

Les cadeaux

Si vous cherchez le cadeau parfait pour un ami qui aime le vin, pourquoi ne pas lui offrir une bouteille avec une étiquette personnalisée. Vous pouvez reproduire des armoiries de famille ou une invitation de mariage, mettre un texte sur un tableau de Monet, ou encore créer une étiquette totalement originale. Certaines compagnies offrant ce genre de service ont un site internet ; allez voir *www.4-personalized-wine-labels.com*, ou *www.signaturewines.com*. On peut aussi se procurer un logiciel et le faire soi-même ; c'est un peu plus compliqué, mais beaucoup moins cher.

Travailler dans le monde du vin

Plus on en apprend sur le vin, et plus on *veut* en apprendre le vin. Si c'est vraiment une passion, il se peut que vous vouliez en faire une carrière. Dans ce cas, il y a plusieurs manières de s'y prendre. Tout dépend du secteur qui vous intéresse (la viticulture, la production, la vente ou la restauration).

Les collèges et les universités

Certains collèges et certaines universités américaines ont des programmes à temps partiel, en plus des programmes réguliers à temps plein.

- L'université de Californie à Davis, ainsi que l'université de l'Oregon, offrent des programmes allant jusqu'au doctorat, sur l'œnologie, la viticulture, la fabrication du vin…
- La CIA (non, pas la police, mais la Culinary Institute of America) est une école de chefs. Plusieurs classes traitent des vins : le mariage des vins et des plats, la dégustation, les vins européens, etc.
- L'Elizabeth Bishop Wine Resource Center de l'université de Boston offre des cours touchant tous les aspects du vin : son histoire, son commerce, la distribution et le marketing, les aspects psychologique, physiologique et culturel de sa consommation…
- Certains collèges communautaires, et tout particulièrement en Californie et dans les États de Washington et de New York, offrent des programmes à temps partiel ou à temps plein permettant d'obtenir des diplômes spéciaux appelés « grades d'associé ». Les

professeurs sont souvent des producteurs ou des viticulteurs de la région.

Les programmes indépendants

Si vous souhaitez suivre un cours sans aucun but professionnel, uniquement pour votre culture générale, il y a plusieurs écoles ou professeurs privés qui en offrent. *Wine Spectator* offre des cours qui se font à la maison sans professeur, sur des sujets allant des différentes régions viticoles (Bordeaux, Toscane, Australie et Nouvelle-Zélande, Bourgogne, Côtes du Rhône) aux différents vins (Cabernet Sauvignon californiens), en passant par des questions plus générales : comprendre le vin, la dégustation de base, la dégustation avancée, la collection, etc.

L'Institute of Culinary Education, à New York, offre des cours en une, deux ou six sessions. Il y a des cours sur les différentes régions et sur les principes de base, des ateliers sur le vin et la nourriture, ainsi qu'un cours très populaire : les meilleurs vins à 15 $ ou moins.

Sinon, les écoles suivantes offrent aussi des cours et des séances de dégustations :

Executive Wine Seminars, New York (*www.ewswine.com*)
Wine School of Philadelphia (*www.winelust.com*)
L'école sur les vins de Saint-Louis (*www.corkdork.com*)
Chicago Wine School (*www.wineschool.com*),
French Culinary Institute, New York (*www.frenchculinary.com*)
Balboa Park Food and Wine School, San Diego (*www.cohnrestaurants.com*)

C'est le temps de voler de vos propres ailes

Voilà, maintenant vous êtes prêt ! Vous pouvez épater vos amis avec toute votre culture sur l'histoire du vin, les cépages, les régions, les meilleurs agencements avec la nourriture, et les vins à bon prix. Vous pouvez commander au restaurant en connaisseur, et prononcer Gewurztraminer comme si vous étiez né à Berlin. Bravo! Maintenant, arrêtez de lire, et ouvrez une bouteille!

Glossaire

Acidité
Provient des acides naturels du raisin. Important pour l'équilibre du vin et sa conservation.

Alcool
Un élément primordial du vin. Il s'agit d'alcool éthylique.

Appellation
Lieu d'où provient le raisin.

Amertume
Goût désagréable ressenti à l'arrière de la langue.

Arôme
Substance volatile perçue par l'odorat.

Assemblage
Technique consistant à mélanger des vins de différents cépages, différentes années ou différents fûts.

Astringence
Âpreté en bouche due aux tanins.

Austère
Se dit d'un vin trop jeune dont les arômes ne sont pas encore développés.

Blanc de blanc
Vin blanc, en général effervescent, issu de cépages blancs.

Blanc de noir
Vin blanc ou presque blanc, en général effervescent, issu de cépages rouges.

Boisé
Se dit de l'arôme provenant d'un fût en chêne. Ressemble à un arôme de grillé ou de bois. Les meilleurs fûts peuvent donner au vin un arôme qui fait penser à la vanille.

Bouchonné
Se dit d'un vin qui a une odeur de moisi due à un mauvais bouchon.

Bouquet
C'est l'odeur du vin, provenant des différents arômes.

Brut
Signifie qu'un champagne ou un autre vin effervescent est sec.

Caractère
Le style et les caractéristiques d'un vin.

Cava

Vin effervescent espagnol produit selon la méthode champenoise.

Collage

Opération consistant à clarifier un vin avant embouteillage en y introduisant une matière spéciale provoquant la sédimentation des impuretés.

Coiffe

Feuille de plomb, d'étain, d'aluminium ou de plastique qui recouvre le dessus d'une bouteille pour protéger le vin des influences extérieures.

Complexe

Se dit d'un vin riche en arômes et en saveurs qui se combinent de façon subtile. Souvent le résultat d'un long vieillissement.

Corps

Présence du vin en bouche, sa texture, sa densité. Un vin qui a du corps est un vin charnu, dense, chaud et bien charpenté. Dépend principalement de sa teneur en alcool.

Cru

Désigne un terroir précis produisant un vin particulier.

Cuvée

Assemblage. Pour le champagne, l'assemblage particulier de vins tranquilles qui deviendra du champagne.

Décanter

Verser le vin de sa bouteille d'origine dans une carafe.

Dégorgement

Opération qui consiste à retirer les sédiments d'une bouteille de champagne après la seconde fermentation.

Droit

Se dit d'un vin franc et sans goûts ou odeurs désagréables

Dur

Se dit d'un vin très acide ou très tannique.

Épicé

Se dit d'un vin qui a des arômes d'épices.

Équilibré

Se dit d'un vin dont les différents éléments se complètent bien.

Extra sec

Signifie qu'un champagne contient une petite touche de sucre.

Fermentation

Le processus de transformation du jus de raisin en vin. Les enzymes des levures transforment le sucre en alcool et en gaz carbonique.

Fermentation secondaire

Seconde fermentation qui a lieu en bouteille, et qui transforme le vin tranquille en champagne. Parfois utilisé aussi comme synonyme de fermentation malolactique.

Finale
Impression ou arrière-goût que laisse un vin dans la bouche une fois qu'il est bu.

Frais
Se dit d'un vin avec un bon taux d'acidité (en particulier chez les vins jeunes).

Fruité
Se dit d'un vin qui a un arôme de fruits.

Fût
Récipient servant à conserver ou à fermenter le vin. Appelé aussi, selon les régions et la grosseur du récipient : barrique, tonneau, etc.

Généreux
Se dit d'un vin avec beaucoup d'alcool, de tanins et de saveurs.

Gras
Se dit d'un vin onctueux et doux qui donne l'impression de remplir la bouche.

Levures
Micro-organismes unicellulaires présents naturellement sur la peau du raisin et responsables en grande partie de la fermentation alcoolique. Pendant la fermentation, les levures transforment le sucre en alcool et en gaz carbonique.

Lie
Dépôt formé de particules de raisin et de levures mortes qui s'accumule peu à peu au fond de la cuve ou du fût.

Liège
Matière un peu spongieuse constituant l'écorce du chêne-liège, dont on se sert pour fabriquer les bouchons.

Limpide
Se dit d'un vin sans trouble.

Macération carbonique
Technique qui consiste à faire fermenter du raisin non foulé dans une cuve fermée. Donne des vins frais et fruités.

Magnum
Bouteille de 1,5 litre (soit l'équivalent de deux bouteilles ordinaires).

Maigre
Se dit d'un vin qui manque de corps, de puissance et de complexité.

Meritage
Nom porté par certains vins américains produits par assemblages de cépages utilisés traditionnellement par les producteurs bordelais.

Millésime
L'année des vendanges. En général, 95 % du raisin d'un vin millésimé doit provenir de l'année indiquée.

Moût

Jus de raisin avant que démarre la fermentation alcoolique.

Oenologie

L'étude des vins et de leur fabrication.

Oxydation

Exposition du vin à l'air qui entraîne certaines réactions chimiques et une détérioration du vin.

Pigeage

Opération consistant à enfoncer dans le moût le marc surnageant à la surface, afin que les tanins et les parties colorantes du marc entrent bien en contact avec le moût.

Pointe

Dépression au fond des bouteilles de champagne, destinée à les rendre plus solides.

Pressoir

Instrument permettant de séparer doucement le jus des matières solides du raisin.

Puissant

Se dit d'un vin corsé, intense et complexe.

Réserve

Désigne souvent un vin spécial, mais le terme (*reserve*) n'a aucun définition légale aux États-Unis.

Respirer

Laisser respirer un vin, c'est le mettre au contact de l'air afin que ses saveurs et ses arômes s'épanouissent.

Riche

Se dit d'un vin équilibré et puissant.

Sec

Dans le cas des champagnes, signifie que le vin est relativement doux. Dans le cas des vins tranquilles, l'inverse de doux ; signifie qu'il n'y a pas (ou peu) de sucres résiduels.

Spumante

Mot italien désignant les vins très effervescents, autrement dit les mousseux. Les vins légèrement effervescents, les pétillants, sont appelés *frizzante*.

Tanins

Substances présentes naturellement dans la peau, la pulpe et la rafle du raisin. Responsables de l'astringence, en particulier du vin rouge, et primordiales pour le bon vieillissement du vin. Parfois trop prononcés dans les vins jeunes, ils s'adoucissent normalement après un certain temps.

Terroir

Ensemble des facteurs naturels propres à un vignoble, ou même à une petite portion de vignoble, qui donne au vin ses traits distinctifs (saveurs et arômes). Le « goût de terroir » d'un vin est le goût provenant du terroir.

Trouble
Le contraire de limpide. Se dit d'un vin qui contient des impuretés.

Vieillissement
Permet d'améliorer un vin. On dit aussi « élevage ».

Vieillissement en bouteille
Laisser vieillir le vin en bouteille lui apporte de la complexité, du moelleux et de la puissance.

Vif
Se dit d'un vin qui a une agréable acidité, un bon goût, et qui n'est pas trop doux.

Vignoble
Le lieu où pousse les vignes.

Vin de cépage
Un vin élaboré à partir d'un seul cépage. Le nom du vin correspond souvent au cépage (par exemple : Merlot). Aux États-Unis, les *varietals* sont des vins dont le nom est celui d'un cépage, mais le cépage indiqué peut n'être que majoritaire. En Californie, par exemple, un vin nommé « Merlot » doit contenir au moins 75 % de Merlot.

Vin de glace
Vin très doux issu de raisin gelé.

Vin de vendange tardive
Vin issu de raisin très mûr, vendangé plus tard que la normale, et donc surchargé de sucre.

Vin fortifié
Vin dont la teneur en alcool a été augmentée en y ajoutant du brandy ou un alcool neutre.

Vinification
La fabrication du vin.

Viticulture
Culture de la vigne (à la fois un art, une science et une philosophie).

Index

Accessoires, 296

Acétobacter, 130

Acheter directement du producteur, 249 – 250

Acheter du vin, 159 – 174, 295 – 296

   à la caisse, 167

   cépages moins connus, 164 – 165

   combien acheter de bouteilles, 183, 185 – 186

   consultants, 250

   détaillants, 154, 162 – 164

   en liquidation, 167

   Internet, 171, 249, 295 – 296

   magasins, 160 – 162

   notez vos préférences, 172 – 174

   producteurs (directement du), 249 – 250

   producteurs (sur place), 276

   régions moins connues, 165

   restaurants, *voir* restaurants

   réunions mondaines, 184 – 186

   savoir ce qu'on veut, 163 – 164

   seconds vins, 165 – 166

   stratégies, 164 – 167

   ventes aux enchères, 172, 248 – 249

   viniers, 169 – 170

   vins de collection, 248 – 251

   vins peu connus, 166 – 167

Acheter par Internet, 170 – 171, 249, 296

Acidité, 138, 246

Action de grâce, 189

Afrique du Sud, 100 – 101

Albarino, 77 – 78, 93

Alcool (pourcentage), 47, 139, 246

Allemagne, 88 – 91

Alsace, 85 – 86

Alzheimer, 258

American Viticultural Area (AVA), 110 – 111

Anhydride sulfureux, 130

Antioxydants, 260

Argentine, 104 – 105, 165

Arômes (vocabulaire), 127 – 128

Asti, 218

Australie, 15, 96 – 98

Autriche, 93 – 94

B

Barbera, 60 – 61, 104

Barossa Valley, 97

Beaujolais, 62, 83, 139

Biltmore Estate Winery, 280 – 281

Biologique (vin), 30 – 32

Blanc de noir, 215

Blue Mountain Vineyards, 281 – 282

Bordeaux, 82 – 83

Botrytis cinerea, 26, 227 – 228

Bouchons

   conservation des bouteilles avec un, 240

   dévissables, 15, 129 – 130, 167 – 169

   en plastique, 167 – 168

   fragments dans la bouteille, 181

   goût de bouchon, 129 – 130

   histoire, 6

   ouvrir une bouteille de champagne, 219 – 220

   présentation, 200 – 201

Bouchons de liège en plastique, 167 – 168

Bouchons dévissables, 15, 129, 167 – 169

Bourgogne, 83 – 84

Bouteilles

   couleur, 90, 239 – 240

   grosseur / nombre de portions, 186, 215 – 216

   liège (dans la bouteille), 181

   nom, 215 – 216

C

Cabernet franc, 107

Pour obtenir une copie
de notre catalogue,
communiquez avec :
AdA
1385, boul. Lionel-Boulet
Varennes, Québec
J3X 1P7
Téléc : (450) 929-0220
info@ada-inc.com
www.ada-inc.com

Pour l'Europe, voici les coordonnées :
France : D.G. Diffusion Tél. : 05.61.00.09.99
Belgique : D.G. Diffusion Tél. : 05.61.00.09.99
Suisse : Transat Tél. : 23.42.77.40

www.AdA-inc.com
info@AdA-inc.com